AF204107

www.tredition.de

M. El-Attar

Napo´leon- Unter dem Banner des Islam

Phönix letzter Flug

www.tredition.de

© 2019 M. El-Attar

Verlag und Druck: tredition GmbH, Hamburg

ISBN
Paperback: 978-3-7482-4485-1
Hardcover: 978-3-7482-4486-8
e-Book: 978-3-7482-4487-5

INHALT

II. TEIL

PHÖNIX
<u>UND DIE FOLGEN</u>

Einstimmung

In dem bereits erschienenen ersten Band, ›*Napoleon – Im Schatten der Pyramiden*‹, wurde nur ein Teil der beabsichtigten Publikation vorgestellt.
Und dies mit gutem Grund!
Als die Tragweite der aus al-Gabartis Chronik mühsam gewonnenen historischen Umrisse absehbar wurde, erwies sich die Verfassung eines Buches darüber wegen der umfangreichen Thematik als ein schwieriges Unterfangen.
Schlagartig war dadurch das Jahr 1798 in eine völlig andere geschichtliche Deutung gedriftet, deren Betrachtungsweise unserem Schulwissen widersprach.
Das breite Spektrum der gewonnenen Erkenntnisse in einem einzigen Buch unterzubringen drohte hoffnungslos in die Unübersichtlichkeit zu versinken.
Hinter dem militärischen Getümmel, das die ägyptische Nation um die Jahrhundertwende mit Tod und sinnloser Zerstörung überspannte und sie mitten in ihr zivilisiertes Herz traf, war nach und nach bei der Chronik des Ägypters eine Geschichte der anderen Art zu vernehmen.
Und mit jeder Enthüllung konnten die engen politischen und militärischen Verflechtungen zwischen Frankreich und dem Land am Nil aus dem dunklen Schatten des ausgehenden 18. Jahrhunderts entrissen werden, die letztlich ausschlaggebend für die Entstehung der napoleonischen Expedition waren.
Schließlich führten die gewonnenen Erkenntnisse zu einer unerwarteten Überraschung.
Die auf dem ersten Blick militärisch anmutende Intervention der Franzosen entpuppte sich als eine einzige tödliche Falle, die vornehmlich nur einem Ziel diente; Napoleon und seine siegreiche Italienarmee im fernen Ägypten zu eliminieren.
Alles sprach dann dafür, dass diese auf dem europäischen Kontinent grenzüberschreitende Verschwörung unter der Federführung der englischen Krone und mit aktiver Unterstützung des französischen Außenminister Charles-Maurice de Périgord Talleyrand im Geheimen hinter der politischen Bühne und an der Öffentlichkeit vorbei eingefädelt worden war.
Napoleon war demnach ein europäisches Problem!

Doch welche Bedrohung hätte wohl von dem jungen General ausgehen können, die so tiefgreifend gewesen sein muss, um selbst verfeindete europäische Kontrahenten hinter der politischen Bühne gegen ihn zum gemeinsamen Handeln zu einigen, und den französischen Außenminister Talleyrand dazu zu nötigen, ohne jeden Skrupel die beste Armee und die einzige Flotte des eigenen Landes opfern zu wollen und somit in Kauf zu nehmen, dass Frankreich die sich einmalig bietende Gelegenheit, zu einer dominierenden Weltmacht aufzusteigen, verspielte?

Weitere Nachforschungen verstärkten schließlich die Vermutung, dass erst dann, wenn die hinter der Operation auslösenden Triebkräfte aus einem anderen Blickwinkel durchleuchtet werden, sich uns das gesamte Ausmaß des napoleonischen Dramas offenbaren wird.
Denn genau in diesem Punkt dürfte das unüberwindbare ›schwarze Loch‹ liegen, das stets die Ergründung seines Wesens vereitelte und nicht zuletzt die Aufdeckung der Rolle, die ihm in der Geschichte zugewiesen war, verdunkelte.

Schließlich sprachen viele Indizien dafür, dass die verwehten Spuren eines der größten Rätsel der modernen Geschichte seit zwei Jahrhunderten zerstreut auf dem westlichen Totenreich in Gizeh liegen, wo das alte Reich mit seiner Pyramidenzeit offensichtlich den Gipfel der ägyptischen Kultur erklommen hatte, und wo Napoleon entgegen jedes militärischen Gebots mit seiner Armee drei Tage lang verweilte, ehe er nach Kairo auf die andere Nil Seite übersetzte.
Zwischen dem 21. und 23. Juli des Jahres 1798 vollzogen sich auf dem heiligen Boden von Memphis seltsame Vorgänge, von denen die europäische Geschichte mit gutem Grund keine Notizen machte.

Ein einziges Wort in der Chronik reichte zu guter Letzt aus, um die beharrliche Mauer des Schweigens endgültig zum Einsturz zu bringen.

Köln, in März 2019

1. Kapitel
Phönix aus der Asche
Eine alte ägyptische Legende

»Noch einen heiligen Vogel gibt es, der heißt Phoinix. Ich habe ihn nur abgebildet gesehen, denn er kommt selten nach Ägypten, in Heliopolis sagt man, nur alle fünfhundert Jahre. Er soll nur dann kommen, wenn sein Vater gestorben ist. Wenn das Bild richtig ist, sieht er folgendermaßen aus. Sein Gefieder ist teils golden, teils ganz rot. In Bau und Größe gleicht er am meisten dem Adler. Von seinem Tun erzählt man folgendes, was mir aber nicht glaubhaft scheint. Er komme aus Arabien hergeflogen und bringe die Leiche seines Vaters, in Myrrhen gehüllt, in den Tempel des Helios, wo er sie begrabe. Er trage den Leichnam folgendermaßen. Zunächst forme er ein Ei aus Myrrhen, so groß er es tragen könne, und versuche es aufzuheben. Wenn er es erprobt, höhle er das Ei aus und lege die Leiche des Vaters hinein. Die Stelle, wo er das Ei ausgehöhlt und den Vater hineingelegt, klebe er dann wieder mit Myrrhen zu, und das Ei sei nun ebenso schwer wie vorher. Und nun trage er es nach Ägypten in den Tempel des Helios. So erzählt man von diesem Vogel.« (Herodot II, 73)

In dieser märchenhaft anmutenden Legende, die Herodot selbst als unglaubhaft erschien und dennoch in seinen Historien einen festen Platz fand, hat – wie noch in diesem Buch zu sehen sein wird – bis zu den Tagen des Griechen ein Körnchen historische Wahrheit überlebt, welche eine weltliche Bewegung begründete, in der der ganze Umkreis der Völker des Altertums, jeder zu seiner Zeit und Weise, in seinem Bann eng eingebunden war.

In der Phönix-Legende schlummert schlechthin der Stoff, aus dem die Grundzüge menschlicher Geschichte gewebt wurden, bei der vornehmlich Zerstörung und Neubeginn die Gesetzmäßigkeit ausmachte.

Und ohne die anziehenden kultischen Impulse, die aus dem Ursprungsgedanken der Legende hervorgingen, hätte es für die französische Armee diesen ominösen dreitägigen Tage Aufenthalt in Gizeh nicht gegeben, und erst recht keinen Napoleon in unseren Geschichtsbüchern!

Der Phönix-Mythos stammt ursprünglich aus Ägypten.

Allerdings soll der Name laut dem römischen Dichter Publius Ovidius Naso – Ovid genannt – (43 v. Chr. – 18 n. Chr.) auf Assyrien zurückgehen. In dem Heimatland des Mythos am Nil nannte man diesen Fabelvogel ›Ben(n)u‹, was allgemein mit ›Leuchten‹ oder ›Aufgehen‹ gedeutet wird. Dort wurde er als riesiger goldener Habicht (oder Falke) mit Reiherkopf dargestellt, welcher den Mythen zufolge sich nach der Schöpfung auf dem aus der Flut auftauchenden Land niederließ. Sodann ließ er sich auf dem ›Benben-Stein‹, einem heiligen, als Sonnenstrahl gedachten Obelisken nördlich von Heliopolis, nieder und wurde dadurch zur Inkarnation der Sonne und des dazugehörigen Gott Re.

Geschaffen wurde er aus dem Feuer, das in der Dämmerung auf den heiligen Persea Baum der Stadt brannte.

Eine andere Sage weiß davon zu berichten, der Benu Vogel sei dem Herzen des Osiris entsprungen, der Gott also, der der ägyptischen Mythologie zufolge auch wieder zum Leben erwachte und somit Jahrtausende vor Entstehung des Neuen Testaments den Wiederauferstehungsgedanken verkörperte.

Dabei galt er also als Erscheinungsform des Osiris und auch des Re.

Griechische und römische Dichter und Geschichtsschreiber trugen später ihren Anteil dazu bei, indem sie diese Legenden aufgriffen und in das Bewusstsein ihrer antiken Mitmenschen brachten.

Obgleich schon bei Herodot in seinen Historien erwähnt, so gewann der Phönix doch erst durch den Römer Ovid an Bedeutung. Zugleich hatte sich die Besonderheit des Vogels allmählich in den Überlieferungen herausgebildet.

So soll Phönix alle 500 Jahre in sein Heimatland Ägypten zurückkehren, um dort zu sterben. Dort verbrennt er sich selber und aus seiner Asche entsteht ein kleiner Wurm, der innerhalb kürzester Zeit zu einem ausgewachsenen Tier heranwächst.

Über diesen Vorgang schreibt Ovid:

»Nur ein einziger Vogel besamt und erneuert sich selber, die Assyrer nennen ihn Phönix, nicht Früchte noch Kräuter nähren ihn, sondern der Saft von Anemonen und Tränen des Weihrauchs. Wenn nun dieser sein Leben auf fünfhundert Jahre brachte, baut er auf Eichengeäst oder Gipfeln schwankender Palmen, sich ein Nest mit den Krallen und rein erhaltenem Schnabel. Wenn er dann Cassia sich und die

Ähren geschmeidiger Narden untergestreut und zerstoßenen Zimt mit gelblichen Myrren, setzt er sich oben darauf und endet in Düften sein Leben. Dann, so berichtet die Sage, entsteht aus dem Leib des Vaters wieder ein kleiner Phönix, um gleichviel Jahre zu leben.«

Myrrhe wurde auch als Räucherwerk ähnlich wie Weihrauch verbrannt. Nach griechischer Vorstellung soll der Vogel aus der Asche des Osiris oder seinen sterblichen Überresten hervorgegangen sein und erreiche ein hohes Alter von etwa 300 – 500 Jahren, ehe er in Heliopolis erscheine, wo er sich selbst verbrenne und verjüngt aus der Asche aufstehe. Somit war er auch nach dieser Vorstellung Sinnbild der Unsterblichkeit und der Auferstehung.

In den folgenden Jahrhunderten galt der nun als Paradiesvogel dargestellte Phönix zunächst als Zeichen der Reinheit und Keuschheit. Das aufkommende Christentum wusste den Phönix für sich neu zu deuten. Der mythische Vogel wurde nun mit dem Heiland verglichen, der gleich dem Phönix gestorben ist, um gestärkt wieder aufzuerstehen.
›Physiologus‹ (*Naturforscher*), seit der frühchristlichen Zeit in vielen Fassungen und Sprachen vermutlich in Alexandria um 200 n. Chr. entstanden, war ein verbreitetes illustriertes Tierbuch mit natursymbolischem Inhalt, in dem sich mythologische Zoologie mit frühchristlicher Glaubenslehre vermischten.
Solange solch eine symbolisch moralisierende Typologie noch von Bedeutung war, hatte es bis zum Ende des Mittelalters außerordentliche Breitenwirkung in den Ikonografien von Kunst und Religion und in den ›versunkenen‹ Literaturen gehabt, übte zugleich großen Einfluss auf die Ausbildung der christlich-mittelalterlichen Ikonografie und Symbolik aus.
Zunächst wurde der Vogel entsprechend den ägyptischen Vorstellungen dargestellt, um später dann in Harmonisierung an den theologischen Wandel ein anderes Aussehen zu erhalten und als Sinnbild der Seele zu gelten:

»Die geheiligte Seele ist am hinteren Teil des Körpers purpurfarben, das bedeutet für sie die Nachfolge der Leiden Christi, die niemand vermeiden kann, der zu Gott will. «

Auch wenn in Physiologus plötzlich die Rede davon war, dass der Vogel nicht aus Arabien, sondern aus Indien stamme, bleibt dennoch in den Erzählungen die enge Beziehung und zentrale Rolle zu dem ägyptischen Heliopolis bestehen.

»Es ist ein Vogel in Indien, Phönix genannt. Nach fünfhundert Jahren fliegt er in die Wälder des Libanon und füllt seine Schwingen mit aromatischen Essenzen und zeigt sich dem Priester von Heliopolis [Sonnenstadt in Ägypten] *im neuen Monat, im Nisan oder Adar* [babylonisch jüdischer Kalender: Mitte März bis Mitte April], *das heißt im Phamenoth oder Pharmuti* [ägyptischer Kalender: April]. *[…] Der Vogel aber fliegt nach Heliopolis, beladen mit den aromatischen Essenzen, und steigt auf den Altar und entzündet für sich das Feuer und verbrennt sich selbst. Am folgenden Tag, wenn der Priester den Altar durchsucht, findet er einen Wurm in der Asche. Am zweiten Tag findet er ihn als Küken eines Vogels, und am dritten Tag findet er ihn als ausgewachsenen Vogel vor, und dieser verabschiedet sich vom Priester und reist zu seinem Heimatort.«*

Schließlich nimmt der Phönix das Antlitz des Erlösers an:

»Indem er von den Himmeln kam, breitete er seine beiden Schwingen aus und trug sie voller Wohlgerüche das heißt voller vortrefflicher himmlischer Worte damit auch wir in Gebeten die Hände ausbreiten und geistigen Wohlgeruch empor senden durch gute Lebensführung.«

Bei den römischen Geographen Pomponius Mela (vor 50 n. Chr.) treffen wir auf Aussagen, die letztendlich an den Gedanken der ›unbefleckten Empfängnis‹ und somit göttlicher Abstammung anknüpfen:

»Von den Vogelgestalten ist vornehmlich die Phoenix zu erwähnen, die nur eine einzige ist. Sie wird nämlich nicht durch Paarung empfangen noch durch Geburt hervorgebracht, sondern wenn sie ununterbrochen ein Alter von 500 Jahren durchlebt hat, legt sie sich auf einen für sie selbst aus verschiedenen Duftstoffen errichteten Scheiterhaufen und löst sich vom Leib. Indem sie dann aus der Lösungsmasse der verwesenden Glieder neu erwächst, empfängt sie sich selbst und wird aus sich selbst wieder neugeboren. Sobald sie herangewachsen ist, umhüllt sie die Gebeine ihres vormaligen Körpers mit Myrrhe und trägt sie nach Ägypten und indem sie

sie in der sogenannten Sonnenstadt auf die lodernden Scheiterhaufen des Altars legt, weiht sie sie so mit einer denkwürdigen Bestattung.« (De Chorographia 3,83-84)

Auch in diesen Zeilen lässt sich aus den Aussagen über Myrrhe und Lösungsmasse die Beschreibung einer Salbung ausmachen, die in engen Zusammenhang mit dem Neugeborenen steht und zugleich die messianische Erlösung berührt.
Bei dem römischen Schriftsteller Gaius Plinius d. Ä. (um 24 – 79 n. Chr.) treffen wir dann auf erstaunliche Aussagen:

»Aethiopier und Inder berichten von höchst verschiedenfarbigen und unbeschreiblichen Vögeln, vor allem aber vom edlen Phoenix in Arabien, ich weiß nicht ob nur im Märchen, dass er einzig sei auf dem ganzen Erden rund und ungesehen, trotz großer Bemühung. Man sagt, er habe die Größe eines Adlers, den Glanz von Gold um seinen Hals, er sei ansonsten purpurn, er habe rosige Federn, die einen bläulichen Schwanz durchsetzten, Kammauswüchse, einen flaumigen Scheitel, der die Kehlen und den Kopf auszeichne. Als erster Römer hat Manilius ausführlich und sorgfältig von ihm berichtet, jener Senator, geadelt mit unerhörten Lehren, von keinem Lehrer übertroffen: dass es keinen gegeben habe, der ihn je fressen gesehen habe, dass er in Arabien dem Sonnengott heilig sei, dass er 540 Jahre lebe und, wenn er alt werde, sich ein Nest aus Schösslingen von Zimt und Weihrauch baue, mit Düften erfülle und darüber hinsterbe. Aus den Gebeinen dann und aus seinen Eingeweiden werde zuerst so etwas wie ein Würmchen geboren, daraus werde ein Küken, und dieses gebe seinem früheren Ursprung die ihm gebührende Bestattung und trage das ganze Nest in der Nähe der Insel Panchaia in die Sonnenstadt, und lege es dort auf dem Altar nieder.« (Historia naturalis 10,2,3 4)

Auch hier wird wie bei Pomponius Mela das Erscheinen des Neugeborenen mit einem Altar in der Sonnenstadt in Verbindung gebracht, worauf er sich niederlegt.
Plinius weiß zudem weiter davon zu berichten, dass die Wiederkehr des Phönix nicht willkürlich nach einigen Jahrhunderten erfolgt, sondern nach bestimmten Zyklen, die mit den Sternbildern in Verbindung stehen:

»Dass mit dem Leben dieses Vogels sich der Umlauf eines Weltenjahres vollende, berichtet ebenderselbe Manilius, und dass die Zeichensetzungen der Zeiten und Gestirne in gleicher Weise wiederkehren, dies aber gegen Mittag beginne an dem

Tag, an dem die Sonne wieder in das Widderzeichen eintritt, und dass es zur Zeit seines Berichts das 215. Jahr dieses Umlaufs gewesen sei, im Konsulatsjahr von P. Licinius und Cn. Cornelius. Cornelius Valerianus berichtet, der Phönix sei nach Ägypten hinabgeflogen; im Konsulatsjahr des Q. Plautius und des Sex. Papinius wurde er auch in die Stadt gebracht unter der Zensur des Kaisers Claudius, im 800. Jahr der Stadtgründung, und in der Volksversammlung vorgestellt, was auch in den Akten bezeugt ist, aber natürlich zweifelt keiner daran, dass das wahr ist.«
(Historia naturalis 10,5)

In den Annalen des römischen Historikers Tacitus werden weitere Details über die Wiederkehr des Vogels erwähnt:

»Im Konsulatsjahr des Fabius Paulus und L. Vitellius nach Verlauf von vielen Jahrhunderten kam der Vogel Phoenix nach Ägypten und gab den Gelehrtesten der Eingeborenen wie der Griechen Stoff, viele Erörterungen über dieses Wunder zu verfassen. Worin sie übereinstimmen und auch das viele Zweifelhafte, aber im Licht der Erkenntnis nicht ganz Unsinnige, darf ich hier wohl darlegen: Dass dieses Tier dem Sonnengott heilig ist und durch seinen Schnabel und die Zeichnung seiner Federn von den anderen Vögeln verschieden, darin stimmen diejenigen überein, die seine Gestalt nachgebildet haben. Über die Zahl der Jahre seiner Wiederkehr wird verschiedenes überliefert: Am meisten verbreitet ist eine Zeitspanne von 500 Jahren. Einige versichern, dass 1461 Jahre dazwischenlägen, und dass die früher erschienenen Vögel zuerst unter des Sesosis, die späteren unter des Amasis Herrschaft, dann unter Ptolemäus, der von den Makedonen als dritter regierte, in die Stadt, die Heliopolis heißt, geflogen seien, wobei sie von Scharen anderer Vögel begleitet worden seien, die über die neuartige Vogelerscheinung verwundert waren.«
(Annales 6,28)

Pharao Amasis ist identisch mit Ahmose II. (570 – 526 v. Chr.), während Ptolemäus III. zwischen 246 – 222 v. Chr. regierte.
Somit liegt zwischen beiden Herrschern eine Zeitspanne von weit weniger als 500 Jahre und steht somit nicht in Einklang mit den üblich überlieferten Zyklen.
Auch dies vermerkt Tacitus in seinen Annales:

»Aber die alte Geschichte liegt gewiss im Dunkeln. Zwischen Ptolemäus und Tiberius sind noch nicht einmal 250 Jahre verflossen. Daher glauben einige, dass *dieser Phönix unecht sei und nicht aus arabischen Ländern stamme, und dass er nichts von dem Eigentümlichen ausgeführt habe, was die alte Erinnerung behauptet hat.«*

Demnach hat es Nachahmer gegeben, die sich mit falschen Federn des Phönix schmückten.
Zudem veranschaulicht der Text, dass es in den alten Überlieferungen klare Hinweise gab, dass der ›echte‹ Vogel nur aus Arabien stammen kann.
Für den römischen Historiker gab es zudem keinen Zweifel daran, dass dieser Vogel in enger Verbindung mit Ägypten steht:

»Im Übrigen aber besteht kein Zweifel daran, dass dieser Vogel zuweilen in Ägypten gesehen wird.«

Die Spuren dieses mythischen Vogels reichen von Indien bis nach China, wo er jeweils mit der typischen mythologischen Vorstellung und Darstellung der jeweiligen Kultur umhüllt wurde.
Auch Alchimisten machten den Phönix zum Inbegriff des Geheimnisses der Erneuerung und Verjüngung und des sich immer Wiederholenden und Ewigen.
Die Freimaurer hingegen erhoben ihn in der Neuzeit zu einem ihrer wichtigsten Symbole: ›ardet ut vivat! – *Er verbrennt, auf dass er lebe!*‹
Nach der Vorstellung des Abendlandes präsentiert sich der Phönix als Einzelwesen, das männlich sein soll und sich alle 500, nach anderen Überlieferungen auch 12.954 oder 1.461 Jahre erneuert, indem es sich in einem mit Gewürzen gefüllten Nest verbrennt, um als Jungstier aus der Asche, Ei oder Wurm, wiederaufzuerstehen.

Al-Qazwini, ein arabischer Kosmograph, wartet mit folgender Legende auf:

»Dieser hat unter den Vögeln die mächtigste Gestalt und den größten Körper. Er reißt den Elefanten und den Wasserbüffel. Es wird berichtet, dass er in alten Zeiten unter den Menschen weilte. Diese aber litten unter seinen Vergehen – so lange, bis er eines Tages eine geschmückte Braut raubte. Da verfluchte ihn der Prophet Hanzalah. Und Gott nahm ihn hinweg zu einer Insel im Ozean, unterhalb des Äquators, zu der die Menschen nicht gelangen konnten.? […] Wenn der Phönix fliegt,

hört man von seinen Flügeln das Rauschen des Sturzbaches und das Geräusch der Bäume beim Wehen des Sturmwindes. Es wird berichtet, dass die Lebenszeit des Phönix 1.700 Jahre beträgt. Er paart sich, wenn er 500 Jahre geworden ist. Wenn die Zeit des Eierlegens gekommen ist, empfindet das Weibchen dadurch heftige Schmerzen. Dann bringt das Männchen Meerwasser aus seinem Schnabel und das Ei tritt mit Leichtigkeit aus. Nach fünfundzwanzig Jahren ist das Ei ausgebrütet. Wenn nun das Junge groß wird und ein Weibchen ist, sammelt der weibliche Phönix viel Feuerholz. Dann reibt das Männchen so lange am Schnabel des Weibchens bis dadurch Feuer entfacht wird. Er setzt das Feuerholz in Brand und das Weibchen tritt unter das Feuer bis es verbrannt ist. Wenn das Junge aber ein Männchen ist, dann tut der männliche Phönix, was der Weibliche getan hat und das Junge wird der Gatte des Weibchens.«

In dieser Erzählung begegnen wir wohl den Ursprung eines misslichen Brauchs, der in Arabien vor der Berufung des Propheten Mohammed praktiziert und dann von ihm abgeschafft wurde: das Töten von weiblichen Neugeborenen.

Die Überlieferung eines großen Teils solcher Mythen verdanken wir in erster Linie einer geistigen Entwicklung, die um 650 v. Chr. in Griechenland ihren Anfang nahm, wodurch die Kunde aus der Vergangenheit für nachkommende Generationen im Großen und Ganzen gesichert wurde.
Die geschichtlichen Rahmenbedingungen zu dieser Entwicklung teilen sich in drei große Epochen ein: die Epoche der Reisenden, von der Saitenzeit bis zur Gründung Alexandria (ca. 650 – 320 v. Chr.), die Epoche der Wissenschaft, von Hekataios von Abdera bis Strabon (ca. 320 v. Chr. – 50 n. Chr.), und die Epoche der Mystiker und Philosophen, von Chaeremon bis Jamblichus (ca. 0 – 350 n. Chr.).
Der Historiker Herodot (485 – 425 v. Chr.) verkörpert die Zentralfigur der ersten Epoche.
Die von ihm zusammengetragenen Historien stellen ein für seine Zeit völlig neuartiges Geschichtsbuch aus neuen Büchern dar, das der Grieche im 5. Jahrhundert v. Chr. verfasst hat.
Seine während vielen Forschungsreisen zusammengetragenen Informationen bieten mitunter einen Überblick über historische Vorgänge, die sich in den Jahren von etwa 700 bis 479 v. Chr. zugetragen haben und decken somit

einen Zeitraum von etwa 220 Jahren ab. Es ist die Zeit, in der auch die Perserkriege stattfanden und die für die Griechen von entscheidender historischer Bedeutung war.

»Ich fühle mich verpflichtet, wiederzugeben, was mir gesagt wurde; alles zu glauben bin ich aber nicht verpflichtet«, so lautete die Maxime des großen griechischen Historikers, die ihm nicht nur Lob von seinen Landsleuten bescherte. Geboren ist Herodot um 484 v. Chr. in Halikarnassos als Sohn einer wohlhabenden Familie, der Vater, Lyxes, war als semitischer Karer aus dem südwestlichen Kleinasien aus griechischer Sicht Barbar, die Mutter war eine dorische Griechin. Weil die Familie Herodots in politische Intrigen gegen den Tyrannen Lygdamis verwickelt war, musste Herodot nach Samos ausweichen, von wo er aus geschäftlichen und wissenschaftlichen Belangen nach Ägypten, Kyrene, Palästina, Phönizien, Babylonien, hinauf in die nördliche Ägäis ans Schwarze Meer bis ins Land der Skythen reiste. Während seiner großen Reisen studierte er die jeweilige politische Geschichte, Geographie und Völkerkunde.
Etwa 447 v. Chr. kam er nach Athen, wo er wohl engen Kontakt zu großen Persönlichkeiten dieser Zeit pflegte, zu denen Sophokles und Perikles gehörten.
Herodot gilt als der ›Vater der Geschichtsschreibung‹ und der Ethnographie. Vor ihm gab es nur Chroniken und Epen als Formen der Geschichtsbeschreibung. Er war jedoch der Erste, der nicht nur die Vergangenheit registrierte, sondern sie zusätzlich als philosophisches Problem oder Forschungsprojekt behandelte und die ganze Fülle und Mannigfaltigkeit der Begebenheiten fremder Völker zusammenzufassen versuchte.
Die Komposition seiner Historien folgt dabei meist weniger ›wissenschaftlichen‹ Kriterien als vielmehr künstlerisch und philosophischen Überlegungen.
Herodot selbst verstand sich als Forscher, der berichtete, ohne ein subjektives oder emotionales Urteil zu fällen.
Besonders in seiner Zeit war dies nicht unumstritten, war doch Hellas nach Meinung seiner Landsleute und Zeitgenossen das Maß aller Dinge. Wegen seiner unparteiischen Berichterstattung über fremde Völker wurde er nicht selten von seinen Landsleuten als Barbarenfreund bezeichnet.

Am bekanntesten ist seine Reise etwa im Jahr 450 v. Chr. durch Ägypten von der Nilmündung bis zum ersten Katarakt zur Insel Elephantine (heute Assuan), die ca. 1.000 km auf dem Nil entlang führt und ihm den Eindruck vermittelte, als wandere er durch eine Märchenwelt. Der Grieche war dann auch derart von der Kultur am Nil fasziniert, dass er alle seine Reisetermine über den Haufen warf und sich entschloss, von Ägypten ausführlich zu berichten, »*weil es mehr wunderbare Dinge und erstaunliche Werke enthält, als alle anderen Länder.*«

Während seiner Reise folgte er nicht selten seinem historischen ›Bauchgefühl‹.

Auch ihm wenig glaubhaft erscheinende Behauptungen seiner Gewährsleute erwähnt er und überlässt es der geneigten Leserschaft, sich nach eigenem Ermessen ein Urteil darüber zu fällen.

Auf diese Weise verdanken wir ihm, dass so manche als Märchen abgetane Aussagen, an die er mitunter selbst nicht so recht glaubte, sich durch spätere Generationen als geschichtliche Fakten erwiesen haben.

So der Bericht über die Umseglung Afrikas, deren Initiator der Pharao Necho war. Oder die Berichte über unterirdische Kammern und einer künstlichen Insel unter der großen Pyramide, wo angeblich Cheops begraben war (II, 124), jene oft verschmähten Aussagen, die später ihre Bestätigung fanden, als Archäologen unter den Pyramiden eine monumentale Anlage fanden, deren Beschaffenheit an jene erinnert, die Herodot in seinen Historien verewigte.

Die fremden Kulturwelten, die Herodot staunend durchstreifte, verfügen zwar über umfangreiche schriftliche Hinterlassenschaften, doch vieles davon beruht traditionsgemäß auf mündlichen Überlieferungen, in denen nicht selten Mythen aus den dunkelsten Epochen überlebt haben.

Und Herodot lässt einfach jene, deren Vergangenheit er forschend aufsucht, die eigene Herkunft und Kultur erzählen, ›Barbaren‹ wie Griechen gleichermaßen.

›*Mythos*‹ und ›*Logos*‹ stehen sozusagen in einer wechselseitigen und ergänzenden Beziehung zueinander.

Älteste Erinnerungen mit ihren mystischen Gestalten werden hierdurch lebendig, der Geist wird offenbart, in dem eine jede Menschenart ihre Vergangenheit und Gegenwart sieht, samt den göttlichen Mächten, die sie regieren und seit Urzeiten ihr Leben nachhaltig beeinflussen. Dabei waren dem Historiker Herodot stets die ihm vorgetragenen Überlieferungen ehrwürdig genug, um getreu für die Nachwelt bewahrt zu werden.

Offenbar empfand der eingefleischte Historiker es gerade als seine heilige Pflicht, ausnahmslos das Kulturerbe, das er überall aufspürte und vorfand, in einer Art Bestandsaufnahme für die Nachwelt einzufrieren. Nicht er soll über ihren inneren Gehalt richten, sondern kommende Generationen, an die er eigentlich seine Historien richtete.

Die Historien, die dann auf diese Weise zustande kamen, stellen eine sonderbare Mischung aus Erlebten und Erkundeten dar, wohl aber vom Mythos häufig überwuchert.

Herodot schlüpfte also in dieser Beziehung in die Rolle des Verwalters alter Kunde, damit eben »*bei der Nachwelt nicht in Vergessenheit gerate, was unter Menschen einst geschehen ist*«, wozu in erster Linie bei der Suche nach der historischen Wahrheit die korrekte Wiedergabe des Erforschten ein unerlässliches Instrumentarium darstellen dürfte. Wo die schriftliche Überlieferung gänzlich gefehlt hat, waren die Mythen sozusagen die einzige Brücke zur Vergangenheit. Ohne sie hätten spätere Generationen nie etwas von einem Adam oder Noah und seiner Arche erfahren und nicht zuletzt wäre das Alte Testament für immer verloren gegangen.

Doch die Ära, die mit Herodots Wirken eingeläutet wurde, war nur von kurzer Dauer und wurde rasch von einer neuen abgelöst, die es sich zur Aufgabe machte, die Geschichtsschreibung grundlegend neu zu definieren. Der Historiker-Typus, der nun unmittelbar auf Herodot folgte, läutete eine neue Ära der Wissenschaft ein, die gezielt und unbeirrbar gegen den Mythos steuerte und ihn verdammte.

Und mit Thukydides (460 – 395 v. Chr.), der lediglich etwa zwanzig Jahre jünger als Herodot war, wurde dann die Messlatte für die Definition wissenschaftlicher Geschichtsschreibung so angelegt, dass man in der Spätzeit von ›dem Geschichtsschreiber‹ schlechthin sprach, dessen wissenschaftliche Methodik bis zum heutigen Tage wegweisend geblieben ist.

Seine einfache Formel lautete ›Wahrheit‹ bei gleichzeitiger Verdammung der Mythen und dem Bruch mit ihnen, wodurch die episch erzählende Historie zur pragmatischen Geschichtsschreibung wurde.

In seiner Abrechnung mit den ›alten‹ Historikern, zu denen Herodot gehört aber nicht namentlich erwähnt wird, beklagt Thukydides (1, 21f.), dass sie durch Mythen-Erzählungen ihren Werken Reiz zu verleihen suchen, statt durch zuverlässige Tatsachenberichte aufklärend und belehrend zu wirken. Sie haben es sozusagen nach seiner Meinung weniger auf Wahrheit als auf Ergötzung des Publikums abgesehen.

Demnach gilt für ihn als historisch ausschließlich das Anerkannte, was er als Miterlebender selbst bezeugen konnte, oder, wo er auf das Zeugnis anderer angewiesen war, mit Sorgfalt selbst prüft.

Dieser Historikertypus beginnt also nach eigenen Gutdünken und je nach nationalistischem Egoismus und politischer Einstellung zu bestimmen, was von den vorliegenden Überlieferungen historisch würdig ist und was nicht. Dennoch schreckte Thukydides nicht davor zurück, wenn es um die eigene Vergangenheit geht, sich mit unbeweisbaren Legenden zu schmücken. Um das griechische Geschlecht rühmen zu wollen, greift er auf den alten Mythos von Hellen, dem legendären Stammvater der ›Hellenen‹, dessen Vater Deukalion, einst – sozusagen als griechisches Gegenstück zu Noah in der Bibel – die große Flut überlebt haben soll.

Somit dürfte die eingeläutete ›Sternstunde‹ der Geschichtsschreibung wohl eine nachhaltige und willkürliche Schattenseite gehabt haben, die man ohne weiteres das ›Thukydides-Syndrom‹ bezeichnen könnte.

In seinem schaffenden und griechisch verherrlichenden Schlepptau sollte der geschichtsträchtige Orient, das eigentliche Bindeglied zur Vergangenheit und bis dahin Träger des Kulturerbes, letztendlich weitgehend auf den Grund der Anonymität versinken, und mit seiner eigenen Historie allmählich aus dem Gedächtnis nachkommender Generationen entschwinden.

In seinem unbändigen Vorwärtsdrang bei gleichzeitigem Bruch mit dem althergebrachten war Thukydides wissenschaftliche Philosophie wohl untauglich, den historischen Erben mit der gebotenen wissenschaftlichen Sorgfalt zu begegnen, und mit der nötigen Rücksicht und Scharfsinn rückwärts entschlüsselnd auf das Vorgeschichtliche zu schauen, aus dem die Gegenwart nach mühseligen Entwicklungsphasen entschlüpft war.

Die bunte geistige Hinterlassenschaft dieser Kulturkreise zu leugnen und zu verdammen, bedeutet nichts anderes, als dass wir die eigene Vergangenheit und Herkunft verleugnen.

Und wohl zugleich, die einzige Brücke zur Erforschung der dunklen Epochen menschlichen Daseins zum Einsturz zu bringen. Die mystische Welt, drei Jahrtausende geistiger Nahrung und kultureller Aufbruch eines ewigen und erhabenen Ägyptens, entschwindet weitgehend der Erinnerung der Menschen und somit zugleich dem Zugriff der aufklärenden Geschichtsschreibung.

Der Orient, der bis dahin im Wesentlichen die Fackeln der Kultur hochhielt und dabei stets mit unbeirrbarer Engstirnigkeit die eigene Kultur zugrunde richtete, wurde nun einfach von den verfeindeten Griechen übergangen.

Denn mit Einbruch der hellenischen Zeit und dem damit verbundenen Wechsel der Träger der geschichtlichen Entwicklung fand eine geistig-politische Verlagerung der Gewichte statt, die stetig zur Umschreibung der Historie zu Lasten der Besiegten führte.

Und einiges spricht dafür, dass der plötzliche ›wissenschaftliche‹ Sinneswandel bei Thukydides vornehmlich einen anderen Hintergrund hat.

Denn wir finden ihn gerade in einer gärenden und emotionsgeladenen Antiorient Ära, in der der Hass und die Rachsucht der Griechen seit der Zerstörung Athens gegen die östliche Weltmacht der Barbaren Persiens und somit gegen alles Orientalische stetig zunimmt, zu dem in erster Linie auch und gerade die Diffamierung des orientalischen Feindbildes und die Herabwürdigung seiner kulturellen Errungenschaften und geschichtsträchtigen Vergangenheit gehören.

Und gerade aus diesem Vorsatz heraus dürfte die Unbefangenheit, mit der die ›alten‹ Historiker wie Herodot die Botschaften aus der Vergangenheit erkundend suchten und wiedergaben, ein Stein des Anstoßes dargestellt haben.

Demnach muss die Begegnung dieser griechischen Philosophen mit der orientalischen Kultur während der Epoche der Reisenden im Laufe der Zeit allmählich eine tiefe Erschütterung des eigenen historischen Bewusstseins bewirkt haben und bei einigen, allen voran Thukydides, jene Bruchmentalität mit der Vergangenheit bewirkt haben.

Der Deutsche Kulturhistoriker und Philosoph Oswald Spengler (1880 – 1936) hatte sicherlich seine Gründe, als er die Griechen das »ahistorischste« aller Völker genannt hat.

Und nicht ohne triftigen Grund lautete auf der anderen Seite die Forderung des Historiographen Leopold von Ranke (1795 – 1886), dass der Geschichtsschreiber strikt unparteiisch zu verfahren habe, gerade um die Gegenwart mit gültigen Erkenntnissen der Vergangenheit zu bedienen, damit diese bis in unsere Gegenwart hinein ihre Aktualität behalten.

Heute kann wohl mit gutem Grund über Herodots Widersacher behauptet werden, sie waren entweder verblendete Provinzler, die außerhalb Griechenlands nur Barbaren mutmaßten, oder solche, die nicht einordnen konnten, was ›zukunftsorientierte Forschung‹ zu bedeuten hat.

Welchen Stellenwert Herodots philosophische Einstellungen für die Erforschung der Vergangenheit beizumessen ist, wird deutlich anhand jener Legende, die er selber nicht zu glauben vermochte: dem soeben umrissenen Mythos von Phönix.
Dieser stets in das Reich der Phantasie verbannte Mythos beschert uns schon zu Anfang dieses Buches eine außergewöhnliche Überraschung. Dabei geht es in erster Linie um Hinweise, die von vornherein für viele von uns als belanglos erscheinen.
Bei nachdenklicher Betrachtung des Mythos müsste sich eigentlich geradezu die Frage aufdrängen, warum ausgerechnet bei einer pharaonischen Legende eine Verbindung zu Arabien bestehen soll, wo die alten Ägypter den östlichen Bewohnern der Wüste stets Geringschätzung entgegenbrachten?
In der ägyptischen Mythologie gibt es zudem viele typische mythische Ortschaften, die in engem Zusammenhang mit dem Land am Nil stehen.

Warum also muss der Vogel Phönix ausgerechnet aus Arabien stammen?
Nachforschungen in diesem Zusammenhang haben zu einem interessanten Aspekt geführt.
Man fand heraus, dass die recht naturalistischen Darstellungen des Benu-Vogels, die mit keiner heutigen Reiher-Art direkt übereinstimmt, möglicherweise auf den inzwischen ausgestorbenen Riesenreiher ›Ardea bennuides‹ zurückgehen.
Sowohl in Oman als auch in Kuwait wurden Funde dieses großen Reihers gemacht, die auf ein Alter von etwa 1.800 Jahren datiert wurden.
In Arabien hat es also aller Wahrscheinlichkeit nach einen Vogel gegeben, der durchaus als Vorbild für die mystische Beschreibung gedient haben könnte.

Ungeachtet der Tatsache, dass dies keine Untermauerung der Richtigkeit irgendwelcher Aussagen der Legende bedeuten würde, muss auch hier wiederum die Frage gestellt werden, wieso die alten Ägypter trotz ihrer fast unerschöpflichen mythologischen Tiergestalten auf einen fremden Vogel aus Arabien zurückgriffen?

Eine naheliegende Erklärung dürfte lauten, dass diese Legende eben doch in enger Beziehung zu Arabien steht. Und wenn dem so ist, so dürfte es in dem Mythos weitere Hinweise auf Arabien geben. Und in der Tat gibt es in dieser Hinsicht einen auffälligen Hinweis, dessen arabische Herkunft nicht geleugnet werden kann, nämlich die eigenartige Bezeichnung des Vogels als ›*Benu*‹.

Nach heutiger Auslegung soll dieses Wort ›Leuchten‹ oder nach anderer Deutung ›Aufgehen‹ bedeuten.

Doch keine der beiden Definitionen lässt sich linguistisch einwandfrei erklären.

In meinen bereits erschienenen Buch, ›Der Adam Code – Nachhall der babylonischen Sprache‹, wurde eine Theorie vorgestellt, die unter dem Sammelbegriff ›Kelmatologie‹ erklärt wurde: ›Kelma/كلمة‹ bedeutet auf Arabisch ›Wort‹.

Mir war nach einer bestimmten Betrachtungsweise häufig der Verdacht gekommen, dass die allgemein gültige Erklärung für viele Namen, Ortschaften und Begriffe der großen alten Kulturen des sogenannten ›*Fruchtbaren Halbmonds*‹ alles andere als schlüssig sind.

Dann stieß ich ausgerechnet bei Herodot auf eine Erzählung, über deren offenkundige Naivität ich selber stets den Kopf schüttelte.

Dabei ging es während der Regierungszeit des ägyptischen König Psammetich um die Frage, wer das älteste Volk der Erde sei. Als der König kein Mittel fand, eine Antwort darauf zu finden, griff er zu einem ungewöhnlichen Experiment.

»*Psammetich gab einem Hirten zwei Neugeborene von beliebigen Eltern; er soll sie zu seiner Herde mitnehmen und so aufziehen, dass niemals in ihrer Gegenwart ein Wort gesprochen werde. [...] So wollte er hören, was für ein Wort die Kinder als Erstes aussprechen würden. [...] Nachdem der Hirte die Kinder zwei Jahre lang so versorgt hatte, riefen sie ihn, als er eines Tages die Tür öffnete und eintrat, bittend*

das Wort ›Bekos‹ entgegen, wobei sie die Hände emporstreckten. [...] (Psammetich)
fand heraus, dass die Phryger das Brot ›Bekos‹ nannten. So räumten die Ägypter
ein, dass die Phryger noch älter seien als sie.« (Herodot, II, 2)

Keiner kann heute nachvollziehen, wie die Phryger sprachen. Man kann
aber mit letzter Gewissheit davon ausgehen, dass unter den gegebenen Um-
ständen keines der beiden Kinder jemals dieses Wort hätte sprechen kön-
nen.
Sprache ist selbstverständlich nicht vererbbar.
Die Legende will uns also in ihrem ursprünglichen Kern etwas anderes mit-
teilen.
Was kann also der Begriff „Bekos" bedeuten, welches den Mittelpunkt der
Legende bildet?
Die Suche nach einer Lösung führte schließlich zu dem Mythos um Du-
muzi-Tammuz.
Der Schäfergott Dumuzi war der Bruder und Gemahl der Himmelsgöttin
Innana (Ischtar), die ihn der Unterwelt preisgab, wo er als König herrschte.
In erster Linie war er jedoch eine Fruchtbarkeitsgottheit und Sinnbild der
Auferstehung: Die gestorbene Natur blüht im Frühjahr wieder auf.
Das Christentum dachte ihn sich als gefallenen Engel Gottes.
In der alten biblischen Stadt Haran war der ländliche Tammuz-Kult immer
noch im Mittelalter bei den Sabiern lebendig. Von arabischen Schriftstellern
sind uns Einzelheiten der Zeremonien der Sabier beim so genannten
›buqat‹-Fest überliefert.
Im alten Phönizien wurde Tammuz hingegen unter dem Namen Adon ver-
ehrt, der wiederum bei den Griechen zum Adonis wurde. Bei den Römern
wurde Adonis-Tammuz unter dem Namen ›Bacchus‹ verehrt.
Somit nähern wir uns dem Begriff ›Bekos‹, der bei Herodot vorkommt.
Wie ›Bekos‹ ist auch ›Bacchus‹ ein semitisches Wort und kommt von dem
Verb ›bak´ka‹.
Der Kirchenschriftsteller Hesychios von Jerusalem (nach 450 n. Chr. ver-
storben) erklärt in diesem Zusammenhang in seinen Schriften, dass der Be-
griff Bacchus bei den Phöniziern weinen bedeutet.
Doch die Deutung des Worts bedürfte eigentlich keines Hesychios: Jedes
Kind, das arabisch spricht, weiß, dass ›bak´ka‹ (بَكَى) weinen bedeutet.

Bei der Geschichte um Psammetich haben die Kinder also nicht nach Brot gerufen, sondern ganz einfach geweint, was das Natürlichste der Welt wäre.

Demnach dürfte es bei dem ursprünglichen Kern der Legende darum gehen, nicht welches Volk das Älteste der Erde sei, sondern welche Sprache.

Also hat das geheimnisumwobene Volk der Phönizier eine semitische Sprache artikuliert, die dem Arabischen ziemlich nahekommt, oder anders formuliert, die arabische Sprache ist offensichtlich ein enger Ableger jener phönizischen Sprache.

Und genau diese Hypothese bestärkte meine Vermutungen!

Als Kenner der arabischen Sprache war mir nämlich stets aufgefallen, dass vieles aus dem Kreis der alten Kulturen nicht nur unverkennbaren arabischen Klang hatte, sondern auch aus der Sicht der arabischen Sprache mitunter seine Bedeutung hat.

Mit der Anwendung dieser Methode, konnte eine Rückbesinnung zu den alten Definitionen und deren sprachlicher Deutung vollzogen werden und somit eine Rückkehr zu den ursprünglich sprachlichen Wurzeln gelingen, die vornehmlich auf mündlichem Wege die Zeit überdauerten.

Bald darauf ließen sich dann Begriffe wie Israel, Babel, Hammurabi bis hin zu ›Allah‹ in ihre Urbestandteile zerlegen und deren sprachlichen Sinn definieren. Und vieles aus der Vergangenheit, vom undurchdringlichen Schleier der Jahrtausende umschlossen, trat so in seinem ursprünglichen Gewand hervor.

Was wohl zunächst kaum für möglich gehalten wird, hier lässt sich der mythische Begriff ›Benu‹ nicht nur nach Arabisch definieren, sondern darüber hinaus anhand des Dialekts genauen geographischen Ortschaften zuordnen.

Benu entspricht in der Aussprache exakt dem Begriff › بنو ‹ und bedeutet ›Nachkomme, Nachfahre‹.

Dieses Wort stellt in dieser Form eine Aussprache im Hocharabischen dar, welche vornehmlich in Arabien Anwendung findet.

Demnach kann mit gutem Grund davon ausgegangen werden, dass die Behauptung in dem Mythos in Bezug auf Arabien einen historisch realen Hintergrund hat.

Doch damit noch nicht genug!

Der Begriff geht auf › بن/bnu‹ = › إبن/Ibn = Sohn des ...‹, führt also im Endergebnis ausschließlich zu einem männlichen Nachkommen hin.

In mehreren Versionen des Mythos wird ja auch betont, dass der neugeborene Vogel männlich sei, doch nirgends ist die Rede von einem bereits geborenen Kind. Stets sind es dumpfe Beschreibungen über ein ›Gewürm‹ oder ein Ei, das ausgebrütet und daraus ein Küken wird.

Das heißt, zu der Zeit, als die ägyptischen Priester Herodot den Mythos erzählten, lag eine relativ lange Zeitspanne zu den historischen Ereignissen zurück, die später den Mythos begründeten. Mit jeder Generation verloren die Erzählungen an innerem Gehalt, Vorgänge wurden verfremdet und einzelne Details büßten ihre scharfen Konturen ein.

Demnach ist davon auszugehen, dass der Mythos einen historischen Kern bewahrt hat, dessen Deutung erahnt werden kann.

Der Mythos dürfte einen kultischen Vorgang aus weit zurückliegenden Zeiten widerspiegeln, den man als die messianische Erfüllung beschreiben könnte, wovon in späteren Epochen nicht zuletzt die unbefleckte Empfängnis des kommenden Heils abgeleitet wurde.

Dieser rituelle Zeugungsakt, dessen Ausgang aus noch unerfindlichen Gründen Arabien war, findet letztlich nach einer Himmelfahrt im Heiligen Tempel von Heliopolis statt, wo eine auserwählte Priesterin den ›göttlichen‹ Samen im Leibe empfängt. Vom Altar der Göttin stammten das heilige Brot und der heilige Wein. Alles ist im Überfluss vorhanden, ein kultisches Element der freizügigen und gabenreichen Gottheit. Ekstatischer Tanz und Musik gehören ebenfalls zum zeremoniellen Rahmen. Nach dem Mahl zogen sich die Priesterin und der ›Göttliche‹ in das aus Zedernholz errichtete, oberste Gemach des Heiligtums zurück. Herodot beschreibt das breite Ruhelager, die schönen Decken, einen goldenen Tisch. Kostbare Teppiche und üppige Laubzweige schmückten es im Innern. Die Wohlgerüche kostbarer Essenzen durchzogen schwer duftend den Raum, in dem sich die Vertreter von Himmel und Erde sexuell begegneten.

Aus diesem uralten Brauch entwickelte sich später aus Unwissenheit die oft im Altertum anzutreffende Tempel-Prostitution.

Und alles spricht dafür, dass dieser Akt in einem bestimmten Monat erfolgte, damit die Geburt zu einem heiligen Zeitpunkt stattfinde.

Doch die kultisch-sexuelle Vermählung, also das so genannte Fest der Heiligen Hochzeit, zwischen dem göttlichen Wesen und der auserwählten Priesterin konnte – was das Geschlecht angeht- trotz ›himmlischem‹ Beistand nicht immer gelingen.

»Wenn nun das Junge groß wird und ein Weibchen ist, sammelt der weibliche Phönix viel Feuerholz. Dann reibt das Männchen so lange am Schnabel des Weibchens bis dadurch Feuer entfacht wird. Er setzt das Feuerholz in Brand und das Weibchen tritt unter das Feuer bis es verbrannt ist.«

Und gerade diese eigenartige und notorische Verachtung gegenüber weiblichen Neugeborenen, welche seit der historischen Zeit in Arabien bezeugt ist und einen völlig anderen Hintergrund hat, hat sich derart in dem Bewusstsein der dortigen Nachfahren festgesetzt, so dass bis heute die Frauen ohne nennenswerte Rechte leben müssen, und aufgrund der dortigen politischen Systeme wohl auch in absehbarer Zeit keine Besserung erwarten können.

Ist der Neugeborene ein Junge, so wird er eine neue Dynastie gründen, später seine eigene Mutter begatten, wie oft in der Mythologie zu erfahren ist. So wie auch bei der Himmelskönigin Ischtar-Astarte, die aus der Vermählung mit dem höchsten Gott El den Sohn Baal gebar, der zugleich – wie der babylonische Tammuz – auch ihr Geliebter war.

Die stets in Mythen erwähnten Wohlgerüche von edlen Gewürzen würden auf das Ritual der Salbung hindeuten.

Allerdings spricht einiges dafür, dass die ›Salbung‹ bei dem ursprünglichen Ritual auf eine andere Weise zelebriert wurde. *»Dann bringt das Männchen Meerwasser aus seinem Schnabel und das Ei tritt mit Leichtigkeit aus«*, heißt es bei den arabischen Kosmographen Al-Qazwini.

Es ist deshalb nicht auszuschließen, dass das männliche Neugeborene die Weihe durch Meerwasser, womöglich aus dem Mittelmeer, empfangen hat.

Mit der Weihung wird das Neugeborene in den göttlichen Stand erhoben.

Doch die offensichtlichen Botschaften, die in dem Mythos auf eine heilsame und friedliche Zeit für den Menschen verweisen, sind trügerisch.

Der Vollzug dieses ›himmlischen‹ Akts wird von einer unvorstellbaren Zerstörung und apokalyptischem Untergang begleitet. Der Phönix taucht in der Geschichte auf, um einen grund-legenden Umsturz der bestehenden Ordnung zu bewirken und den Boden für Gottes Reich zu bereiten, in dessen Mitte der Neugeborene in kultischer Reinheit aufwächst.

Die dumpfe Andeutung über Selbsttötung und Verbrennung geben jenen Nebeneffekt wider, der eng mit der messianischen Vorstellung verknüpft war.

Wenn die Zeit nach so vielen Jahrhunderten erfüllt ist, wird der Boden für den kommenden Messias bereitet, in dem eine barbarische Zerstörung der alten Ordnung und Gemetzel unter der Bevölkerung in dem Heiligen Land vollzogen wird.

Die Erde soll von den bis dahin begangenen Sünden rein gewaschen werden, unreine Tempel vernichtet und etablierte religiöse Anschauungen samt ihrer Götter zum Einsturz gebracht, und durch orthodoxe Lehren ersetzt werden, in die der Mensch mit archaischer Gewalt eingezwängt wird. Hierzu gehörte auch die missliche Gepflogenheit, alte Tempel im Lande zum Einsturz zu bringen und neue, gewaltigere Gotteshäuser zu errichten, um die Gunst des Himmels zu erschleichen und Gott in das geschaffene Reich zu ›locken‹.

Es ist zugleich eine Zeit, in der der himmlische Glaube und die blinde Gehorsamkeit gegenüber der eingeführten Gottheit den Alltag der Menschen bestimmen in Vorbereitung auf den kommenden Jüngsten Tag.

Mit anderen Worten, eine blühende Kultur, die sich im Verlauf von Jahrhunderten stetig und kontinuierlich etabliert und durchaus zivilisatorische Grundzüge hervorbrachte, wird mit Erscheinen des Phönix mitten in ihrem kulturellen Werdegang ausgelöscht; ein dunkles Zeitalter bricht an.

In dieser Zeit triumphiert der orthodoxe Glaube gepaart mit Barbarei über die menschliche Zivilisation.

Der zyklisch sich tötende und neugeborene Phönix widerspiegelt aber auch zugleich den irrigen wie aussichtslosen Versuch, den Weg zu den himmlischen Göttern und somit zu einer verschlossenen Urzeit zurückzufinden.

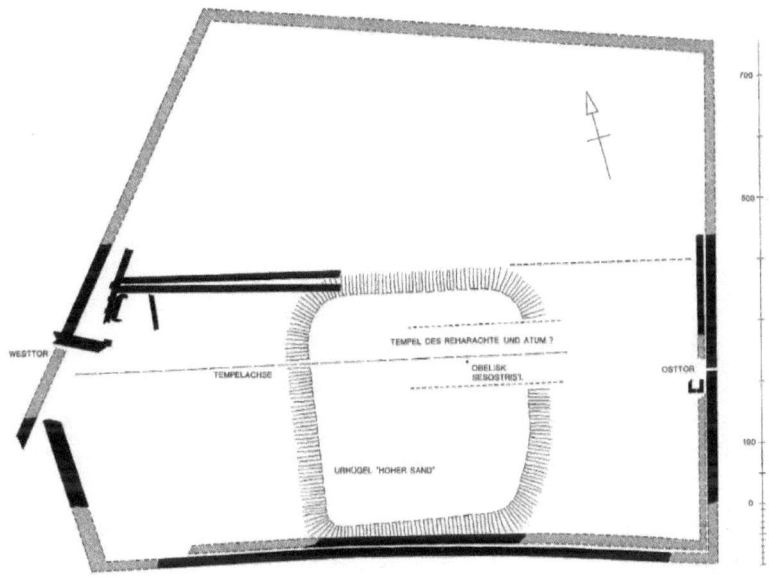

Abbildung 1
Plan des Tempelbezirkes von Heliopolis
Hier befand sich das berühmte Benben-Haus.

Der griechische Geograph und Historiker Strabo schreibt: „Hier stand wohl in einem offenen Hof als Kulturmal der **Benben**-Stein. An jedem Sonnenaufgang, wenn die ersten Sonnenstrahlen die vergoldete Spitze des Beben Trafen und sich der Sonnengott hier niederließ, wurde hier die ewige Wiederholung der Weltschöpfung begangen. Nach einer anderen Mythe ließ sich hier, aus einem fernen Gottesland kommend, der stets wiedergeborene Phönix nieder, der damit das Erscheinen des Urgottes auf dem ältesten Land darstellte."

Nach dem „Papyrus Westcar" soll während der Regierung des Cheops der Gott Re persönlich die ersten drei Könige der V. Dynastie gezeugt; ihre Mutter sei Redjedet, die Gattin eines Oberpriesters von Heliopolis, gewesen.

Die hellenische Tradition verlegt hingegen den ursprünglichen Wohnort der Juden in Ägypten nach Heliopolis, wo Moses als altägyptischer Priester tätig war.
Heliopolis wurde 525 v. Chr. Bei dem Persereinfall unter Kambyses so verwüstet, dass es seitdem nicht mehr besiedelt wurde.

2. Kapitel
Ptah
Die verkannte Gottheit

Zu den Eigenartigkeiten unserer Geschichte gehören Dinge, die seit ewigen Zeiten in unserem Bewusstsein fest verankert sind, obwohl sie als Märchen angesehen werden.

Die Legende um den Phönix ist dafür ein Musterbeispiel.

Auf Umwegen und aus der Sicht der heutigen philosophischen Betrachtung führte das Gerippe der Legende um diesen Fabelvogel im vorigen Kapitel letztlich zu der These, dass das Erscheinen des reiherartigen Vogels aus mythologischer Sicht mit einem Neugeborenen in engen Zusammenhang steht.

Wie tief dieser Gedanke die Jahrtausende hindurch in uns überlebt hat, wird uns erst bewusst, wenn man an jenes Märchen vom Storch denkt, der uns die Babys vor die Tür legt.

Diese volkstümliche, einfache Antwort auf neugierige Kinderfragen stellt nichts anderes dar, als das Fortleben der Legende vom Phönix.

Auch die linguistische Durchleuchtung des Mythos führte zu einem überraschenden Ergebnis.

Der Name des Vogels drückt den Sinn des Geschehens aus, wenn man es aus der Sicht der arabischen Sprache definiert und erklärt zugleich, welcher theologische Gedanke hinter seinem Erscheinen in Ägypten steckt: Ein neuer Gottessohn wird geboren, mit dem eine Ära der Erneuerung des Glaubens und der Hinwendung zum Göttlichen eingeläutet wird, letztlich mit dem Ziel, Gottes Reich auf Erden zu installieren, in Vorbereitung auf den Jüngsten Tag.

Mit Hilfe der ›Kelmatologie-Methode‹ gelang es nicht nur die im Mythos immer wieder behauptete Beziehung zu Arabien plausibel zu erklären, sondern auch Teile der den Mythos bildenden Handlung von den behelfsmäßigen und volkstümlichen Erklärungen entschlüsselnd zu befreien, die sie im Laufe der Zeit überwucherten. Somit war es möglich, zu dem historischen Kern vorzustoßen. Das heißt, zu der ursprünglichen Mitteilung zurückzukehren, wie es Leopold von Ranke formulieren würde.

Damit gelang es, einen wichtigen Schritt bei der Erforschung der Vergangenheit zu vollziehen.

Solange wir nicht im Stande waren, die Hinterlassenschaft alter Kulturen zu entschlüsseln, blieben ihre Botschaften für uns stets von einem Schleier des Geheimnisvollen umgeben.

Dieser Grundsatz galt erst recht und gerade in Bezug auf das pharaonische Ägypten.

Stets warfen die Ägypter des Altertums überall, wo sie gewirkt haben, wie kein anderes Volk der Erde einen grandiosen Schatten des Unergründlichen. Ihre ungebrochene Vorliebe für alles Rätselhafte, Verborgene und Geheimnisvolle trotzte drei Jahrtausende ständigem Untergang und Neubeginn und schuf ein einzigartiges Vermächtnis, das uns bis heute zutiefst berührt.

Nach der Entzifferung der Hieroglyphen trat vieles in verständlicher Form hervor, wodurch mitunter der größte Teil des geistigen Erbes der Herrscher am Nil auf dem Boden der Normalität zerfiel und sich der geheimnisvolle Zauber allmählich lichtete, der sie so dicht umgab.

Den scheinbar undurchdringlichen mystischen Schleier mit all seinen heiligen Zeichen und Verschwörungsformeln trat sodann aus seinem dunklen Schatten ins helle Licht unserer aufgeklärten Welt.

Gleichwohl und eigenartigerweise wurden dennoch das Mysterium der Götterwelt und das Wesen ihrer Religion weiterhin immer rätselhafter, je mehr sie sich unserer Anschauung offenbarten.

Es reichte offensichtlich keineswegs aus, die bildlichen Botschaften ›bloß‹ zu entziffern und nach unserem heutigen Verständnis zu interpretieren.

Denn damit blieben wir stets auf der ›Oberfläche‹ des geschichtlichen Geschehens gleitend, vermochten nicht hinter die Kulisse zu blicken oder die die Handlungen auslösenden Gründe zu erhellen.

Mit anderen Worten, uns gelang es nicht auf dieselbe Verständigungsebene zu gelangen, auf der die Schöpfer der Kultur einst selber gestanden haben.

Zum endgültigen Verständnis der Botschaften fehlte einfach der letzte aber alles entscheidende Schritt, nämlich die ursprüngliche Sprache zu definieren und sich somit auf die Verständigungsebene der alten Ägypter zu begeben.

Namen und Begriffe wurden einfach in unseren Sprachschatz

überwiegend als Fixum übertragen, ohne je zu erahnen, welche Relevanz sie wirklich für das historisch Überlieferte haben.

So blieben sie im Grunde weiterhin stumme Zeugen.

Was die Deutung eines einzelnen Begriffs bewirken kann, dies wurde im 1. Kapitel deutlich.

Auf einmal ist es möglich, zwischen den Zeilen auf so manche unverhofften Erkenntnisse zurückzublicken, die bis dahin außerhalb unseres Wissens lagen.

Und mitunter kann die Umkehrung eines einzigen Wortes in seinen ursprünglichen Sinn dazu beitragen, Personen und Handlungen in der ihnen geschichtlich zugewiesenen Rolle und ihrem Zeitabschnitt zu platzieren und so zum Verständnis mancher geschichtlichen Vorgänge beitragen; mitunter aber auch und gerade Irrtümer in unseren Kulturen aufdecken.

Somit rückt der umrissene Weg der ›Kelmatologie‹ in eine Funktion, die auf ihre Art ohne weiteres der Archäologie vergleichbar wäre; wir stoßen in ›schriftliche Schichten‹ vor, die für uns bis dahin unzugänglich waren.

In diesem Kapitel beschert uns diese Methode eine noch größere Überraschung, als in dem Vorherigen. Dabei müssen wir von dem unwiderstehlichen Zauber eines der geheimnisvollsten Begriffe der Geschichte Abschied nehmen, dem des ›Pharao‹.

Im Gegensatz zu Titeln wie Kaiser oder König, die unabhängig von Nationalität oder Glauben überall Anwendung finden, war ›Pharao‹ hingegen ein ehrwürdiger Titel, der ausschließlich nur an Herrscher verliehen wurde, die im alten Ägypten der entsprechenden Krönungszeremonie beiwohnten. Niemals in der langen menschlichen Geschichte durfte ein Herrscher, über welche Macht er auch immer verfügte, sich außerhalb Ägyptens einfach mit diesem Titel schmücken. Erst wenn fremde Eroberer in den heiligen Gemächern der ägyptischen Tempel Anerkennung fanden, durften sie sich des begehrten Titels annehmen. Eine Tradition die bis zum Ausklang der ptolemäischen Epoche fortlebte.

Vor allem ist es ein Titel, der ausschließlich dem männlichen Geschlecht vorbehalten war.

Als die Witwe ihres Halbbruders Thutmosis II. Königin Hatschepsut (um 1490 – 1468 v. Chr.) zur Regentin für ihren unmündigen Stiefsohn Thutmosis III. wird, musste sie sich mit dem künstlichen Königsbart porträtieren lassen, weil eine Frau niemals dieses Amt ausüben durfte.

Und selbst auf Reliefs wird sie bei ihrer göttlichen Erzeugung durch Amun auf der Töpferscheibe als Knabe dargestellt.

Die christliche Gepflogenheit, wonach eine Frau nie das Amt eines Papstes ausüben darf, ist eine Fortsetzung dieses einst pharaonischen Brauchtums. Das alte Ägypten verkörperte sozusagen das Abbild eines theologischen Weltbildes, woraus die entsprechende Legitimation und der Anspruch weltlicher Herrschaft abgeleitet werden konnte.

An keinem Ort der Erde, egal welche Bedeutung er für die Geschichte darstellte, gab es eine derartige mystische Plattform, worauf ein ›sterblicher‹ Mensch in die Reihen der Götter erhoben wurde, um dann auf Erden als „Gottessohn" zu regieren und nach dem Tod zu einem „vollwertigen Gott" zu werden.

Schon die Insignien des Amtes, Krummstab und Dreschflegel, deuten an, dass der zum Pharao Erhobene die Gewalt über Leben und Tod innehatte und sie drücken die Eigenschaft eines uneingeschränkten Weltenherrschers aus.

Ägypten verkörperte somit aus theologischer Sicht seit den dunkelsten historischen Epochen Gottes Reich, in dem die von Gott selber erzeugten Söhne die göttliche Inkarnation empfangen und als Gottesvertreter auf Erden den ägyptischen Thron besteigen durften.

Und nur hier im heiligen Tal des Nils war der mystische Ort, wo Gottes Sohn in den Genuss dieser göttlichen Gnade schlüpfen durfte und als der legitime Weltherrscher den Geißel in der Hand haltend über den Menschen thronte. Vom Zeitpunkt der historischen Epoche an bis zum Ausklang der pharaonischen Tradition haben selbst Fremderoberer sich dem Land am Nil unterworfen, um später mit dem pharaonischen Titel zu verschmelzen und somit ihren weltlichen Herrscheranspruch zu legitimieren.

Die Geschichte um den stolzen Griechen Alexander dem Großen ist ein leuchtendes Beispiel hierfür.

Hermes Trismegistos hatte wohl seine Gründe gehabt, als er dem ›Gott der Heilkunde‹ Asklepios verkündete:

»Weißt Du nicht, o Asklepios, dass Ägypten das Bild des Himmels und das Widerspiel der ganzen Ordnung der himmlischen Angelegenheit hienieden ist?«

Ägypten musste aus nicht mehr nachvollziehbaren Gründen für die alte Welt ein theologisches Vermächtnis darstellen, das eng mit dem himmlischen Thron zusammenhängt.

Dort hat es die messianische Vorstellung und die damit verbundene ›unbefleckte Empfängnis‹ bereits Jahrtausende gegeben, bevor die Apostel ihre Geschichte um Jesus verfassten. Wie tief Ägypten mit der Vorstellung vom Gottessohn bei nachfolgenden Generationen verflochten ist, geht u.a. bei Matthäus hervor:

»*Nimm das Kindlein und seine Mutter zu dir und flieh nach Ägyptenland [...].*«
(Matthäus 2,13)

Es war nicht, wie behauptet, eine Flucht vor dem Tyrannen Herodes, sondern damit das Kindlein den Heiligen Boden Ägyptens berühre und seine weltliche Legitimität erlange.

Der Apostel, wie vor ihm die biblischen Verfasser der Moses-Geschichte, konnten der Tradition nicht entfliehen, welche Ägypten mit dem Messias-Kind eng verbindet.

Und bevor ein Christ in Jesu Christo (in ›Christo morimur‹) stirbt, starb der Ägypter Jahrtausende davor in Osiris, der ebenfalls nach seiner Ermordung starb und wiederauferstand.

Hier, und nur hier am Nil, in dem betörenden kulturellen Zauber dürfte also der erste Messias der Menschheitsgeschichte das Licht der Welt womöglich in Heliopolis erblickt haben, eine Heilgeschichte, die regelmäßig immer wieder Nachahmungen gefunden hat.

Und nicht selten wurden Prophezeiungen konstruiert und um mehrere Jahrhunderte zurückdatiert, um die Heiligkeit einer Person im Nachhinein zu begründen und somit so mache Heilige ausschließlich auf literarischem Weg zu erfinden.

Die bisherigen Ausführungen lassen den Schluss zu, dass im Rahmen des kultischen phönischen Zeugungsakts zwischen dem Sonnengott Re und der Hohepriesterin in Heliopolis ein Gottessohn hervorgeht, der durch seine direkte göttliche Abstammung zu dem legitimen Gottkönig über Gottes Reich auf Erden erhoben wird.

Die Logik zwingt uns weiterhin zu der Annahme, dass der Titel, der auf den himmlischen Sprössling übertragen wird, der göttliche Abstammung Rechnung tragen muss: ›unser Nachfahre‹, eine Bezeichnung also, die ihn als ein einzigartiges Wesen von der übrigen Masse unterscheiden lässt und seine unantastbare Herrscherwürde dokumentiert.

Der Titel ›Pharao‹ als muss also diese Eigenschaft in sich bergen, so dass jeder Untertan in dieser Zeit, der diesen Titel vernimmt, das göttliche Ausmaß erkennt, der darin steckt und in Furcht erblasst.
So unglaublich dies nun erscheinen mag, der ›Pharao‹-Titel bedeutet in seiner ursprünglichen Bedeutung nichts anderes, als eine Bestätigung dessen, was der Mythos von Phönix zu vermitteln suchte: die Geburt eines göttlichen ›Nachfahren‹.

Nichts aus alten Zeiten wirkt auf uns wohl so elektrisierend wie der Name dieser sagenumwobenen Gestalten und Begründer einer Epoche am Nil, die einzigartig in der Geschichte über drei Jahrtausende hindurch im Mittelpunkt kulturellen Geschehens gestanden haben, deren Reich wie ein Magnet auf die übrigen Völker des Altertums zu allen Zeiten wirkte und sie betörend in ihren Bann zog.
Dieser geschichtliche Zauber bricht mit der ersten Berührung mit der arabischen Sprache zusammen und schrumpft, zumindest was den Namen angeht, auf ein irdisches Maß zurück.

Pharao heißt auf Arabisch » فرعون / Phara´oun «

Und gerade dieser arabische Begriff, der unzählige Male auch in derselben Form im Koran vorkommt, stellt bereits in seiner überlieferten Form die Lösung des Rätsels dar.
Dabei hätte es wohl aus arabischer Sicht nicht einfacher und offenkundiger sein können!

Pharao leitet sich von »Phar´ou/ فرعو « und bedeutet »Zweige treiben, ableiten, herleiten, Zweigstellen, Niederlassung und auch Nachkommen oder Nachfahren«.

»فرعون / Phara´oun« bedeutet demnach
›unsere Nachkommen‹ bzw. ›unsere Nachfahren‹

Demnach drückt dieser Titel schlicht und einfach den Begriff des ›Nachfahren‹ aus, wodurch die direkte göttliche Abstammung verbürgt wird.
Verständlich wird aus dieser Sicht, wenn dieser Titel ausschließlich im Schoße der ägyptischen Tradition und in ihren Kultstätten zu erlangen war.
Wie und wo der Ursprung des hierzu erforderlichen Akts liegt, aus dem die Person die göttliche Inkarnation empfängt bzw. sie ihr verliehen wird, lässt sich nur vermuten.
Wieso allerdings eine Kultstätte die Legitimation besaß, diese einzigartige Würde zu verleihen, dürfte in weit zurückliegenden Zeiten zu suchen sein, die wohl vor unserer historischen Zeit liegen müssen.
Dabei würde einiges dafür sprechen, dass dieses Zeitalter vor der in vielen Mythen und Legenden oft erwähnten Sintflut liegen muss, welche nach theologischer Anschauung der Tilgung der sündigen Menschheit von der Erde gegolten haben soll, von deren Nachhall u.a. in der Bibel ein schwaches Echo zu vernehmen ist.
Aus der Notwendigkeit heraus, nach der Sintflut das göttliche Geschlecht auf Erden zu erneuern und die alte Ordnung wiederherzustellen, dürfte die theologische Plattform für die messianische Idee bereitet haben.
Dieser Gedanke wiederum wurde in erster Linie von der Prophetie getragen.
Denn die Weissagungen über künftige Geschehnisse haben nicht zuletzt auch einen messianischen Charakter.
Die Prophetie hat einen festen Platz bei den alten Ägyptern, die nicht selten von der Ankunft eines neuen Herrschers zu verkünden wussten, der die kosmische und nationale Ordnung wiederherstellen wird – der Retter Ägyptens also.
Dem Schema eines zukünftigen Retters begegnen wir bereits in einem der ältesten uns überlieferten prophetischen Texte aus dem 20. Jahrhundert vor unserer Zeitrechnung, nämlich bei der Prophezeiung des Priesters Nefer-Rohu, der zurzeit der Herrschaft des Begründers der 12. Dynastie Amenemhet I. (1991 – 1962 v. Chr.) lebte.
Diese Prophezeiung veranschaulicht zugleich, wie erfinderisch die Priester – und wohl später nach ihnen die Theologen – zu allen Zeiten waren, wenn

es darum ging, das Wohlwollen eines Herrschers durch seine Verherrlichung zu gewinnen und mitunter die Machergreifung eines Herrschers, hier Amenemhets, zu rechtfertigen.

Denn die betreffende Prophezeiung soll aus der Zeit des Pharaos Snofru (2613 –2589 v. Chr.) aus der 4. Dynastie stammen und war somit um Jahrhunderte zurückdatiert worden.

Zunächst wird von einer düsteren Zeit voller Waffenkämpfe und Aufstand berichtet, in der mit Blut um Frieden gebettelt wird, von einer verwüsteten Erde und einer Sonnenscheibe, die für die Menschen nicht mehr leuchtet:

»*Dann wird von Süden ein König kommen, dessen Name Ameni ist, Sohn einer Nubierin, gebürtig aus Oberägypten. Er wird die weiße Krone nehmen und die rote Krone tragen, er wird den mächtigen doppelten Pschent vereinen. Er wird die beiden Herren [Horus und Seth] erfreuen mit dem, was sie lieben. […] Freut euch, ihr Menschen seiner Zeit! Dieses Kind eines Menschen wird sich ewigen Ruhm erwerben.*«

Dieser Prototyp der messianischen Prophezeiung, tausend Jahre vor derjenigen Natans an David, veranschaulicht den großen theologischen Einfluss Ägyptens auf die nachfolgenden Geschlechter.

In Ägypten, wo der dynastische Messianismus also eine wichtige Rolle spielte, tauchen berechtigte Fragen nach Einflüssen von außerhalb des Niltals auf, zumal die ägyptischen Spekulationen über das Schicksal der Welt, mit der Aufeinanderfolge des ursprünglichen Chaos, der Zerstörung und der Erneuerung, sich im Denken der alten Hebräer wiederfinden.

Auch viel später im ptolemäischen Ägypten begegnen wir diesem Thema von Neuem: Die demotische Chronik und das Orakel des Töpfers verkünden die Beseitigung der Fremdherrschaften, die Ankunft eines rettenden Königs und ein neues Zeitalter des Wohlstands.

Erst mit dem Niedergang des pharaonischen Geschlechtes war Ägypten bereits theologisch ausgebrannt, seinem himmlischen Anspruch beraubt.

Die pharaonischen Fackeln, die beharrlich die Urflamme eines unerschütterlichen Glaubens an ein Gottesreich, wovon sich die Tradition eines kommenden Messias geistig und theologisch ernährte, wovon sich drei Jahrtausende kultureller Glanz am Nil ständig erneuerte, erlosch unwiederbringlich!

Von nun an erlag das Land am Nil endgültig seinen geschichtlichen Wunden.

Es war zugleich die Zeit, von dem Hermes Trismegistos in die Zukunft schauend zu berichten wusste:

»Kommen wird eine Zeit, da es den Anschein haben wird, als hätten die Ägypter dem Kult der Götter vergeblich mit so viel Frömmigkeit obgelegen, als seien all ihre heiligen Anrufungen vergeblich und unerhört geblieben. Die Gottheit wird die Erde verlassen und zum Himmel zurückkehren, da sie Ägypten, ihren alten Sitz aufgibt, verwaist von Religion, beraubt der Gegenwart der Götter. Dann wird dies von so viel Heiligtümern und Tempeln geheiligte Land mit Gräbern und Toten übersät sein […].«

Von nun an sind es Andere, die die Fackel jener in Ägypten vor unendlichen Zeiten geborenen visionäre Gedanken übernehmen, die dann die eigenen Philosophien entwickeln und sich ebenso wie einst die Ägypter vergeblich einem ›*Goldenen Zeitalter*‹ und das Kommen eines Messias entgegensehen:

»Da der Endzeittermin eingetroffen, der Messias aber noch nicht gekommen ist, so kommt er auch nicht mehr.« (Babylonischer Talmud, Sanhedrin 97 b)

Arabien, das Land, aus dem einst der alles auslösende Phönix kam, driftete immer mehr vom ägyptischen Gottesreich und ›brütete‹ schließlich in der Abgeschiedenheit die eigenen theologischen Lehren, die ebenso nutzlos an dem anknüpften, was längst zuvor in Ägypten drei Jahrtausende beharrlich mit gigantischen Tempeln vergeblich herbeigesehnt wurde: Ein Gottesreich, das ewig Bestand haben sollte!

Wenn wir nun aufgrund des bisher Erwähnten davon ausgehen, dass offenkundig die älteste Spur der Anfänge des Messianismus wohl in Ägypten zu finden ist, so drängt sich die Frage auf, warum ausgerechnet dieses Land zum Widerspiegel der himmlischen Angelegenheit wurde, warum die göttliche Inkarnation ausgerechnet dort projektiert wurde, damit dort ein Gottessohn gezeugt wird?

Man kann sich in der allgemein gültigen Geschichte auf kultische Spurensuche begeben, am Ende wird sich allerdings nicht annähernd eine mögliche Erklärung auf diese Fragen ergeben.
Man kann nur Vermutungen anstellen.

Dabei drängt sich ein bestimmtes Ereignis der ägyptischen Geschichte besonders auf. Als während der frühdynastischen Epoche sich die Einigung Ägyptens durch Pharao Narmer vollzogen hatte, scheinen nämlich die theologischen Grundlagen, die Ägypten als einen kultischen Mittelpunkt der Menschheitsgeschichte auszeichneten, bereits vorhanden gewesen zu sein. Ägypten dürfte demnach nicht das Ursprungsland, in dem zuerst die messianischen Erwartungen entstanden, sondern aus nicht nachvollziehbaren theologischen Gründen der Ort gewesen sein, in dem mit der Geburt eines ›Gottessohns‹ der messianische Gedanke zum ersten Mal nach einer undefinierbaren Vorgeschichte in die Tat umgesetzt wurde.
Mit Vollzug dieses weltlichen Aktes wurde Ägypten dazu verdammt, die Drehscheibe eines neuen Abschnitts des geschichtlichen Geschehens zu sein, dreitausend Jahre vom wechselhaften Aufstieg und Niedergang geprägt.
Worauf sich dieses Vermächtnis gründet, dürfte, wie vorher angedeutet, in den davor liegenden dunklen geschichtlichen Entwicklungsepochen liegen. Doch im Zuge der Reichseinigung von Ober- und Unterägypten wurden bedeutende kulturelle Fortschritte vollzogen, zu denen in erster Linie bauliche wie kultische Maßnahmen gehörten, die uns wertvolle Hinweise in dieser Hinsicht liefern.
Die vordynastische Epoche wurde etwa um 3150 v. Chr. von der frühdynastischen Epoche abgelöst, die dann bis zum Beginn des alten Reiches um 2686 v. Chr. bestand und in drei Dynastien unterteilt wird, nämlich die 0. Dynastie (3150 – 3050 v. Chr.), die 1. Dynastie (3050 – 2890 v. Chr.) und die 2. Dynastie (2890 – 2686 v. Chr.).
Im Verlauf dieser Epoche stoßen wir auf diverse Vorgänge, die mit der Reichseinigung in engem Zusammenhang stehen.

Obwohl Ägypten etwa zwei Jahrhunderte von zwei Dynastien regiert wurde, die beide aus dem Süden stammten, aus der bei Abydos gelegenen Stadt Thinis, von deren Namen man das Adjektivum ›thinitisch‹ abgeleitet hat, so wurde dennoch während dieser Periode die Verwaltungshauptstadt in Memphis an der Südspitze des Deltas gegründet, von wo aus die Königreiche des Südens und des Nordens regiert werden konnten.

Demnach kann mit gutem Grund angenommen werden, dass in Folge politischer Umwälzungen, die zur Einigung des Südens mit dem Norden führten, zwingende religiöse Gründe vorlagen, die die Dynastiegründer dazu veranlassten, genau an dem Ort eine der bedeutendsten kultischen Stätten im alten Ägypten zu gründen, wo Memphis entstand.

Es gab also ein verpflichtendes Vermächtnis, dem man sich nicht entziehen konnte.

Andererseits ist die Gründung Memphis mit einem Namen eng verknüpft: Dem sagenumwobenen Menes.

Über die Gründung der Stadt weiß Herodot in seinen Historien Folgendes zu berichten:

»*Min* [griechisch Menes], *der erste König von Ägypten, hat, wie die Priester erzählen, den Nil abgedämmt und die Stadt Memphis gegründet.* [...] *Und in der Stadt erbaute er das große, höchst sehenswerte Hephaistosheiligtum* [Ptah-Heiligtum].« (Herodot II, 99)

Herodot überliefert hier eine alte ägyptische Schöpfungsgeschichte, nach der der Reichsgründer Min (Meni), der auch nach der gleichen Sage die Hauptstadt von Unterägypten, Memphis, gegründet hatte, Unterägypten als Sumpf vorgefunden hatte.

Der bei Herodot überlieferte Name, Min, kommt auch in ägyptischen Quellen vor. Darin ist Min der Beiname des Königs der ersten Dynastie, Horus-Aha, der um 2850 v. Chr. regierte.

Ähnlich wie in der von Herodot überlieferten Sage war Min (Horus-Aha) zuerst König von Oberägypten gewesen, der dann von Süden her Unterägypten eroberte und Memphis gründete. Lange Zeit hielten Forscher nebst Menes auch die anderen Monarchen aus der ersten Dynastie lediglich für Sagengestalten. Zum einen waren die klassischen wie die ägyptischen Quellen, in denen die Monarchen aufgelistet wurden, viel zu fragmentarisch, um als sichere Grundlage für historische Forschungen dienen zu können. Andererseits hatte zu dieser Zeit niemand einen rechten Begriff von dem hochzivilisierten Staatswesen, das Jahrhunderte vor dem Pyramiden-zeitalter im Niltal existierte.

Archäologische Funde haben schließlich dazu geführt, dass sich diese Situation binnen weniger Jahre grundlegend änderte.

Die Entdeckungen Petries in Abydos, de Morgans in Nagadeh und Quibells in Hierakonpolis förderten Denkmäler und Gegenstände aus der Zeit dieser ersten Könige ans Licht und verschoben die Grenzen der Weltgeschichte schlagartig um mehr als fünfhundert Jahre in die Vergangenheit.

Doch damit war das Problem Menes nicht gelöst, sondern fing für die Historiker erst an.

Aufgrund von verschiedenen Königslisten, wie die von dem Geschichts-schreiber Manetho oder dem Palermo-Stein, scheint es für Menes neben Horus-Aha auch andere Namen gegeben zu haben; am häufigsten Narmer.

Kontroverse Forschungsarbeiten vermochten letztlich bis heute nicht mit letzter Sicherheit abzugrenzen, welcher der Könige eigentlich der echte Menes war.

Dies ungeachtet, scheint es dennoch ein Beleg aus den ersten historischen Stunden zu geben, der dafürsprechen würde, dass Menes mit Narmer identisch ist: Die berühmte ›Narmerpalette‹.

Über die Könige der ersten Stunden hat Manetho berichtet.

Der ägyptische Geschichtsschreiber lebte unter der Regierung des Ptolemäus I., der zwischen 323 und 305 v. Chr. als Stadthalter und Satrap, von 305 bis 282 v. Chr. als König über Ägypten herrschte. Der griechische Philosoph und Historiker Plutarch (um 45 – 125 n. Chr.) berichtete, Manetho sei einer von zwei priesterlichen Beratern des Königs und mit der Einführung des Serapis-Kults beauftragt gewesen. Manethos ›Geschichte Ägyptens‹, dessen Original verloren ging, hat uns die Eckdaten geliefert – das chronikalische Skelett – auf das wir uns bis heute stützen.

Er gliederte die ägyptische Geschichte als erster in Dynastien und zählte dabei insgesamt dreißig regierende Königshäuser von der Einigung Ägyptens bis zum Tode des letzten Pharaos ägyptischer Herkunft, Nektanebos II., im Jahre 343 v. Chr.

Nach Manethos Darstellung soll die ägyptische Zivilisation mit der Vereinigung Ober- und Unterägypten unter einem einzigen Herrscher begonnen haben, nämlich dem soeben erwähnten Menes.

Wenn man so will, mit der Vereinigung der beiden Länder beginnt die eigentliche Geschichtsuhr des pharaonischen Zeitalters zu ticken, womit weitreichende politische und kultische Schritte vollzogen wurden, die als die kulturellen Tragsäulen für das neu gegründete Reich dienten. Einiges, was zu dieser Zeit geschah, dürfte also ein Spiegelbild von historisch aufeinander folgenden Ereignissen darstellen, die die kulturellen Vorstellungen dieser Menschen zum Ausdruck bringen.

Dieses weitreichende Ereignis der Vereinigung der beiden Länder wurde auf einen archäologischen Fund von einem begnadeten Künstler festgehalten, welche im Ägyptischen Museum in Kairo zu besichtigen ist: Die ›Narmerpalette‹.

Demnach wäre naheliegend, wenn Narmer mit Menes identifiziert wird, eine Annahme, die von Forschern wie Petrie oder Hayes vertreten wird.

Der Lösung dieses ewigen Gelehrtenstreits kämen wir einen Schritt näher, wenn der Nachweis gelingen würde, dass einer dieser beiden Namen lediglich einen Herrscher-Titel darstellt.

Somit kämen wir erneut auf die arabische Sprache zurück.

Vorab muss allerdings auf den Umstand hingewiesen werden, dass der Weg, den der ägyptische Priestergelehrte Manetho bei der Verfassung der ägyptischen Geschichte gewählt hat bzw. notgedrungen wählen musste, zwangsläufig bei späteren Generationen viel Verwirrung hervorgerufen hat.

Sein Werk wurde nämlich nach griechischen Vorgaben verfasst. Das heißt, die bis dahin vorliegenden Grundzüge der ägyptischen Geschichte, vornehmlich was Namen und Ortschaften angeht, wurde einfach „hellenisiert".

Auf diese Weise wurden Begriffe, die Jahrtausende hindurch getreu der historischen und mündlichen Tradition überlebt hatten, verfremdet und entstellt.

Aus den Pyramidenbauern Chufu, Chafre und Menkaure wurden Cheops, Chephren und Mykerinos.

Und wer käme überhaupt auf die Idee, dass das Heiligtum Men-Nefer mit seiner Lokalgottheit Ptah mit Memphis und dem Gott Hephaistos identisch sind.

Abbildung 2
Schminkpalette des Königs Narmer
(Kairoer Museum)

Mit Manethos griechischem Werk befinden wir uns also in einer Phase, in der in Folge des dominierenden hellenischen Zeitalters eine Machtverschiebung stattfand mit der Folge, dass die Träger der geschichtlichen Entwicklung gewechselt haben und demzufolge die Historie nach griechischem Verständnis und kulturellen Traditionen umgeschrieben wurde.

Was Menes angeht, so hat der weitsichtige Herodot den Namen unverfälscht wiedergegeben, den er aus dem Munde der ägyptischen Priester vernommen hat, nämlich ›Min‹, welche nach ägyptischen Sagen mit ›Meni‹ angegeben wird. Und gerade diese unverfälschten Namen führen uns erneut auf eine verblüffende Spur.

»Min/ من [min]« bedeutet ›von, aus; gehörend zu‹

Bei dem anderen Begriff in der ägyptischen Legende, ›Meni‹, von dem anzunehmen ist, dass die Wiedergabe des Namens am besten erhalten ist, offenbart sich nicht nur eine erstaunliche Lösung, sondern mit diesem Begriff befinden wir uns obendrein mitten im glücklichen Arabien.

»Meni / منى [menni]« bedeutet ›*von mir*‹, also ›*mein Nachkomme*‹

Min oder Meni ist demnach wohl zur Verblüffung der Ägyptologen kein Name eines Herrschers, sondern schlicht ein Ur-Titel, welcher zur Zeit der Vereinigung der beiden Länder die gleiche Bedeutung wie ›*Pharao*‹ oder ›*Benu*‹ hatte: Ein von Gott gezeugter Sohn und demnach direkter Nachkomme.
Die richtige arabische Aussprache des Wortes ergibt zudem für diejenigen, die der Sprache mächtig sind, einen Dialekt, der in Arabien beheimatet ist und zugleich dem Hocharabisch entspricht.

Die Historiker, die Narmer mit Menes gleichsetzen, haben demnach Recht. Der Reichseiniger Narmer ist demzufolge ein göttlicher Abkömmling: Aus der Sicht des Himmels ein ›Meni‹; ›einer von uns‹!
In dem Buch ›Der Adam Code‹ wurden u.a. diverse Eigenschaften der arabischen Sprache erläutert, zu denen die Besonderheit gehört, dass oft ein und derselbe Begriff – je nach Tonlage der Aussprache – viele Bedeutungen haben kann.

Frappierend in diesem Zusammenhang dürfte der Umstand sein, dass es aus den gleichen Wortwurzeln einen weiteren arabischen Begriff »مني [maniy]« gibt, welcher exakt die gleiche Schreibweise hat aber bei der Aussprache anders betont wird,
und eine völlig andere Bedeutung hat, nämlich »Sperma« oder »Samen«.
Die gegenseitige linguistische Wechselwirkung dieser gleichen und dennoch unterschiedlich deutbaren Begriffe würde letztlich besagen, dass die urmessianische Idee – was die Zeugung des zu erwartenden Heils angeht – nicht von unbefleckter Empfängnis ausgingen, sondern von einem ›Gott‹, der während eines zeremoniellen Zeugungsakt der auserwählten Priesterin seinen Samen spendet.

Mit anderen Worten, der geborene Messias ist aus einem Zeugungsakt entsprossen, bei dem beide Parteien menschlichen Geschlechts waren.

Diese Annahme wird dadurch gestützt, dass in der Prophezeiung des Priesters Nefer-Rohu über das kommende Heil, in dem der Begriff ›Meni‹ vorkommt, zwar Pharao Amenemhet I. mit dem messianischen Retter Ägyptens in Verbindung bringt, doch keinen Zweifel aufkommen lässt, dass dieser das ›Kind eines Menschen‹ sei.

Da wir in der messianischen Vorstellung auch auf theologische Lehren treffen, in denen von einem ›Gottessohn‹ und unbefleckter Empfängnis gesprochen wird, scheinen diese beiden theologisch konträren Glaubensrichtungen seit der Entstehung der Prophetie, zumindest aber seit der Gründung des ägyptischen Reiches, existent zu sein.

Dieser theologische Streit dauert ja auch weiterhin bis zum heutigen Tag an.

Während der Islam in seiner Lehre Jesus als ein Menschenkind fest verankert sieht, beharrt das Christum hingegen auf die unbefleckte Empfängnis und somit die göttliche Abstammung, eine Vorstellung, die auf die pharaonische Tradition zurückgeht.

Zusammenfassend könnte man nun zu der Feststellung kommen, dass zumindest seit dem Auftauchen Narmers auf der geschichtlichen Weltbühne im alten Ägypten eine Sprache artikuliert wurde, von der die arabische Sprache ein direkter Ableger sein dürfte. Mit anderen Worten, die Araber sind keineswegs die Erfinder der gleichnamigen Sprache, sondern lediglich ihre späteren Entdecker. Welche Erkenntnisse sich aus alten Überlieferungen unverhofft ableiten lassen, wenn wenige Worte in ihrer ursprünglichen Deutung verstanden werden, kann auf beeindruckende Weise erneut nachfolgend angeführt werden.

Mit wenigen Daten eines Textes wird es plötzlich möglich, historische Geschehnisse aus einem völlig anderen Verständniswinkel zu betrachten, und einst vor Jahrtausenden sich zugetragene aber entschwundene Ereignisse erahnen.

Das Auftauchen Narmers, mit dem ein grandioses neues Kapitel der ägyptischen Geschichte aufgeschlagen wurde und die Konturen der pharaonischen Dynastien in unseren Annalen schärfere Züge annehmen, bedeutet aus theologischer Anschauung nichts anderes, als dass sich eine vorausgegangene Prophetie vollzogen hat – die Zeit war erfüllt.

Mit anderen Worten: Narmer verkörperte mit seinem Auftauchen und Wirken in Ägypten die Erfüllung der messianischen Erwartung.

Und Ägypten, das Reich, das er im Rahmen seiner zu erfüllenden göttlichen Mission zu gründen hatte, dürfte demzufolge das Gottesreich darstellen, das ewig Bestand haben sollte.

Nach theologischem Verständnis kann aber der Heilsbringer unmöglich zufällig und ungeordnet aus dem Nichts auftauchen.

Denn Heil und Erlösung bedeuten nichts anderes, als den hierdurch bereits bestehenden Missstand auf Erden zu beseitigen und die Menschheit in ein Goldenes Zeitalter zurückzuführen. Bis zu seinem Erscheinen waren Jahrhunderte vorausgegangen, in denen Sünde, Zerfall und Chaos aber auch womöglich Unterdrückung allmählich über die göttliche Ordnung überhandnahmen.

Und erst, wenn die Zeit erfüllt sein wird, vollzieht sich mit Erscheinen des Fabelvogels, so die Phönix-Legende, ein Zeugungsakt, woraus der Auserwählte hervorgehen wird. Viele Jahre werden dann vergehen, bis der Heilsbringer behutsam in priesterlicher Obhut, Fürsorge und Belehrung im Mannesalter heranreift und in seine weltliche Mission hineinwächst.

Demnach dürfte das Heiligtum des Sonnengotts Re, schon vor diesem Zeugungsakt existiert haben. Mit anderen Worten: Bevor Narmer geboren wurde, hat es offensichtlich ein „Heliopolis" gegeben, in dessen Gemächer er den göttlichen Atem und Weisheit einhauchen sollte.

Religiöse Prophetie bedeutet aber auch zugleich, weit vorausschauend in die Zukunft zu blicken, und zukünftige Geschehnisse vorherzusagen. Und vor allem Jahrhunderte im Voraus anzukündigen, wann der Heilsbringer geboren werden wird.

Demnach dürfte »Heliopolis« vor Narmers Zeiten bereits der religiöse Nabel der Welt gewesen sein, in dessen geheimen Gemächern das Wissen der himmlischen und irdischen Angelegenheiten gehütet wurde, wo ein Heer von Hohepriestern die zyklische Wiederkehr und die Mysterien des Heilsbringers und die damit zusammenhängende göttliche Weltordnung von Generation zu Generation weitergegeben haben. Hier in diesen Gemäuern sollte der zukünftige Weltherrscher heranwachsen und schon im Kindesalter in die Geheimnisse der himmlischen Ordnung und die Grundlagen seines Glaubens eingeweiht, auf seine zukünftige Mission behutsam eingeschworen werden. Und hier in den geheimen Archiven der Tempel würde er die Kunde aus der Vergangenheit und seine Ahnenreihe in Erfahrung bringen.

Mit anderen Worten, dort wo der Heilsbringer geboren und aufwachsen wird, wird die Kunde und das Wissen aus alten Zeiten aufbewahrt und als ein göttliches Geheimnis gehütet.

Vieles in der überlieferten Tradition spricht in der Tat dafür.

Als Herodot in Memphis bei den Priestern des Lokalgottes Hephaistos [Ptah] Nachforschungen anstellt, entschließt er sich anschließend, die Aussagen der Priester einer Überprüfung in Theben und Heliopolis zu unterziehen.

Dabei hebt er die Rolle von Heliopolis als die Bewahrerin altes Wissen besonders hervor:

»In Heliopolis nämlich soll man mehr von diesen Dingen wissen als im ganzen übrigen Ägypten [...].« (Herodot II, 3)

Demnach ist davon auszugehen, dass Herodot über Informationen verfügte, wonach die Gelehrten in Heliopolis wohl mehr über Ptah und seinem Kult wussten, als die im Angesicht Gottes dienenden Priester in seinem Heiligtum.

Würde man nun auf zwei biblische Gestalten zurückgreifen, so finden wir Herodots Aussagen über die einst führende Rolle von Heliopolis bestätigt. Zunächst darf nicht außer Acht gelassen werden, dass die hellenische Überlieferung den ursprünglichen Wohnort der Juden in Ägypten nach Heliopolis verlegte, eine Aussage, die ihre Bestätigung in der Bibel findet.

Die Geschichte um Josef und seinen Aufstieg in Ägypten zum wichtigsten Mann hinter dem Pharao, liefert diesbezüglich die entscheidenden Hinweise.

In Ägypten erhielt Josef den Ehren-Namen ›Zafenat-Paneach‹, was ›der Mann, der viel weiß‹ bedeuten soll.

Schließlich heiratete er auf ausdrücklichen Wunsch des Pharaos Asenath, die Tochter des Hohepriesters Potifera von On.

Und On ist der biblische Name für die Sonnenstadt Heliopolis.

Wenn der einst kleinbürgerliche Schafshüter Josef später in Ägypten als ein Mann bezeichnet wird, der ungewöhnlich viel wusste, zugleich sich als Traumdeuter und somit als Prophet einen Namen machte, dann kann der ›akademische‹ Wandel in seinem Leben vom Schafshüter zu einem großen Gelehrten ausschließlich mit seiner Berührung mit einem Ort zu erklären sein: Heliopolis.

Seine Ehe mit der dortigen Hohepriesterin konnte demnach nur einem eigennützlichen Ziel gedient haben, nämlich über sie Zugang zu den geheimen heliopolitanischen Archiven zu erschleichen.

Auch Moses wartet mit einer vielseitigen Geschichte auf, die mit Heliopolis eng verknüpft sein dürfte.

Zuerst entkommt er als Neugeborener dem vom ägyptischen Pharao befohlenen Gemetzel, das alle neugeborenen Söhne der hebräischen Frauen treffen sollte, eine Tat, die in der Geburt Geschichte um Jesu an anderen Orten und unter anderen Namen ihre Nachahmung findet. Demnach befinden wir uns zur Zeit Moses ebenfalls in einer erfüllten Zeit, in der sozusagen der ›Phönix‹ seinen Zeugungsakt seit über einem dreiviertel Jahr vollzogen hat. Der neugeborene Moses gelangte auf eine romantische Weise zur Tochter des Pharaos und wurde ihr Sohn. (1. Moses, 1-2)

Der Pharao versuchte mit seinem Tötungsbefehl das Gleiche zu bewirken, was später der Römer Herodes (Matth 2,16) unter den Juden nachahmt; nämlich in einer messianisch erfüllten Zeit den Fortbestand seiner Macht zu erhalten, indem er die pauschale Tötung aller Neugeborenen befielt, aus deren Reihen der Messias erwartet wird.

Diese biblische Erzählung dürfte wiederum die bisherigen Darbietungen bestätigen, dass das alte Ägypten den Ort verkörperte, in dem der Messias geboren werden sollte.

Zudem soll Moses im Rahmen einer ›schmerzlosen Geburt‹ zur Welt gekommen sein, wie der Midrasch feststellt.

Auch die Haggada weiß davon zu erzählen, dass im Augenblick der Geburt Moses das ganze Haus von einem hellen Licht erfüllt wurde, dem eines Sterns, der Sonne oder des Mondes vergleichbar, was letztlich auf einen himmlischen Ursprung hindeutet.

Schließlich gilt ja der von Moses organisierte Auszug aus Ägypten schon in der biblischen Zeit als Modell und Prototyp des messianischen Heils.

Über Moses Kindheit am Hof des Pharaos geizt die Bibel unverständlicher Weise mit Informationen, als ob niemand von dieser Zeit etwas mitbekommen habe.

Erst dann als »*zu der Zeit, als Moses groß geworden war*« beginnt die Bibel ausführlich zu erzählen. Ab hier also taucht der inzwischen erwachsene Moses unter dem Volk auf, beginnt in seine messianische Rolle zu schlüpfen und aktiv in die Geschehnisse einzugreifen, womit er ja dann auch für Chronisten greifbar wird.

Die überwiegende Zahl antiker Schriftsteller weiß allerdings zu berichten, dass Moses nicht nur ein großer Gesetzgeber gewesen sein soll, wie Diodor von Sizilien behauptet, sondern man machte ihn mitunter zu einem universalen Gelehrten. Und in der Praeparatio Evangelica 9, 29, sieht man ihn als Erwachsener als jenen, der den Menschen vielerlei nützliche Dinge vermittelte: Schiffe, Maschinen, um Steine zu transportieren, ägyptische Waffen, Bewässerungsanlagen, Kriegsgeräte und die Philosophie soll er auch erfunden haben!

All das – wenn es auch unzutreffend ist – soll offensichtlich zum Ausdruck bringen, welches ungewöhnliche Wissen Moses gegenüber seinen Zeitgenossen besaß.

Der Historiker Manetho hingegen scheint hier über zusätzliche Informationen verfügt zu haben: Er bringt Moses nämlich in enge Verbindung mit Heliopolis.

Er macht aus ihm einen heliopolitanischen Priester Namens Osarsif, der später den Namen Moses annahm.

Zwischen den Gemäuern der Sonnenstadt Heliopolis dürften also die in der Bibel fehlenden Kapitel über seine Kindheit gesucht werden.

In diesen Kreislauf fügt sich auch der ägyptische Geschichtsschreiber Manetho nahtlos ein, der in seiner Wirkungsstätte auf Informationen aus alten Zeiten zurückgreifen konnte, aus der sich die gesamte ägyptische Historie rekonstruieren ließ: Er war ein Hohepriester in Heliopolis.

Heliopolis (griechisch Sonnenstadt; altägyptisch Iunu; alttestamentlich On), einst nordöstlich des heutigen Kairos gelegen, war bereits seit dem frühen Alten Reich ein bedeutendes Sonnenheiligtum, in welcher der bedeutende Atum- und Re-Harachte-Tempel sowie das „**Haus des Benu**" stand.

Als „Herr von Heliopolis" wurde der Schöpfungsgott Hu verehrt.

Nach der ägyptischen Mythologie sind hier die Götter entstanden (Enneade von Heliopolis) und der Ort gehörte bis in die Spätzeit zu den Zentren des ägyptischen Pantheons, häufig in Konkurrenz zum oberägyptischen Theben.

Aus dem Pyramidentext 477 geht hervor, dass im Fürstenhaus von Heliopolis gemäß dem Osirismythos jene mythologische Gerichtsverhandlung stattfand, in der Seth des Mordes an Osiris angeklagt und von den göttlichen Richtern für schuldig befunden wurde.

Heliopolis ist heute ein Ruinenfeld und eine archäologische Ausgrabungsstätte. In der Spätantike war die Stadt ein frühchristliches Bistum, aus dem das Titularbistum Heliopolis in Augustamnica der Römisch-Katholischen Kirche wurde.

Auch die Araber haben nach der Einnahme Ägyptens im Jahre 639 – 641 die historische, wie einzigartige theologische Sonderstellung der Stadt zu würdigen gewusst und ließen in der näheren Umgebung der Tradition folgend ihr ›Kairo‹ – die Siegreiche – neu gründen.

Auch dies ist ein Beleg dafür, welche theologische Rolle dieser heilige Ort für den Islam spielt.

Heliopolis ist auch bis zu unserem heutigen Tag der Name eines Stadtteils von Kairo, der nach einheimischem Ausdruck ›Ain Shams – Auge der Sonne‹ – genannt wird, wo sich auch eine gleichnamige Universität befindet.

Im Jahre 2006 wurden in den Ruinen des Sonnentempels zahlreiche Inschriften und Relieffragmente der Amarnazeit (ca. 1350 v. Chr.) entdeckt.

Damit war der Beweis dafür erbracht, dass der alte Sonnentempel aus dem alten Reich noch in der Amarna-Periode in Funktion war.

Ramses II. verhalf dem Tempel zu einer neuen Renaissance und ließ ihn umfangreich ausbauen, benutzte dazu das vorhandene Baumaterial für seine Zwecke und ließ u.a. den Sanktuarbau und zahlreiche Götterstatuen errichten.

Seit Alexander dem Großen und bedingt durch die Gründung der Stadt Alexandria (332 v. Chr.) begann die Stadt zwar allmählich an Bedeutung zu verlieren, ihr tiefgründiges theologisches Vermächtnis wirkte dennoch auf nachfolgende Generationen fort. Unter Kleopatra begann dann der Abtransport von Obelisken und Sphinxen im großen Stil.

Auch Augustus lässt einen Obelisken aus Heliopolis holen und stellt ihn auf dem Marsfeld auf.

In frühchristlicher Zeit wurden dann die Steine für die Stadtbefestigung von Kairo zweckentfremdet; aus den Überresten entstand die ›Siegreiche‹.

Doch Heliopolis dürfte durch die gleiche geschichtliche Gesetzmäßigkeit von Untergang und Neugründung hervorgegangen sein und das Abbild einer vorzeitlichen Einrichtung verkörpern, dessen Vorbild sie darstellen dürfte.

Dafür spricht eine eigenartige Geschichte bei Herodot:

»*Die Entfernung vom Meer* [Mittelmeer] *bis nach Heliopolis hinauf ist etwa ebenso groß, wie vom altar der zwölf Götter in Athen bis nach Pisa zum Tempel des olympischen Zeus. Misst man die beiden Entfernungen genau ab, so wird man allerdings einen geringen Unterschied finden, aber nicht mehr als fünfzehn Stadien. Beim Wege von Athen nach Pisa nämlich fehlen fünfzehn an tausendfünfhundert Stadien, während es von der Küste nach Heliopolis volle tausendfünfhundert Stadien sind.*« (Herodot II., 7)

Demnach dürfte die geographisch gewählte Lage bei der Gründung Heliopolis und ebenso Athens bereits überlieferten Traditionen und Vorbildern entsprochen haben.

Und zu welchen fantastischen Hypothesen dies alles uns verführen würde, wenn auf die Aussagen des saitischen Priesters zurückgegriffen wird, der gegenüber dem griechischen Gesetzgeber Solon (um 640 – 560 v. Chr.) von einem Ur-Athen sprach, das vor 9.000 Jahren gegründet wurde und während der Unterredung mit dem Griechen den Bericht über das versunkene Atlantis preisgab.

Wenn man nun aufgrund des bisher Erwähnten ohne Übertreibung behaupten kann, dass Heliopolis womöglich in der historisch erfassten Zeit das erste Zentrum verkörperte, das für sich beanspruchen kann, die wissenschaftliche, theologische und literarische Hauptstadt der Welt zu sein, wo das Wissen der alten Welt aufbewahrt wurde, dann wartet die Vereinigung der beiden Länder mit einer kaum nachvollziehbaren kultischen Gründung auf: Die Stadt Memphis. Wenn wir nämlich dem auf dem östlichen Nilufer befindlichen Heliopolis den Nabel der Welt und das Vorbild für das spätere Alexandria zugestehen, wo selbst ja der Messias gezeugt wird, so dürfte Narmers Tat aus dieser Sicht kaum nachvollziehbar, wenn er im Rahmen seiner weltlichen Berufung ausgerechnet auf der anderen Nil Seite im Westen eines der bedeutendste Heiligtümer Ägyptens gründete und den Kult des Ptah einführte. Warum wird Memphis also, was in Anlehnung an Heliopolis naheliegend wäre, nicht etwa dem Sonnengott Re gewidmet und warum überhaupt eine Neugründung?

Einiges spricht dafür, dass der Urhügel von Memphis, einst als »*die Waage der beiden Länder*« bezeichnet, auf eine uralte Tradition zurückzublicken scheint, die offensichtlich viel älter als die von Heliopolis sein dürfte.
In einer literarischen Komposition aus dem Neuen Reich (18. – 20. Dynastie, 1570 – 1070 v. Chr.), die auf das Papyrus ›Beatty I‹ zurückgeht, welche um 1160 v. Chr. unter Pharao Ramses V. für den Gebrauch in einer Bibliothek sorgfältig geschrieben wurde, räumt selbst der mächtige Gott Osiris in einem zweiten Brief an den Allherr ein, Ptah von Memphis habe einstmals den Himmel geschaffen und den Sternen ihren Weg nach Westen gewiesen. Also selbst die Sonne soll ein ›Werk‹ des Ptah gewesen sein.

Demnach liegt in dieser Aussage eine stillschweigende Anerkennung des Ptah als dem Urgott, der schon vor dem Sonnengott von Heliopolis vorhanden gewesen war. Zugleich wird Ptah als Vater des Re auch in die fünffache Titulatur des Allherr eingesetzt, mit der die Gottheit Thoth seinen ersten Brief beginnt.
Die theologische Rolle des Ptah, der nie während der gesamten pharonischen Zeit eine Änderung seiner Darstellung erfuhr oder eine Tiergestalt annahm, scheint in der Vielfalt der verwirrenden Götterwelt im alten Ägypten verkannt geblieben zu sein.
Der Gott, den die Kosmologie von Memphis zum denkbar ältesten Wesen erhebt, dürfte eines der größten Rätsel unserer Geschichte verkörpern.
Seine unverkennbaren Spuren hinterließ er bis zur hellenistischen Zeit.
Und kein Geringerer als Alexander der Große verdankt ihm seinen unvergänglichen Ruhm.

Abbildung 3
Ptah von Memphis
Seine sachliche Darstellung überdauerte die
pharaonische Zeit.
Ptah galt als einer der mächtigsten Schöpfergötter.
Er hat sich aus sich selbst erschaffen und trug den Beinamen
„Vater der Götter, von dem alles Leben ausgeht."
Die ihm zugeordneten Schöpfungsorgane sind Herz und Zunge.
Er galt in erster Linie als Gott der Handwerker und soll die Kunst
Der Metallbearbeitung und der Bildhauerei erfunden haben.
Folglich wurde Imhotep, der Erbauer der Stufenpyramide,
als seinen Sohn betrachtet.

3. Kapitel
Narmer
Der Aufbruch des Messianismus

Die Palette Narmers, die Momentaufnahme eines historischen Triumphs und des Beginns der pharaonischen Epoche am Nil, wurde wissenschaftlich in die verschiedensten Richtungen interpretiert. Dennoch spricht einiges dafür, dass sie bisher keineswegs ihre Geheimnisse ausnahmslos preisgegeben hat.

Das, was der begnadete Künstler der ersten Stunden der Nachwelt mitteilen wollte, kam bei uns bisher nur zu einem Teil an.

Und dies aus gutem Grund!

Wollen wir nämlich diese Botschaften verstehen, so müssen wir zum einem versuchen, die Motive aus einem anderen Winkel der Interpretation zu entschlüsseln und zum anderen die technischen Möglichkeiten berücksichtigen, die dem Künstler damals zur Verfügung standen.

Zurzeit der Entstehung stand man sozusagen ganz am Anfang einer kulturellen Entwicklung, bei der der Schwerpunkt der Wiedergabe historischer Vorgänge vornehmlich auf eine bildliche Darstellung fixiert war.

Dabei standen die Künstler vor einer äußerst schwierigen Aufgabe. Monatelang, ja jahrelang begleiteten sie die marschierenden Armeen sozusagen als ›Kriegsberichterstatter‹, nahmen an dem Geschehen teil und mussten sich dabei über lange Zeiträume entscheidende Vorkommnisse in ihr Gedächtnis einprägen, um am Ende der Mission ein Puzzle aus bildlicher Darstellung zusammenzufügen, das letztlich zu einer gesamten Botschaft wuchs.

Bei dieser Technik waren die Künstler im Stande, das eigentliche historische Ereignis im Mittelpunkt darzustellen und zugleich mit davor liegenden Vorkommnissen als Beigabe auf ein und demselben Werk garnieren.

Damit wurde erreicht, dass das betreffende Ereignis nicht zu einer bloßen Momentaufnahme erstarrte, sondern auch die Etappen darstellte, die hierzu geführt haben, um das Ganze für den kundigen Betrachter in einer Art Rapport zum Reden zu bringen.

Auf diese Weise war es möglich, in einer Rückblende auf das zurückzublicken, woraus das historische Ereignis hervorging, und eine Fülle von Hintergrundinformationen beizusteuern. Diese Form der Darstellung ist insbesondere zu beobachten, je weiter wir die historische Zeit zu den Anfängen der klassischen alten Kulturen zurückdrehen, wo die Kunst des Schreibens noch nicht fortentwickelt war.

Das heißt, dass die Künstler Gespür dafür entwickelt hatten, die sich an verschiedenen Ortschaften abspielenden entscheidenden Etappen bildlich festzuhalten und am Ende zu einer Bildmontage zusammenzufügen, die in der richtigen Reihenfolge interpretiert zu einer lebendigen Berichterstattung wird.

Diese Art der Darstellung wurde im Laufe der geschichtlichen Epochen bedingt durch die Fortentwicklung der Schrift völlig vernachlässigt.

Die Palette Narmers verkörpert diese Kunst auf eine beeindruckende Weise.

Von der bildlichen Darstellung auf der Palette sollen lediglich zwei Motive aufgegriffen werden, die in engem Zusammenhang mit den bisherigen Darlegungen stehen.

Auf der Vorderseite finden wir auf dem Königsfeld den Triumphzug mit vielen Figuren dargestellt.

Gegenüber auf dem rechten Rand horizontal in strenger Ordnung ist eine Doppelreihe von je fünf gefallenen Feinden zu sehen. Diese zehn Gefallenen sollen offensichtlich die gleiche Anzahl an besiegten Stämmen oder Geschlechtern symbolisieren.

Das Besondere an dieser Darstellung liegt nicht an dem Umstand, dass die abgeschlagenen Köpfe der Gefallenen zwischen den Beinen beigelegt wurden, sondern vielmehr in der Art und Weise, wie diese Menschen ums Leben kamen: Diese Opfer sind nämlich an den Armen gefesselt.

Demnach sind sie nicht während einer Schlacht gefallen, sondern wurden nach ihrer Gefangennahme gefesselt und dann kaltblütig enthauptet.

Da Narmer bei dieser Darstellung die Rote Krone trägt, ist davon auszugehen, dass er sich im nördlichen Teil, also in Unterägypten befindet, wo er triumphierend einzieht. Demnach ist das Auftauchen Namers in Ägypten mit einem beispiellosen Gemetzel an der Bevölkerung verbunden, bei dem auch und gerade die bestehenden kulturellen Einrichtungen, allem voran die kultischen Stätten, in Schutt und Asche gelegt wurden.

Abbildung 4
Triumphzug des Pharaos Narmer
Die ersten Opfer des Messianismus.

Ein beispielloser Sturm der Verwüstung fegte über das Niltal hinweg begleitet mit weiträumiger Vernichtung von Menschenleben.
Der uns über die Palette vermittelte historische Erfolg des Pharaos wird in Wirklichkeit von falschem Ruhm und Glanz des Sieges überdeckt, unter dessen Schale in Wirklichkeit die Barbarei über eine bereits seit Jahrhunderten etablierte Zivilisation am Nil triumphierte. Niemand, und mag er noch so verblendet sein, würde die eigene Heimat derart zerstören, ihre Bewohner wie Vieh abschlachten. Alle diese Anzeichen deuten letztlich auf einen fremden Eroberer hin, der östlich von Ägypten herkam.
Zugleich dürfte diese barbarische und menschenverachtende Grausamkeit ein Markenzeichen von Glaubenskriegen darstellen, bei denen vornehmlich die Vernichtung des anderen Gläubigen als ein oberstes ›göttliches‹ Gesetz gilt und ein Menschenleben keine Bedeutung hat.
Diesem religiösen Fanatismus begegnen wir u.a. in aller Ausführlichkeit im Zusammenhang mit Jahwe in der Bibel.
Dort schlüpft er in die Rolle eines kriegerischen, rasenden und grausamen Gottes ein, von dem etwa tausendmal im Alten Testament berichtet wird,

dass sein Zorn entbrannt, und er hundertmal befielt, Menschen zu töten. Und selbst der eigene Prophet Moses wäre seinem Zorn beinahe zum Opfer gefallen, als Jahwe ihm nach dem Leben trachtete (2.Mose 4, 24).

cDiese grausamen und alles vernichtenden Heiligen Kriege des Jahwes, wurden deshalb mit kaum zu überbietender Brutalität durchgeführt, um als Zeichen und lähmende Mahnung für die noch Lebenden zu gelten.

Dahinter steckte Methodik: Dort wo Jahwe erwartet wird oder erscheinen mag, sind die Menschen willenlos, zu kriegerischer Untätigkeit und zu blinder Unterwürfigkeit verdammt.

Der Name der Gottheit reicht schon aus, um Ohnmacht und Lähmung unter den Menschen hervorzurufen.

Mit Beginn der messianischen Heilszeit ist demnach davon auszugehen, dass das göttliche Mandat aus nicht nachvollziehbaren Gründen in einer beispiellosen Zerstörungsorgie der alten Ordnung vorauseilt, um den Boden für das kommende Gottesreich zu ebnen.

dazu gehört in erster Linie dazu, ein ›gereinigtes‹ Heiligtum für die Gottheit zu gründen, wodurch der alte und reine Urzustand wiederhergestellt wird.

Verblüffend dürfte auch ein weiteres Detail auf dem soeben erwähnten Teil der Palette sein.

Bei dieser Szene geht der König barfuß, während der Jüngling dahinter Sandalen und einen Wasser- oder Ölkrug trägt.

Demnach befindet sich die Szenerie, wo vermutlich den Gefangenen die Köpfe als Sühne an der Gottheit abgeschlagen wurden, auf einem heiligen Boden. Und wo könnte es im Ägypten der damaligen Zeit einen heiligeren Boden gegeben haben als den, auf dem kurz darauf Memphis gegründet wurde?

Allerdings bleibt am Ende die Frage ungeklärt, woher der Gott Ptah stammte, dem nun das wichtigste Heiligtum im Land errichtet wurde.

Das heißt, ob er bereits vor der Einigung in irgendeinem anderen Heiligtum in Ägypten zu finden war, oder sogar ganz von außerhalb des Landes her mitgeführt wurde.

Das zweite Motiv befindet sich auf der Rückseite der Palette, wo der Pharao mit erhobener Hand seine Keule schwingt.

Dieses Motiv birgt eine unerwartete Überraschung in sich.

Wenn hier von dem messianischen Erretter die Rede sein soll, der mit der Einigung der beiden Landesteile seine Mission gerade vollzieht, wodurch Gottesreich gegründet wird, dann dürfte bei der Darstellung des Pharaos Narmer etwas in Unordnung geraten sein: Das vom Künstler gemeißelte Gesicht des Königs vermittelt den Eindruck eines Greises, der die besten Jahre seines Lebens bereits hinter sich hat.

Ein Mann seines Alters kann unmöglich den Messias verkörpern, der den göttlichen Auftrag zu erfüllen und somit die Zukunft vor sich hat.

Folgerichtig dürfte der Jüngling hinter Narmer den heranwachsenden Messias darstellen, für den Narmer mit barbarischer Gewalt den göttlichen Boden in Ägypten ebnete. Charakteristische Körpermerkmale dieses Knaben, insbesondere seine überdimensionalen Ohren, Augen und Füße, gleichen denen des Königs. Er ist offensichtlich sein Sohn oder aber aus der gleichen Ahnenreihe.

Abbildung 5
Ausschnitt der Narmerpalette
Der Sandalenträger
(Ägyptisches Museum, Kairo)

Sollten wir uns also mit der Einigung der beiden Länder tatsächlich in einer durch ›Phönix‹ ausgelösten zyklischen Erneuerung befinden?

Vieles spricht dafür, dass hier die Akteure zwar mitten auf einer messianischen Ebene wirken, doch gewichtige Gründe sprechen dafür, dass ›Phönix‹ niemals der ›Regisseur‹ des Ganzen sein kann, noch kann Heliopolis in diesem kultischen Kreislauf, den Narmer im Niltal auslösen sollte, überhaupt eine Rolle gespielt haben.

Dafür spricht ein weiteres Motiv auf der Rückseite der Palette.

Wenn die Vorderseite nämlich als die Seite identifiziert werden kann, worauf die Früchte der narmarischen Mission zu sehen sind, so ist die andere Seite eindeutig der Abschnitt, in dem sich König Narmer mitten im kriegerischen Geschehen befindet. Noch holt er mit seiner Keule aus, um seinen Gegner zu erschlagen, während im unteren Feld geschlagene Gegner der Kampfarena entfliehen.

Abbildung 6
Ausschnitt der Narmerpalette
Der alte Greis Narmer
(Ägyptisches Museum, Kairo)

Wir befinden uns hier also auf dem eigentlichen Schlachtfeld, wo der Moment des Sieges für die Nachwelt verewigt wurde und wo der Gegner hilflos am Boden den Gnadenstoß erwartet.

Selbst auf dieser Darstellung sind König und Sprössling trotz kriegerischer Auseinandersetzungen barfuß, woraus abgeleitet werden kann, dass sich beide auch hier auf heiligem Boden befinden und den Sieg einer Gottheit widmen.

Sie befinden sich also auf Heiligen Boden, der bereits Bestand hatte und bis dahin seinen Platz in der Geschichte hatte.

Auch ein Teil der königlichen Bekleidung weist eine Besonderheit auf. Über seinem Tierfell trägt Narmer einen kurzen Schurz unter reich ornamentiertem Gürtel, von vier reich gesträhnten Troddeln befestigt, die von einem Hathorkopf herunterhängen.

Diese vier Troddeln symbolisieren aller Wahrscheinlichkeit nach die ›vier Winde‹.

Durch den errungenen Sieg wurden der Pharao und die Seinigen also als die legitimem Weltenherrscher betrachtet.

Abbildung 7
Narmer schwingt seine Keule.
(Ägyptisches Museum, Kairo)

Mit der Göttin Hathor haben wir dann auch einen soliden Hinweis darauf, wo diese kultische Siegesszene hätte zelebriert werden können: In der gut 60 Kilometer nördlich von Luxor gelegenen Tempelanlage von Dendera, wo sich ihre Hauptkultstätte befand.

Neben ihrer Eigenschaft als Liebes- und Fruchtbarkeitsgöttin war Hathor auch als Auge des Re vernichtend für die Feinde, ebenso schützte und säugte sie den heranwachsenden König.

In Theben war sie zugleich eine Totengöttin, und wirkte ferner als Himmelsgöttin. Und gerade in Dendera treffen wir auf eine eigenartige Einrichtung; die so genannten Geburtshäuser.

Der Tempel von Dendera wurde im 1. Jahrhundert v. Chr. in ptolemäischer Zeit an der Stelle eines weit älteren Heiligtums errichtet.

Das unmittelbar an den Tempel angrenzende Geburtshaus stammt ebenfalls aus ptolemäischer Zeit, allerdings aus dem 4. Jahrhundert v. Chr., dahinter wurde ein weiterer unter dem römischen Kaiser Augustus (63 v. Chr. – 14 n. Chr.) errichtet und im 1. Jahrhundert n. Chr. ausgeschmückt.

In solchen Häusern wurde jeweils der Sohn der Gottheit, der dem Haupttempel geweiht war, verehrt.

Demnach ist es nicht auszuschließen, dass der Sprössling hinter Narmer in einem solchen Heiligtum geboren war und dort als Knabe aufwuchs, bevor Narmer ägyptischen Boden betrat.

Da Narmer zugleich auf der Darstellung die weiße Krone des Südens trägt, ist davon auszugehen, dass Ägypten von Süden her erobert, und zu jener Zeit regiert wurde.

Demnach kann mit gutem Grund angenommen werden, dass Narmer und seine Gefolgschaft von Osten über das Rote Meer herkommend in das ägyptische Territorium eingedrungen waren.

In dieser Hinsicht kommt der englische Ägyptologe Alan Gardiner nach eingehenden Vergleichen zwischen verschiedenen Funden aus derselben Epoche in Bezug auf die Narmerpalette zum folgenden Ergebnis:

»Die Tiere mit verschlungenen Hälsen, z. B. auf der Narmerpalette und einige andere Gegenstände, sind, wenn auch ägyptisch in ihrer Ausführung, so doch in ihrer Auffassung eindeutig mesopotamisch […].«

Weder Heliopolis noch Memphis haben zu diesem Zeitpunkt bestanden und demnach kann es zurzeit Narmers den ›Stoff‹ noch nicht gegeben haben, aus dem der Kern des Phönix-Mythos gewebt wurde.

Diese Annahme deckt sich mit Herodots Aussagen:

»Der älteste menschliche König von Ägypten war Min [...] Zu seiner Zeit war ganz Unterägypten bis zum Gebiet von Theben hinauf Sumpf. [...] Min hat den Nil abgedämmt und die Stadt Memphis gegründet. Der Strom ging damals längst des Sandgebirges an der Seite von Libyen; Min aber schuf hundert Stadien oberhalb von Memphis durch Dämme die Biegung des Stroms, trocknete das alte Bett aus und leitete den Strom in die Mitte der ägyptischen Ebene.« (Herodot II, 4 /99)

Abbildung 8
Ausschnitt der Narmerpalette
Schürze des Königs
(Ägyptisches Museum, Kairo)

Die Aussagen des Griechen stehen zugleich in Einklang mit der bildlichen Berichterstattung, die soeben der Narmerpalette entnommen wurde und würden nicht zuletzt bedeuten, dass er von außerhalb des afrikanischen Kontinentes stammte.

Und in der Tat scheint einiges dafür zu sprechen, dass die militärische Invasion, die schließlich in der Einigung Ober- und Unterägyptens ihren Höhenpunkt erreichte, ihren Anfang in Mesopotamien genommen hatte.

Wenn Narmer nun in einem für ihn fremden Land die Stadt Memphis gegründet hat, die schlechthin Jahrtausende danach immer noch die Inkarnation göttlicher Macht und Königtum verkörperte, dann müssen ihm bereits beim Betreten des ägyptischen Bodens zwingende theologische Gründe bewogen haben, ausgerechnet dort unter schwersten geographischen Bedingungen eine Kultstätte für den Gott Ptah zu gründen und dessen Kult am Nil einzuführen.

Abbildung 9
Ausschnitt der Narmerpalette
Motive der Fabeltiere mesopotamischen Ursprungs
(Ägyptisches Museum, Kairo)

Zugleich würde dies bedeuten, dass Narmer das Land am Nil mit der festen Absicht erobert hat, dort ein Heiligtum zu errichten und den neuen Glauben einzuführen.

Aus der Wechselwirkung dieser historischen Vorgänge folgt unweigerlich die Annahme, dass Narmer als erster Anspruch auf die göttliche Macht erhob und somit den Prototypen des Gottvertretenden Königtums verkörperte, ein weltlicher Anspruch, dessen Verleihung demnach einzig mit dem Vermächtnis des Gottes Ptah und seiner memphisischen Kultstätte in engem Zusammenhang stand.

Die »*Prächtige Stätte*« des Ptah verkörperte demnach zur damaligen Zeit den heiligsten Ort der Menschheit und Sitz der obersten Gottheit, den man aus heutigem theologischem Verständnis als den »*Eingott*« identifizieren würde.

Dort reihen sich im Verlauf der Zeit auf engstem Raum die historischsten Denkmäler aneinander und übereinander und zeugen mit jeder Dynastie von der unvergleichlichen Heiligkeit, die dieser Ort stets verkörperte.

Durch drei Jahrtausende der vorchristlichen Zeit hindurch wird dieser Ort mit Gräbern belegt und später auch noch mit koptischen Klöstern besetzt.

Auf dem Wüstensand nahe den Gräbern lag der Schakal Anubis als Beschützer der Toten, von der Urzeit bis zum Ausklang der ägyptischen Religion als Totengott angerufen, ebenso der Falke Sokar auf seinem Sandhaufen.

Dort standen u.a. die großen Pyramiden der Könige Chufu, Chafre und Menkaure bei Giseh, umgeben von den Mastaba-Gräbern ihrer Vornehmen, wegen ihrer ewig erscheinenden Lebensdauer von den Ägyptern verehrt bis in die arabische Zeit hinein, bestaunt von den griechischen Reisenden als eines ihrer sieben Weltwunder.

Memphis war der Überlieferung nach die älteste dynastische Stadt. Dort fand die Krönung der Pharaonen mit der Inthronisationszeremonie statt, wo sie auch das Regierungsjubiläum mit dem so genannten Sedfest feierten. Sie ist zugleich die Residenz einer der wichtigsten ägyptischen Zeitabschnitte, der des alten Reiches (2686 – 2181 v. Chr.).

Der Name Memphis ist die griechische Entstellung der ursprünglichen Bezeichnung der Stadt.

Unter Pharao Ramses III. nennt sein Rechenschaftsbericht die Stadt »*Weiße Mauer* (Burg)«, oder abgekürzt nur »*Burg*«. Außerdem verwendet dieser Bericht als Bezeichnung für die »*Prächtige Stätte*« des Ptah den Namen Hotka-Ptah (Gehöft der Seele des Ptah), in dem man den Ursprung der griechischen Entstellung »*Aigyptos*« als Name des ganzen Landes vermutet hat.

Seine Gestalt als Mumie mit Lederkappe hat Ptah durch alle Zeiten hindurch behalten.

Es ist der Urgott Ptah-Tenen, der nach der Theologie von Memphis die Götter hervorgebracht hat, dazu Städte, die Gaue, die Bäume und alle Dinge. Ebenso ist Ptah den einfachen Gläubigen vertraut, sogar im fernen Theben in Oberägypten, wo der Schreiber Amonem-Opet sich in einem Opfergebet an ihn wendet:

»Ptah, Herr des Rechts, König der beiden Länder, Schön an Gesicht, der zu seiner Großen Stätte gehört, Einziger Gott in der Götterschaft, Liebling als König der beiden Länder.«

Auch in andere Städte des Deltas wurde der memphisische Gott hinausgetragen, wo er an verschiedenen Orten erschien. Selbst bis in das »Gottesland« an der Küste des roten Meeres hat man ein Bild des »Ptah, der in Punt wohnt« gebracht.

Als Staatsgott und Schützer des Königs erscheint Ptah in einer Inschrift aus dem 35. Jahr von Ramses II. mit Beinamen »der Große« (1279 – 1212 v. Chr.), in der zuerst Ptah den König daran erinnert, wie er ihn erzogen, ihm Reichtum verliehen und ihm die Völker unterworfen habe, während der König in seiner Antwort der Gottheit Ergebenheit versichert.

»Ich bin dein Sohn. Du hast mir alles übergeben, was du geschaffen hast. Du hast Ägypten geschaffen. Ich will es so machen, wie du es zum ersten Male gemacht hast. Ich will die Götter, die einstmals aus deinem Leibe hervorgingen, neu erschaffen. Ich habe dein Haus in Memphis prächtig und es mit Priestern, Propheten, Sklaven, Äckern und Herden versorgt. Ich ließ dir große Opfer zubereiten. Alle Menschen, die ganze Erde, stempelte ich mit deinem Namen, und so gehören sie dir nun für ewig.«

Mit Ptah haben wir es also mit einer Gottheit zu tun, deren Wesen und theologische Stellung zweifellos von den üblichen Göttern des alten Ägypten deutlich unterscheidet und abhebt.
Es ist Ptah, der nach der Götterlehre von Memphis zunächst die ganze Welt in seinem Herzen erdachte, vor allem die Götter in ihrer Gesamtheit vollendete. Er tritt in allen anderen Göttern in Erscheinung. Das bedeutet, dass

alle anderen Götter der so genannten »ersten Neunheit« Wesenäußerungen Ptahs sind.

Er befiehlt, und sofort werden seine Befehle durch göttliche Kräfte realisiert. Auch den Himmel hat er geschaffen und erhoben als Herrscher und Lenker. Die Erde aber gründete er durch eigenen Rat und umgab sie mit der Flut des Meeres. Die Unterwelt aber schuf er, um die Toten zu befrieden. Er bestimmte den Weg des Sonnengottes durch die Horizonte für immer, denn er beherrschte die Ewigkeit und die Unendlichkeit. Er bestimmte aber auch jedem Menschen die Lebenszeit und den Lebensweg, denn ihn unterstanden auch die Zeiten und die Dinge in den Zeiten.

Vor allem aber gab er dem König den Thron und die Herrschaft über die beiden Länder. Und alle Menschen wurden mit dem Namen des Ptah gestempelt und zu seinem Eigentum gemacht. Diese ›Taufe‹ ist der sinnfällige Ausdruck für das ägyptische Dogma, dass der Pharao als Stellvertreter bzw. als Erscheinung des Gottes einen Anspruch auf absoluten Gehorsam besitzt.

Und der Regierungsantritt eines Pharaos wird mit der Neuschöpfung der Welt gleichgesetzt.

Thronbesteigung und Tod des Pharaos bedeuten für die ägyptischen Mythographen Weltbeginn und Weltende. Der Pharao schafft sozusagen jedes Mal die Welt neu wie Ptah sie einst erschaffen hat.

Nicht nur Gartenbau- und Ackerbaukultur, Gottesdienste und Tempelbauten wurden neu geschaffen, sondern auch die Götter selbst, eine folgenschwere theologische Denkweise, die zwangsläufig ständige Zerstörung und Neubeginn mit sich bringt.

Aufgrund des bisher Erwähnten wäre die Annahme nicht von der Hand zu weisen, dass zum einem Heliopolis zu einem späteren Zeitpunkt als Memphis gegründet wurde, und zum anderen, dass der erste historische Messias und Ägypten-Erneuerer, für den Narmer das Land am Nil mit Waffengewalt unterwarf, nicht auf den Schwingen des Fabeltiers Phönix, sondern zu ›Fuß‹ auf dem Landweg mit seiner Armee gekommen war.

Folgerichtig ist demnach davon auszugehen, dass die historischen Umstände, worauf sich später der Mythos um Phönix gründen wird, in einem späteren Zeitpunkt zu suchen sind.

Noch stehen sozusagen die himmlischen Ausflüge des Phönix aus, und noch steht sein Landeplatz Heliopolis in den Sternen.

Was die Gründung von Heliopolis angeht, so gibt es diesbezüglich einen dienlichen Hinweis aus der 3. Dynastie (2686 – 2613 v. Chr.), also fast vierhundert Jahre nach Narmer.
Es betrifft eine der schillerndsten Gestalten des alten Ägypten überhaupt: Imhotep, jener Architekt, Arzt und Ratgeber des Pharao Djoser (2686 –2668 v. Chr.) und Erbauer des Tempelbezirks von Saqqara mit seiner Stufenpyramide.
Sein unvergänglicher Ruhm veranlasste die Griechen in der hellenistischen Zeit, ihn als Gott der Heilkunde in Memphis zu verehren.

Auf dem Piedestal einer Statue Pharao Djosers wurde neben dem Königsnamen in Hieroglyphenschrift auch der Name seines berühmten Ministers Imhotep mit allen dazugehörenden Titeln aufgeführt:

»*Kanzler des Königs von Unterägypten, erster nach dem König von Oberägypten, Verwalter des großen Palastes, mit erblichem Adel geehrt, Hohepriester von Heliopolis, Imhotep, der Baumeister, Bildhauer und Hersteller von Steingefäßen.*« (B. Gunn, Inscriptions from the Step Pyramid site)

Demnach ist mit gutem Grund davon auszugehen, dass Heliopolis zurzeit Djosers und fast vierhundert Jahre nach Narmers Wirken bereits existiert hat oder zu dieser Zeit gegründet wurde.
Zugleich veranschaulichen diese Aussagen einen wichtigen kulturellen Brauch der ägyptischen Kultur, von dem noch weiter die Rede sein wird: Es hat offenbar zwingende Richtlinien für die geographische Anordnung von kultischen Stätten zueinander gegeben.
Bereits in der 3. Dynastie wurden diese beiden wichtigen Zentren durch den Nil getrennt: Memphis, die heilige Wohnstätte der Gottheit, befindet sich auf dem westlichen Ufer des Nils, während Heliopolis, das Zentrum des Wissens, Prophetie und Gelehrsamkeit, auf der östlichen Seite liegt.
Vor allem aber befindet sich auch dort eine der wichtigsten kultischen Stätte überhaupt: „**Haus des Benu**", wo nach der Verbrennung des alten Phönix in Memphis der kommende Messias gezeugt wird.

Es wurde also peinlich genau darauf geachtet, das Göttliche vom „Irdischen" zu trennen.

Diese Anordnung zwei grundverschiedener Zentren spielte offensichtlich bei der Wechselwirkung zwischen Prophetie auf der einen Seite – Heliopolis – und Göttererscheinung bei wichtigen religiösen Anlässen auf der anderen Seite – Memphis – eine fundamentale Rolle. In erster Linie waren es prächtige Prozessionen, bei denen die Heilige Barke, also die symbolische Erscheinung des Gottes, die in Memphis ihren Anfang nahmen, um auf dem Nil, dann auf dem Weg zum Hof der Anlage in Heliopolis ihren Höhepunkt entgegensteuerte.

Inwieweit nun der kulturelle Aufbruch, der mit Beginn der 3. Dynastie einsetzte und mit Imhotep eng verbunden zu sein scheint, infolge einer messianischen Zeit entfesselt wurde, lässt sich nicht mit letzter Sicherheit beantworten.

Zum Glück verfügen wir jedoch über eine spätere ägyptische Quelle aus dem ausgehenden Mittleren Reich (2040 – 1782 v. Chr.), in der in der Tat von etwas Erstaunlichem berichtet wird: der »Papyrus Westcar«.

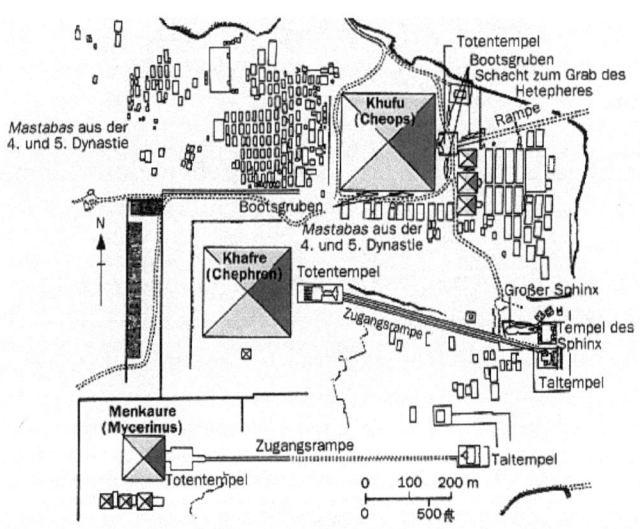

Abbildung 10
Die drei Pyramiden von Giseh mit Totentempeln

Mit dem Begründer der 4. Dynastie (2613 – 2498 v. Chr.), Snofru, bekannt als Erbauer der Knick-Pyramide, erreichten die königlichen Grabstätten des alten Reiches ihre endgültige Form. Die jeweilige Pyramide stellt nur einen Teil eines Komplexes dar, der einen kleinen im Tal gelegenen Tempel einschließt, zu dem man vom Fluss her durch einen Kanal Zugang hat. Hier landete bei der Bestattung des Königs das Totenschiff, weshalb die Ägyptologen ihn den »Taltempel« nennen.

Eine bedeckte Rampe, der »Aufweg«, führt von diesem Heiligtum zum eigentlichen Totentempel, der vor der Ostfront der Pyramide errichtet ist.

Im Vergleich zu den beiden dynastischen Epochen fand also während dieser Zeit ein unübersehbarer architektonischer Umbruch statt, welcher uns – beginnend mit der Stufenpyramide Djosers – schließlich eine völlig ungewöhnliche Entwicklung der Denkmäler beschert, die letztlich während der Regierungszeit des Cheops (2589 – 2566 v. Chr.) mit seiner zu allen Zeiten der Antike bewunderten großen Pyramide den absoluten technischen Höhepunkt und Perfektion erreichte.

Niemals danach sollte es je ein Herrscher vollbringen, ein solch gewaltiges und in seinen astronomischen, technischen und baulichen Bestandteilen vollkommenes Denkmal zu errichten, geschweige denn es zu übertrumpfen.

Der Bau der großen Pyramide markiert also eine bedeutende Wendung, die in der ägyptischen Geschichte ihren andersartigen und wohl auch fremdartigen Charakter hat.

Und in der Tat, mit der Regierung des Cheops erfuhr der ägyptische Staat eine grundlegende kulturelle Entwicklung in bis dahin nicht gekannten Maße.

Irgendetwas zu seinerzeit scheint das ägyptische Wesen so nachhaltig beeinflusst und die Menschen aus dem ›gewöhnlichen‹ Alltag zu neuer kultureller Größenordnung entrissen zu haben, die sonst bis dahin nicht realisierbar oder zumindest nicht notwendig war.

Was hat also dieser erstaunliche Umbruch ausgerechnet in den Tagen des Cheops bewirkt?

Haben wir es hier mit bloßer kultureller Fortentwicklung zu tun, die nun mal einfach so verliefen, oder wurde dieser technische Sprung erst dann durch Cheops Machtergreifung ausgelöst?

Wenn ja, dann würde alles dafürsprechen, dass Cheops einen neuen Herrschertyp verkörperte, also einen Fremden, der dem Land am Nil ein anderes kulturelles Gesicht verpasste.

Und tatsächlich scheint es diesen fremden Machtwechsel gegeben zu haben.

Wenn wir von den uns vorliegenden historischen Daten ausgehen, so finden wir die Könige der 3. Dynastie, zu denen Djoser gehört, noch als Memphiten.

Von der 4. Dynastie hingegen, zu der Cheops zählt, wird ausdrücklich in den ägyptischen Quellen behauptet, dass sie einem neuen Herrscherhaus angehörten.

Die Zahl und vor allem die Reihenfolge der Regierungen dieser Dynastie sind nach heutigem Wissen keineswegs sicher.

Während Manetho für die ersten vier Pharaonen die Reihenfolge Snofru, Cheops, Chephren, Mykerinos angibt, schieben ältere Quellen, wie der Turiner Papyrus, zwischen Cheops und Chephren Dedefre, oder Radjedef, ein und ein bzw. zwei Pharaonen zwischen Chephren und Mykerinos.

Werden die Aussagen des bereits erwähnten Papyrus Westcar in der Beurteilung dieser Angaben herangezogen, so lässt sich etwas Erstaunliches feststellen, womit die fehlenden Namen bei Manetho zugleich erklärt.

In dem Papyrus wird nämlich behauptet, dass unter der Regierung eben jenes Cheops der Gott Re persönlich die ersten drei Könige der 4. Dynastie gezeugt habe; ihre Mutter sei Redjedet, die Gattin eines Oberpriesters von Heliopolis, gewesen.

Welch eine Aussage!

Diese von der Wissenschaft als erdichtete Volksgeschichte abgetane Quelle führt uns zu den Anfängen der Phönix-Sage und zugleich schließt sich mit ihr ein unglaublicher Kreis.

Hier in der Sage aus dem ausgehenden mittleren Reich treffen wir auf den Sonnengott Re und die Zeugung eines göttlichen Geschlechtes mit einer Oberpriesterin in Heliopolis in dem „**Haus des Benu**".

Hier finden wir also alle Elemente versammelt, aus der später der Mythos entschlüpfen wird.

Mit anderen Worten, mit Beginn der Cheops Regierung befanden wir uns in einer gärenden messianischen Zeit, in der der heilige Boden Ägyptens für das kommende Heil geebnet wurde.

Und dies erklären die kulturellen Meisterleistungen auf kultischen und kulturellen Gebieten, um Gottes Reich neu zu gründen und zu definieren. Man bricht mit der bestehenden Ordnung und lässt eine neue, noch nie da gewesene entstehen, deren technischer Fortschritt jene bisherigen Epochen in den Schatten stellt.

Da allerdings die Archäologie die Vollkommenheit der Großen Pyramide gegenüber den anderen beiden Pyramiden nachgewiesen hat, ist davon auszugehen, dass nur zurzeit von Cheops das technische Know-how und die Baumeister dazu in dem erforderlichen Umfang verfügbar waren.

Zurzeit von Cheops und der Entstehung der Großen Pyramide – und nur der Großen Pyramide – befinden wir uns also erneut mitten in der messianischen Zeit.

Da der Papyrus ausdrücklich betont, dass zurzeit der Regierung Cheops Re erst drei aufeinander folgende Könige gezeugt habe, so bedeutet dies folglich, dass nicht Cheops das Haupt der messianischen Erwartung sein kann, sondern er ist jener, dem die Aufgabe zufiel, Gottes Reich für den kommenden Heiland zu ebnen, genauso wie es fast vier Jahrhunderte davor Narmer tat.

Demnach verkörpern die Sprösslinge, die zurzeit Cheops gezeugt wurden, den erwarteten Messias, der erst nach seiner Geburt in Heliopolis heranwächst und auf seine künftige göttliche Mission vorbereitet wird.

Würden wir uns nun dem Namen der Oberpriesterin von Heliopolis widmen, mit der diese Sprösslinge gezeugt wurden, so lässt sich plausibel erklären, warum der Name Dedefre, oder Radjedef zwischen Cheops und Chephren bei Manetho fehlen.

Die Oberpriesterin von Heliopolis hieß Redjedet, ein Name der verblüffend ähnlich klingt wie Radjedef.

Demnach hat diese Oberpriesterin die gleiche Funktion gehabt, wie später Königin Hatschepsut.

Sie erschien zwangsläufig auf der Liste, weil sie zunächst nach dem Ableben Cheops den ›Messias‹ großziehen musste und somit solange offiziell zu seiner Stellvertreterin wurde. Später konnte sie als Frau ihren Platz in einer Königsliste nicht behaupten, die ausschließlich aus Männern bestehen musste.

Auch Hatschepsut wurde später überall wo es möglich war, aus den Denkmälern herausgemeißelt und unkenntlich gemacht.

Was den ersten Nachkommen in Heliopolis angeht, so birgt sein Name eine verblüffende ›arabische‹ Überraschung.

Dedefre, oder Radjedef soll der Sprössling zwischen Cheops und Chephren heißen. Würden diese beiden Namen an der richtigen Stelle zerlegt, so stoßen wir auf eine arabische Wortwurzel, die aufhorchen lässt.

De´def ´re oder Radje´ def

» دف / Daffa« ist ein Begriff, der in engen Zusammenhang
mit Vögeln steht und »mit den Flügeln schlagen«
bedeutet, also fliegen.

Durch die Re-Endung wird der Vorgang mit dem Sonnengott in Verbindung gebracht.

»De« stellt einen hocharabischen Dialekt für » دە / dah
gesprochen« und bedeutet »diese, dieser«.

Phönix sprach also vornehmlich Hocharabisch!

Wenn wir nun vorausschicken, dass zurzeit Cheops der irdische Weg für den Weltenherrscher bereitet wurde, und Gottes Reich eingerichtet werden sollte, so würde dies auf der anderen Seite zwingend vorausschicken, dass die hierzu erforderlichen kulturellen Schritte, auch von strengen religiösen Maßnahmen begleitet wurden.

Das heißt also, auf theologischem Gebiet und in dem Verhältnis zwischen Mensch und Gott muss ebenso ein radikaler religiöser Umbruch stattgefunden haben.

Und in der Tat: Die Machtergreifung des Cheops, wie Herodot in Ägypten erfahren hat, wurde von einem großräumigen religiösen Umsturz begleitet, der den gesamten ägyptischen Staat erfasste.

»Bis zur Regierungszeit des Rhampsinitos«, so erzählten die Priester, »hat in Ägypten die vollkommenste Ordnung und großer Reichtum geherrscht.«

Während der Herrschaft dieses Pharao soll es also in Ägypten eine Gesellschaft gegeben haben, wo im Verlauf jahrhundert-langer kontinuierlicher Entwicklung und kultureller Entfaltung sich eine ideale Lebensform etabliert hatte, und die Menschen in Wohlstand und geordnetem Staatsgefüge gelebt haben.
Mit dem Beginn der Regierungszeit Cheops änderte sich die politische und religiöse Landschaft schlagartig.

»Aber sein Nachfolger Cheops hat das Land ins tiefste Unglück gestürzt. Zunächst hat er alle Heiligtümer zuschließen lassen und das Opfern verhindert. Weiter hat er alle Ägypter gezwungen, für ihn zu arbeiten.« (II, 124)

Aus Herodots zusammengetragenen Aussagen schimmert die Botschaft, dass zu der fraglichen Zeit ein grundlegender kultureller und religiöser Umbruch im Lande stattgefunden hat, bei dem offensichtlich die Vielgötterei zugunsten einer Gottheit abgeschafft wurde.
Mit anderen Worten, der Glaube an eine bestimmte Gottheit wurde in Ägypten eingeführt.
Doch der uns heute herabwürdig erscheinende Begriff der Vielgötterei bedeutet im Grunde nichts anderes, als Menschen verschiedener Strömungen gewähren zu lassen, die eigene Theologie samt ihren Göttern zu praktizieren.
Der Staat zieht sich sozusagen aus den religiösen Angelegenheiten zurück und überlässt seinen Untertanen die Freiheit, nach Gutdünken einer theologischen Lehre nachzugehen.
In der Vielfalt der Götter verlieren die einzelnen Götter – insbesondere der so genannte Eingott – ihren autoritären, autokratischen Schrecken und schrumpfen zu einer Gottheit von vielen.

Das Verhältnis zwischen Mensch und Schöpfung wird somit relativiert und artet in ein gleichberechtigtes Verhältnis, in dem man mit Gott auf Augenhöhe umgeht.

Religion wird letztlich auch zu einer vielseitigen Denkweise, in deren Mittelpunkt zunächst der Schöpfer unsichtbar bleibt, und erst auf philosophischem Wege von dem theologisch Interessierten gesucht wird, um am Ende die Schöpfung zu begreifen – oder aber auch nicht.

Selbst der Naturmensch, der nach Gutdünken Elemente der Schöpfung, wie Blitz und Donner, seine Verehrung entgegenbringt, ist ein Ausdruck dieser vielfältigen Denkweise.

Vielgötterei ist also genau das Feindbild eines verblendeten Religionisten, der blind bis zum Untergang einer unantastbaren göttlichen Lehre folgt, der andere Gläubige als Gefahr betrachtet und seiner Vernichtung mit unbeirrbarem Fanatismus nachgeht.

Alle diese orthodoxen Lehren ernähren sich vornehmlich von der Gewalt, schöpfen ihre Existenzberechtigung aus der Unterdrückung und Vernichtung jeder Meinungsfreiheit des Individuums.

Bei den orthodoxen Religionen wird also nicht mit philosophischem Standpunkt eine Gottheit gesucht, sondern der bereits erdachte Schöpfer in die Köpfe der Masse mit drakonischen Maßnahmen eingehämmert.

Vielgötterei, wie sie uns aus der Vergangenheit hervortritt, bedeutet demnach nichts anderes als Religionsfreiheit zu gewähren.

Mit anderen Worten, das, was Herodot mit wenigen Worten in seinen Historien wiedergibt, wonach Cheops alle Heiligtümer schließen ließ und den Gottesdienst untersagte, birgt in Wahrheit einen weiträumigen Umsturz, begleitet von apokalyptischem Terror, bei dem fanatische Regionalisten metzelnd, plündernd und brandschatzend den gesamten ägyptischen Staat durchzogen- einmal mehr nach Narmer.

Und genau hier bei Cheops erleben wir eine von den vielen abscheulichen Momenten, in der die Ägypter im Namen des Glaubens immer wieder in eine rückwärts orientierte göttliche Zeit zurückgeführt wurden.

Cheops Staatsterror im Namen einer theologischen Lehre stürzt das Land am Nil zunächst in eine dunkle Zeit, in der die bis dahin bestehende und blühende Zivilisation geköpft wird. Menschen werden entmündigt und in einen orthodoxen religiösen Wahn gezwängt.

Und von nun an sind die unterjochten Bewohner Ägyptens Geiseln religiöser Eiferer.

Das heißt, all das, was dort geschieht, geschieht im Namen des Glaubens in Vorbereitung auf das kommende Heil. Der Mensch hat nur noch eines zu erfüllen, nämlich zu einem Teil der religiösen Maschinerie zu werden und zum anderen blind dem Göttlichen zu dienen.

Nackter Terror und Unterdrückung waren nötig, um die Menschen in Ägypten gefügig zu machen und das Werk des Schreckens und Symbol der göttlichen Macht zu errichten: die Große Pyramide.

»Weiter hat er alle Ägypter gezwungen, für ihn (Cheops) zu arbeiten. Die einen mussten aus den Steinbrüchen im arabischen Gebirge Steinblöcke bis an den Nil schleifen. Über den Strom wurden sie auf Schiffe gesetzt, und andere mussten die Steine weiter ziehen bis hin zu den so genannten libyschen Bergen. Hunderttausend Menschen waren es, die daran arbeiteten und alle drei Monate abgelöst wurden. So wurde das Volk bedrückt [...]« (II, 124)

Die etablierte Legende von einem willigen ägyptischen Volk, das aufopferungsvoll dafür gelebt haben soll, dem großen Pharao Cheops zu seinem Haus der Ewigkeit zu verhelfen, kann aus dieser Sicht nur als schlechte Anekdote abgetan werden, die mit Historizität nicht das Geringste zu tun hat.

Doch diese missliche Zeit hat auf eine andere Weise winzige Spuren hinterlassen, die nicht vom betörenden historischen Glanz eines Cheops überdeckt werden konnte und unverfälscht zum Ausdruck bringen, welches tatsächliche Verhältnis zwischen dem Pharao und „seinem" Volk gegeben hat. Diese Spur heißt Chufu und führt uns erneut nach Arabien!

In diesem simplen Namen verbirgt sich das ganze Drama, das hinter der Pyramide steckt.

Betrachtet man nämlich den ägyptischen Namen des Erbauers aus arabischer Sicht, so beschert uns diese eine erstaunliche Überraschung.

»Chufu (griech. Cheops) / خوفو «

Dieser Begriff leitet sich von » خوف /Chauf« ab und
Bedeutet »Angst oder Furcht«.

Chufu bedeutet also »fürchtet euch«, man solle sozusagen vor seinem Peiniger in Angst und Schrecken erstarren.

Demnach verkörpert die Pyramide keine kulturelle Glanzleistung, sondern dürfte das Sinnbild für unendliches Leid und Einschüchterung unterdrückter Menschen darstellen.
Jeder Steinquader, der mühsam gebrochen, bearbeitet, geschliffen, transportiert und schließlich aufeinander zu einem Haufen
getürmt wurde, war mit unendlicher Qual und Versklavung erkauft.
Das steinerne Weltwunder ist schlichtweg das Symbol einer Epoche religiöser Schreckensherrschaft und Züchtigung.
Hier stellen wir ebenfalls fest, dass das, was im pharaonischen Ägypten zu jener Zeit geschah, in seinen entscheidenden historischen Anfängen von Arabien beeinflusst und gesteuert war.
Auch das, was während der Pyramidenzeit geschah, untermauert die bisherige Annahme von einer religiösen Unterdrückung.

Die zweite Pyramide soll Pharao Chafre (griech. Chephren) erbaut haben.

»Chafre/ خفرع « besteht aus den beiden Komponenten »Chaf're«

»Chaf/ خاف « bedeutet »sich fürchten«; »re/ ره « ist der ägyptische Sonnengott Re, zusammengesetzt also: »fürchtet Re«.

Somit drückt diese Formulierung genau das aus, was hinter all den in Gang gesetzten religiösen Umwälzungen steckt und monumentale aber architektonisch leblose kultische Bauten hinterließ: der Sonnengott Re mit seinem Kultzentrum Heliopolis.
Da allerdings der Gott Ptah unangefochten hinter all den altägyptischen Göttern steht, so ist davon auszugehen, dass Re keine Gottheit, sondern die Verkörperung eines Sonnenkults ist, die den Gott Ptah tangiert und eine göttliche Theologie verkörpert, in deren Mittelpunkt er steht.
Da Ptah auch und gerade vor Cheops fast vierhundert Jahre seit seiner Einführung durch Narmer die Gottheit schlechthin in Ägypten war, Cheops

andererseits die Tempel schließen ließ und die Gottesdienste abschaffte, bedeutet dies einerseits, dass es auch andere friedfertige und tolerante Kulte des Ptah gab, und andererseits, dass der Sonnenkult, den nun Cheops einführte, eine fundamentalistische Lehre darstellte.
Dass die Pyramidenzeit in der 4. Dynastie eine Art fortgesetzte religiöse Strafaktion und Züchtigung war, findet bei Herodot Bestätigung.

»Fünfzig Jahre lang war dieser Cheops König, und als er starb, folgte ihm sein Bruder Chephren auf dem Thron. Der war jenem in allen Stücken gleich und baute auch eine Pyramide, [...].« (II, 127)

Diese beiden Herrscher müssen das Land derart unterdrückt haben, dass die Bevölkerung sie am liebsten aus ihrer Erinnerung tilgen wollten:

»Im Ganzen waren es also hundertsechs Jahre, wo die Ägypter so viel zu leiden hatten und die Tempel geschlossen blieben. Die Ägypter hassen diese Könige so, dass sie ihre Namen nur ungern nennen; auch die Pyramiden nennt man nach dem Hirten Philitis, der um jene Zeit seine Herden in der Gegend dort weidete.« (II, 128)

Nach Chephren geschieht dann mit der Thronbesteigung des Mykerinos etwas Ungewöhnliches: Der neue Pharao beendet das von Cheops auferlegte Leid der Ägypter.
Dennoch soll der Legende nach sein gütiges Verhalten die Götter provoziert haben. Denn diese hatten eine 150-jährige Leidenszeit über Ägypten verhängt, die mit Chufu begann und von Chafre fortgesetzt wurde!

»Darauf wurde Mykerinos, der Sohn des Cheops, König von Ägypten. Der war ganz anders als sein Vater. Er eröffnete die Tempel und entließ das arg gequälte Volk zu den eigenen Arbeiten und zu den Opfern [...].« (Herodot II,129)

Mykerinos, der offensichtlich die Unterdrückungsgründe bzw. deren Sinn nicht zu erkennen vermochte, stellte die alte Ordnung wieder her, die vor Cheops Regierung geherrscht hatte und erntete daraufhin Bewunderung in den höchsten Tönen: *»Er war auch der gerechteste Richter unter allen Königen. Darum preisen ihn die Ägypter auch am höchsten unter allen, die je über sie geherrscht haben [...].«* (Herodot II,129)

Die Entlassung des ägyptischen Volkes in die Freiheit, die Anordnung, Tempel zu öffnen, vermittelt uns auf den ersten Blick den Eindruck, als hätte Mykerinos uneingeschränkt die Macht in Ägypten ausgeübt.

Doch eigenartigerweise spricht einiges dafür, dass eine unsichtbare Exekutive im Hintergrund agierte, die die Zügeln der Macht an der Hand hielt und über das politische Geschehen in Ägypten über den Kopf des Pharao hinweg wachte.

Denn für seine Gerechtigkeit und Frömmigkeit wird der Pharao dennoch bestraft und von schweren Unglücksschlägen traktiert. Zugleich kündigte ihm ein Orakelspruch aus Buto an, »*dass er nur noch sechs Jahre leben und im siebenten sterben würde.*«

Als er sich nun bei der Göttin von Buto darüber beschwerte, dass sein Vater und Oheim ein so langes Leben gehabt hätten, obwohl sie die Tempel geschlossen, die Götter vergessen und die Menschen geschunden hätten, während ein frommer und gottesfürchtiger Mensch für seine guten Taten bestraft werde, erfuhr er den Grund:

»*Gerade dadurch verkürze er sein Leben. Er täte nicht, was zu tun seine Pflicht sei. Ägypten müsse einhundertfünfzig Jahre lang bedrückt werden, das hätten seine beiden Vorgänger richtig erkannt, er aber nicht* [...].« (Herodot II, 133)

Aus der Sicht dieser Legende musste demzufolge der ägyptische Name dieses Pharaos eine völlig entgegengesetzte Bedeutung haben, als die Namen seiner Vorgänger.

Und in der Tat, dies trifft zu.

Menkaure (griech. Mykerinos)

Der Name setzt sich aus »Menkau´re/ منقوره «

»Menkau/ منقو « leitet sich aus dem
Verb » منق/manaq« = »reinigen« ab

»Menkau/ منقو« bedeutet demnach »gereinigt haben«

Eine strenge Übersetzung dieser Wortkombination aus der Sicht der arabischen Sprache würde »Re wurde gereinigt«, letztlich aber »Re wurde beseitigt« bedeuten.

Demnach war der Erbauer der dritten Pyramide theologisch gesehen genau das Gegenteil seiner beiden Vorgänger; er hatte den von ihnen eingeführten orthodoxen Sonnenkult abgeschafft und den alten religiösen Zustand wiederhergestellt. Und dies erklärt einerseits, wieso er die Tempel öffnen ließ und das ägyptische Volk in die Freiheit entlassen hat, und andererseits, warum er von der im Hintergrund wachenden Macht bestraft und von vielen Unglücken heimgesucht wurde.

Mykerinos führte also die Religionsfreiheit im Lande wieder ein, die von Cheops abgeschafft worden war.

Eine vergleichbare Situation erleben wir 1250 Jahre später, als Echnaton (1350 – 1334 v. Chr.) den Sonnenkult einführte und kurz darauf nach seinem Tod die alte Ordnung zurzeit des Pharao Tutanchamun (1334 – 1325 v. Chr.) wiederhergestellt wurde.

Alles in allem befinden wir uns im alten Reich in einer theologisch gesehen wirren Zeit, in der die kultische Struktur des Landes, also die Gesamtheit aller religiösen Einrichtungen, durch die beiden Könige Cheops und Chephren einen empfindlichen Schaden erlitt. Und es lässt sich kaum feststellen, was wirklich in dieser Epoche

geschah. Denn aus dieser Zeit kennt die heutige Wissenschaft wenige Tempel, mit Ausnahme der 5. Dynastie (2498 – 2345 v. Chr.).

Auch die meisten Heiligtümer dieser Epoche wurden, wenn sie nicht bereits verfallen waren, im Verlauf der Ersten Zwischenzeit (2181 – 2040 v. Chr.) zerstört.

Doch die bisherigen Ausführungen lassen nicht unbegründet den Schluss zu, dass der Beginn der Regierung des Cheops und der damit verbundenen Erbauung der Großen Pyramide den entscheidenden Wendepunkt in unserer Geschichte schlechthin markiert.

Und es ist zugleich die Zeit, in der der geheimnisumwobene Phönix seinen ersten Flug nach Ägypten unternimmt, eine Zeit,

die man ohne Übertreibung als das „**Jahr 0**" betrachten kann.

4. Kapitel
Alexander der Große
Sohn des Ammon-Re?

Mit der Gründung von Memphis wurde zweifellos der Grundstein für ein in der geschichtlichen Epoche einzigartiges kultisches Zentrum gelegt, das die Menschheit Jahrtausende hindurch nachhaltig beeinflussen, und dem alten Ägypten nie endende Zerstörungs- und Neubeginn-Phasen bescheren sollte.

Bevor der Name Men-Nefer gebräuchlich wurde, lautete die älteste Bezeichnung für die Stadt »*Der Palast der Weißen Mauer*« oder »*Der Getreidespeicher der Weißen Mauer*«.

Men-Nefer leitet sich hingegen von der Pyramide des Königs Pepi I. (2332 – 2283 v. Chr.) her.

Das erste Mal begegnet uns diese Bezeichnung in einer Inschrift des Begründers der 18. Dynastie Ahmose, wovon anzunehmen ist, dass es doch wahrscheinlich schon vorher gebräuchlich war.

Men-Nefer, später von den Griechen in Memphis umgewandelt, wird allgemein mit „Stätte des Guten" gedeutet.

Diese Interpretation ist allerdings aus der Sicht der arabischen Sprache alles andere als zutreffend.

Erst, wenn auch hier die arabische Sprache Anwendung findet, offenbart der Name seinen Sinn, der in engem Zusammenhang mit dem Heiligen Bezirk und Sitz der obersten Gottheit steht, den dieser Ort stets verkörpert hat.

»Men-Nefer/ من نفر «,

»Men/ من « bedeutet »wer, einer, der«

»Nefer/ نافر « gesprochen »nafar« bedeutet »Abneigung, Scheu«; beide Begriffe zusammen gefügt ergeben in etwa „Der Ort, der zu fürchten ist" oder „Der Ort, der zu meiden ist".

Demnach könnte der ursprünglich angestrebte Sinn **„die verbotene Stadt"** lauten.

Nicht ohne Grund heißt ja auch die ewige Wächterin dieser Totenstadt, die Sphinx, auf Arabisch »Abu el Houl/ ابو الهول « = „Vater des Schreckens"!

Der Standort der Stadt hat sich im Laufe der Jahrtausende, wahrscheinlich bedingt durch Änderungen im Nilverlauf verschoben. Die Stadt des alten Reiches lag, wie Bohrungen im Gelände gezeigt haben, viel weiter im Norden, neben den Mastabas der 1. und 2. Dynastie, neben dem modernen Ort Abusir.

In der 1. Zwischenzeit verschob sich das Stadtgebiet weiter nach Süden, in die Gegend der Pyramiden des alten Reiches von Saqqara. Im Mittleren Reich lag es dann weiter im Osten, dort wo heute die wenigen Ruinen zu sehen sind. Dies blieb dann auch der Standort der Stadt bis in die römische Zeit.

Die Schwierigkeiten des Terrains und die vollständige Zerstörung der Stadt, zuletzt in arabischer Zeit als Materiallieferant für den Bau der neuen Hauptstadt Fustat am anderen Nilufer, machen zudem systematische Ausgrabungen nahezu unmöglich.

Bis zur Gründung Alexandriens war Memphis die erste Stadt Ägyptens, die während der 18. Dynastie (1570 – 1293 v. Chr.) den Charakter einer Weltstadt gehabt haben muss, in der zahlreiche Fremde, wie Syrer, Phönizier, Griechen und Juden, wie später in Alexandria in eigenen Wohnvierteln lebten.

Zudem wurden Tempel für fremde Gottheiten, wie Baal und Astarte, dort errichtet.

Auch nach der Gründung von Alexandria verlor Memphis nicht sofort seine Bedeutung als Landeshauptstadt. Ptolemäus I. überführte den Leichnam Alexanders des Großen von Babylon erst nach Memphis.

Auch zahlreiche Ptolemäer ließen sich hier noch krönen.

Obwohl Alexandria Memphis allmählich aus seiner wirtschaftlichen Vorrangstellung verdrängte, blieb die Stadt des sagenumwobenen Menes dennoch ein religiöser Mittelpunkt. Neben dem alten Ptahtempel erhoben sich Tempel des Apis und zahlreicher anderer Götter. Erst nach dem Edikt des Kaisers Theodosius (380 n. Chr.) wurden alle „heidnischen" Bauwerke zerstört.

In christlicher Zeit war Memphis ein Zentrum der monophysitischen Glaubensrichtung, doch ist auch von dieser Epoche außer dem Kloster Abu Jeremias bei Saqqara nichts geblieben.

Und dennoch wird es uns später gelingen, einem fossilen Überbleibsel nach der Weise der Memphiten zu begegnen, das als ein Beleg dafür zu gelten hat, dass die unergründliche Mystik dieser Stadt zwar in den Wirren der Jahrtausende im Sande versank, dennoch in den Köpfen der Menschen wie die Pyramiden selber immerwährend unauslöschlich blieb.

In und um die Stadt, so die Inschrift auf dem Palermo Stein, wurden im Schatten des großen Ptah diverse kultische Handlungen abgehalten, die überregionale Bedeutung hatten.

So auch die Krönung der alten Könige mit verschiedenen für die Reichseinigung symbolischen Zeremonien, die mit einer kultischen Prozession um die Weißen Mauern der Stadt verbunden waren.

Und gerade diese eigenartigen Zeremonien führen uns auf die Spur eines der bedeutendsten Männer der Geschichte: Alexander der Große!

Obwohl der Makedonier zu den schillerndsten Gestalten der Geschichte zählt, bleibt einiges aus seinem Leben im Dunkeln, vornehmlich, weil sich die rationalen Historiker seinem Leben erst Jahrhunderte später widmeten. Ptolemäus, Nearchos, Aristobulos und nicht zuletzt Onesikritos standen gewiss damals mitten im Geschehen, doch die Erfahrung lehrt, dass eine Berichterstattung zu Lebzeiten eines Herrschers auf Kosten objektiver Berichterstattung ausartet und oft mit allerlei Verherrlichung und geschichtlicher Verdrehung vermischt wird.

Dies dürfte allerdings auf einen Historiker wie Flavius Arrian (95 – 175 n. Chr.) wohl kaum zutreffen.

Als er nämlich daranging, die Geschichte Alexanders zu schreiben, waren mindestens 470 Jahre seit dem Tod des Königs vergangen. Von ihm und anderen Historikern späterer Zeiten, wie Plutarch, Diodor von Sizilien oder Justinus wäre also eher ein sachliches Werk zu erwarten.

Da sie alle aber auf vorhandenes Material zurückgreifen mussten, bleibt der Wert dieser Quellen stets umstritten.

Für die Themen dieses Buches ist allerdings eine kritische Betrachtung Alexanders Biographie nicht von Relevanz, sondern militärische Ereignisse und deren Folgen, die im Rahmen der Geschichtsforschung als einigermaßen gesichert gelten.

Die Aufmerksamkeit gebührt allerdings einem weiteren Historiker, über den nichts bekannt ist, und der uns eine fesselnde Geschichte über den Makedonier hinterließ, von deren 10 Büchern ein Teil verloren ging: Curtius Rufus.

Ausschließlich wegen dem rhetorischen und romanhaften Charakter seiner Werke beurteilte man Curtius meistens sehr negativ. Dazu hat nicht zuletzt sein eigener Ausspruch (IX 1, 34) viel dazu beigetragen, wonach er meinte, mehr abzuschreiben als er selbst glaube.

Aber haben wir bei Herodot, der nicht selten mit demselben Problem konfrontiert wurde, oft feststellen können, welch großer Nutzen aus seinen „Märchenerzählungen" gezogen werden kann?

In seiner *Alexandri Magni historiae*, die allgemein weniger als Zeugnis für die Geschichte Alexanders als für sein Fortleben betrachtet wird, lässt sich in Rufus Werk etwas Bemerkenswertes feststellen.

Im ersten Teil seiner Darstellung lobt er Alexander an vielen Stellen, mit Beginn des 6. Buches ändert sich dies allerdings schlagartig, weil nach seiner Meinung eine grundlegende Veränderung im Charakter des Königs eingetreten war, die ihn zu einem gemeinen, grausamen und sinnlichen Tyrannen machte.

Den entscheidenden Bruch hierzu bildet Alexanders Streben nach Vergöttlichung, das zum ersten Mal nach der Schlacht am Fluss Pinaros in der Nähe von Issos am 12. November 333 v. Chr. mit dem anschließenden Zug zum Ammon Orakel sichtbar wird, womit zugleich der Zeitpunkt markiert wird, von dem an der stolze Makedonier seiner Heimaterde für immer den Rücken kehrte.

Diese weitreichende Wendung in seinem Leben lässt sich nur im Zusammenhang mit Memphis erklären.

Das Ganze wird zunächst mit einer Handlung eingeleitet, die militärisch gesehen kaum nachzuvollziehen ist und in den geschichtlichen Annalen wenig Beachtung findet.

In dem großen Augenblick des Triumphes über den persischen König Dareios III. (336 – 330 v. Chr.) bei Issos werden diese Indizien vernachlässigt und gehen als Nebensächlichkeit unter.

Mit diesem Sieg war nämlich der Kampf zwischen Griechen und Persern wie es auf dem ersten Blick erscheinen mag nicht entschieden. Diese

Schlacht hatte den Perserkönig gewiss um die Westhälfte seines Reiches gebracht. Aber deshalb gehörte sie dem siegreichen Makedonier keineswegs; noch beherrschte die persische Flotte das Meer, noch waren Inseln und Küsten des östlichen Mittelmeers überwiegend in feindlicher Hand. Vor allem aber verfügte der Perser immer noch über einen funktionierenden Staat.

Hierzu gibt es vereinzelte Stimmen, die recht wenig an ein heroisches Kampfverhalten des Makedoniers glauben, und der Untergang einer in allen Belangen weit überlegenen persischen Armee als unbegreiflich finden. Und in der Tat lässt sich bei Issos kaum eine der Kriegsparteien mit Heroismus in Verbindung bringen.

Erst, wenn diverse Indizien am Schlachtfeld behutsam zusammengefügt werden, so wird das summarische Ausmaß der Eigentümlichkeiten sichtbar, unter denen dieser rühmliche Sieg zustande gekommen sein muss.

Das Überlieferte über den Schlachtverlauf lässt nämlich den Schluss zu, dass der persische König und seine zahlenmäßig weit überlegene Armee mitten im Kampfgeschehen aus irgendeinem nicht nachvollziehbaren Grund panikartig die Flucht ergreifen: Jeder durchschnittliche Feldherr hätte nun die Gunst der Stunde genutzt, um dem fliehenden Gegner nachzustellen und ihnen den endgültigen Todesstoß zu versetzen.

Doch nichts dergleichen tat aber Alexander!

Statt die Besiegten zu verfolgen und ins Herz des persischen Reiches vorzustoßen, hat Alexander in langen Monaten teils persönlich, teils durch seine Generäle Ägäis, Syrien und zuletzt Ägypten unterworfen.

Viele Monate hat er auf diese Unternehmungen verwandt, während Dareios nach dem Scheitern der von ihm in die Wege geleiteten Verhandlungen ungehindert zu neuem Widerstand rüsten konnte.

Hierzu müssen also triftige Gründe dafür vorgelegen haben, die offensichtlich eine unmittelbare Folge der – vorläufigen – Niederlage der Perser gewesen sein dürften, die Alexanders Desinteresse an dem fliehenden Feind rechtfertigten.

Andererseits sprechen einige Anzeichen dafür, dass der König der Perser nach dieser Schlacht etwas Unwiederbringliches eingebüßt haben muss, wodurch ihm das „Zepter" der Weltherrschaft aus der Hand geglitten war. Nicht einmal wird er von dem am Beginn seiner Karriere stehenden jungen Alexander als Verhandlungspartner akzeptiert.

Nach dem Abbruch des Kampfes muss demnach etwas Ernstliches eingetreten sein, wodurch die weltlichen Machtverhältnisse gehörig durcheinan-
dergebracht worden sind.
Was geschah also mitten in den Kampfhandlungen?

Abbildung 11
Mitten in den Kampfhandlungen ergreift der
Perserkönig mit seiner Armee panikartig die Flucht.

Von allen Geschichtsschreibern wartet nur einer von ihnen mit einer eigenartigen Beobachtung auf, die sich just in dem Moment zugetragen haben
soll, als die beiden Kontrahenten Dareios und Alexander gerade im Begriff
waren, gegeneinander zu kämpfen: eben dieser verhöhnte Curtius Rufus.

*»Dareios fuhr auf seinem Wagen, Alexander war zu Ross. Beide wurden von einer
erlesenen Mannschaft beschützt, die des eigenen Lebens nicht achtete. […] Jedem
schien es ruhmreich, vor den Augen seines Königs den Tod zu finden.«* (IV. 15, 23-
25)

Das Unbegreifliche geschah dann ausgerechnet unmittelbar über dem Kopf
des Makedoniers:

*»War es nun Täuschung der Augen oder eine wirkliche Erscheinung: Die Leute in
der Umgebung Alexanders glaubten einen Adler zu sehen, der in geringer Höhe*

über dem Haupte des Königs ruhig dahinflog, ohne sich durch das Getöse der Waffen oder das Gestöhn der Sterbenden schrecken zu lassen, und lange war es, mehr schwebend, wie es schien, als fliegend, um Alexanders Ross sichtbar.« (IV. 15, 26)

Nur einer der anwesenden Griechen scheint das Geheimnis dieser Erscheinung zu kennen. Er deutet es als Beweis für den nun unmittelbar bevorstehenden Sieg.

»Der Wahrsager Aristander wenigstens, in weißen Gewand und in der Rechten einen Lorbeerzweig vor sich haltend, zeigte den dem Kampfe mit gespannter Aufmerksamkeit folgenden Soldaten den Vogel als ein unzweifelhaftes Zeichen des Sieges […].« (IV. Buch, 15,27)

Just in der Phase, in der diese Erscheinung in das Geschehen eingreift, steht zufälligerweise ein Prophet – Wahrsager – bereit, einen Lorbeerzweig als Siegeszeichen in der Hand haltend!

Rufus berichtet dann weiter, wie im Augenblick der Verwirrung eine Lanze den vor Dareios stehenden Wagenlenker durchbohrt hat, Perser und Makedonier glaubten, dass der König selber getötet wurde. Bald darauf brachen Panik und Verwirrung in den persischen Reihen aus, die dann begannen ungeordnet die Flucht zu ergreifen.
Der Augenblick der totalen Verwirrung und Lähmung der persischen Akteure wurde also dazu ausgenutzt, die verdutzten Perser ins Herz zu treffen und deren König liquidieren zu wollen. Der Verlust des Königs hätte unweigerlich zur Aufgabe des persischen Heeres geführt.
Doch das Attentat misslingt, weil sich offensichtlich der Wagenlenker im richtigen Moment schützend vor seinen König stellte.

Doch die Wirkung dieser geheimnisvollen Erscheinung war verhängnisvoll.
Die Furcht, die die persischen Krieger hierdurch ergriff, war so enorm, dass sie waffenlos nur noch um ihr Leben rannten und den Großen Alexander dazu ermunterten, nun erbarmungslos ein Gemetzel ohne gleichen zu veranstalten.

»Alexander durchbohrte die Widersetzenden von vorn, die Fliehenden von hinten; und es war schon kein Kampf mehr, sondern ein Morden.« (IV. Buch, 15, 31-32)

Dann wartet der Text mit einer Aussage auf, die das sprichwörtliche makedonische Heldentum zerbröckeln lässt.

»Parmenion kannte zwar die Ursache nicht, weshalb der Kampf von selbst ermattete, benutzte aber ohne Säumen die Gelegenheit zum Siege. Er ließ die thessalischen Reiter zu sich rufen: ›Seht ihr‹, rief er, ›die dort, die eben noch so wild auf euch eindrangen, wie sie von plötzlichem Schrecken ergriffen zurückweichen? Ja, auch für uns hat das Glück unseres Königs gesiegt. Das ganze Perserheer liegt erschlagen am Boden. Was zögert ihr? Oder seid ihr nicht einmal dem fliehenden Feinde gewachsen?‹« (IV. 16, 4-6)

Der im Kampf erfahrene General Parmenion, der schon an der Seite König Philipp II. grandiose Siege errang, vermag nicht einmal zu begreifen, warum das Kampfgeschehen an jener Schlacht von alleine ausklang, muss dann viel Überzeugungsarbeiten leisten, um die makedonischen Reiter dazu zu bewegen, Courage zu fassen und eine fliehende und angeschlagene Truppe zu attackieren!
Rufus müssen also Quellen vorgelegen haben, die letztlich zu dem Schluss führen, dass der Sieg der Makedonier weniger ihrer Kampfbereitschaft und Tapferkeit entsprungen war, als durch jene ungewöhnliche Erscheinung, die über Alexanders Kopf eine Zeit lang schwebte und somit eindeutig für ihn Partei ergriff.

Welcher griechische Historiker hätte es wohl später auch nur im Ansatz gewagt, solche für den griechischen Stolz schändlichen Überlieferungen schonungslos auszuwerten, und die historische Wahrheit für die Nachwelt zu dokumentieren?

Haben wir es hier nun mit der Fortsetzung von himmlischen Erscheinungen zu tun, die keiner deuten oder begreifen konnte, die aber in irgendeiner Weise in das „irdische" Geschehen zugunsten des einen oder anderen Partei ergriff und stets zu „grandiosen" Siegen verhalf?

Auch hier wird diese Erscheinung als Vogel dargestellt, der mehr schwebt als mit den Flügeln schlägt, also in der Luft gleitet.

Auch der Koran und die islamische Geschichtsschreibung warten mit einem göttlichen Wunder auf, bei dem auch Vögel die Hauptrolle spielten. Um die Kaaba von der völligen Zerstörung durch den Angriff von einem starken Elefantenheer zu erretten, kam ein großer Vogelscharm angeflogen und jeder Vogel trug Steine in seinem Schnabel und Krallen. Die Vögel flogen über die angreifende Armee hinweg und ließen die Steine auf die Soldaten fallen. Dabei wurden die Soldaten tödlich verletzt und die Elefanten rannten vor Schreck davon.

Daran lassen die islamischen Quellen keinen Zweifel, dass es dieses Ereignis tatsächlich gegeben hat und bezeichnen das Jahr, in dem es stattgefunden hat, als das Jahr des Elefanten.

»Im Namen Gottes des Erbarmers, des Barmherzigen!
Hast du nicht gesehen, wie dein Herr mit den Leuten des Elefanten verfuhr?
Hat er ihren Plan nicht scheitern lassen.
Und Vögel in Scharen über sie geschickt,
Die sie mit Steinen aus gebrannten Ton bewarfen?
Dann machte Er sie wie ein abgefressenes Feld.« (Sure 105; Der Elefant)

Befinden wir uns mit Alexanders Wirken noch in einer Epoche, in der der mystische Vogel immer noch aus Arabien kommend seinen Weg nach Ägypten – dem Sitz der Götter und der göttlichen Angelegenheiten – findet und in das weltliche politische System steuernd eingreift?

Man kann allerdings an dieser Stelle einwenden, Issos ist nicht Heliopolis! Dennoch, auch wenn es zunächst als unglaublich erscheinen mag, die Vorkommnisse in Issos stehen in unmittelbaren Zusammenhang mit Ägypten und führen dort hin.

Nur diesmal musste der „Vogel" notgedrungen über einen Umweg dorthin gelangen, wo den Griechen eine alles entscheidende Schlacht bevorstand.

Denn das, was der Makedonier nach dieser Schlacht unternahm, stand einzig und allein im Zeichen der ägyptischen Religion und der Schirmherrschaft einer einzigen ägyptischen Gottheit, der er seinen unerwarteten Triumph verdankte.

Nicht selten wurde darüber gerätselt, wieso der griechische König seine Schlacht mit Dareios nicht Konsequent fortführte, zumal Länder wie Syrien oder Ägypten ihm sowieso nach endgültiger Zerschlagung der persischen Macht zugefallen wären.
Auch viele berechtigte Bedenken wurden darüber geäußert.

Die 2. entscheidende Schlacht mit Dareios findet erst am 1. Oktober 331 v. Chr. in Gaugamela statt, also fast zwei Jahre später.
Der persische König hatte also genügend Zeit, um sich dem Kampf neu zu stellen und Truppen zu organisieren.
Auch konnte keiner ausschließen, dass Alexander auf seinen Feldzügen in Syrien, Tyros und anschließend Ägypten nicht hätte umkommen können.
Woher schöpfte der Makedonier also zu dem Zeitpunkt seine unbeirrbare Siegesgewissheit und wieso entsteht der Eindruck, dass nach Issos der persische König bereits aus der menschlichen Geschichte „ausgespuckt" und zu einem nur noch unbedeutenden Statisten degradiert wurde, mochte er unternehmen, was er wollte?
Die Antwort darauf heißt – wie schon angedeutet – Phönix und letztlich Memphis!

Alexander sah deshalb von einem Todesstoß mitten ins Herz des persischen Reiches ab, weil er einfach zunächst dem göttlichen Ruf Ägyptens folgen und dort etwas Unaufschiebbares zelebrieren musste, das am 14. November des Jahres 332 v. Chr. in Memphis stattfand: Die göttliche Legitimation, das künftige Reich zu gründen.
Denn „Phönix" war kein Grieche, sein Machtzentrum und seine Wurzeln lagen ausschließlich auf ägyptischen Boden!

Von den griechischen Historikern hat Arrian zu diesem Ereignis die meisten dienlichen Hinweise geliefert.
Richtig gedeutet geben sie letztlich eine Vorstellung von dem, was in Wirklichkeit hinter dem historischen Ereignis schlummert und von Historikern unseres Jahrhunderts sträflich vernachlässigt wurde.

Zu den Eigentümlichkeiten der Alexanderzüge gehört zweifellos auch der Umstand, dass er mit seinem ganzen Heer nach Ägypten zog, obwohl es hierfür überhaupt keine militärische Notwendigkeit gegeben hat.

Arrian liefert die Erklärung hierfür: Die persische Besatzung Ägyptens hatte unter ihrem Satrapen Sauakes bei Issos an den Kämpfen mitgewirkt (Arrian II, 11, 8), so dass der nachher an die Stelle des gefallenen Sauakes getretene Mazakes keine Truppen hatte und sich mitsamt seinen Geldern Alexander ergab. (Arr. III, 1, 2 und Curtis. IV, 7, 4)

Und der Überläufer Amyntas mit den aus derselben Schlacht nach Ägypten entkommenen griechischen Söldnern – schon an sich kein nennenswerter Gegner – war von Eingeborenen vernichtet worden (Arr. II, 13, 3 – Diod. XVII 48).

Demnach hat Alexander definitiv gewusst, dass es in Ägypten keine Schlachten zu schlagen gab.

Diese Annahme findet durch eine andere Aussage bei Arrian ihre Bestätigung.

Schon zu Beginn seines ägyptischen Aufenthalts in Memphis lässt Alexander einen Agon veranstalten, zu dem auch Künstler aus Griechenland anreisten (Arr. III, 1, 4).

Bevor Alexander ägyptischen Boden betrat, hatte er diese speziellen Künstler also schon vorher in Griechenland bestellt und alles, was zu deren Auftritt notwendig war organisiert.

Hätte er an ein kriegerisches Abenteuer gedacht, hätte er schwerlich diese Künstler schon vorher nach Ägypten beordert.

Wenn also mehrfach in den verschiedenen Quellen (Arr. II 17, 1, 4, 25, 4- II. 1, 1- Curt. IV 6, 30) angedeutet wird, mit welcher bewussten Energie und betontem Eifer der Einzug in Ägypten betrieben wurde, dann liegt es auf der Hand, dass hier keine militärischen Absichten bestanden.

Doch wozu wird dann der Makedonier von seiner ganzen Armee nach Ägypten begleitet?

Zunächst erfahren wir von Arrian eine Merkwürdigkeit während des ersten Besuchs in Memphis.

Dort angekommen, »*opferte Alexander den übrigen Göttern und dem Apis, zu dem die hervorragendsten Techniten aus Griechenland kamen.*« (Arr. III 1, 4)

Dies besagt nichts anderes, als dass Alexander jene Götter huldigte, die er bei seiner Ankunft am Nil vorfand.

Wer konnte aber hinter *„Apis und den übrigen Göttern"* stecken?

Als Alexander Ägypten kampflos übernimmt, haben bis dahin die Perser das politische und somit das religiöse Geschehen am Nil nach eigener Anschauung bestimmt. Und wir erfahren bei Herodot, dass bei Einfall der Perser in Ägypten vor fast 200 Jahren ein grundlegender religiöser Umsturz stattfand, und dass Kambyses II. (530 – 522 v. Chr.) die religiösen Sitten in Ägypten samt den ägyptischen Göttern verhöhnte und verspottete.

Der Perser traf also damals auf ein Land der „Tausendgötter".

Doch der Zeitpunkt, zu dem diese Ereignisse über Ägypten hernieder prasseln, lässt wahrlich aufhorchen!

Kambyses, der altpersische König aus dem Geschlecht der Achämeniden, sucht Memphis just zu einem Zeitpunkt auf, als dort ein weltlich/göttliches Ereignis fällig war und die Ägypter mitten in Feierlichkeiten standen.

Doch dieses Fest endete in einem Desaster!

»Als Kambyses nach Memphis gelangt war, hatte sich den Ägyptern inzwischen der Apisstier gezeigt, der in der hellenischen Sprache Epaphos heißt. Bei seinem Erscheinen legten die Ägypter sofort Festtagsgewänder an und waren voller Freunde. Kambyses argwöhnte, sie feierten um seines misslungenen Zuges [in Süden gegen Theben und die Äthiopier] *willen ein Freudenfest, und ließ die Stadthäupter von Memphis zu sich entbieten. Als sie vor ihm standen, fragte er, warum denn die Ägypter bei seinem ersten Aufenthalt in Memphis sich nicht ebenso betragen hätten wie jetzt, wo er einen großen Teil seines Heeres verloren habe. Sie erwiderten, der Gott habe sich gezeigt, der nur in langen Zeiträumen zu ihnen zu kommen pflegt. Aber wenn er ihnen erscheine, feiere ganz Ägypten ein Freudenfest. Kambyses nannte sie Lügner und ließ sie ihrer lügnerischen Antwort wegen hinrichten. Als sie tot waren, ließ er weiter die Priester zu sich rufen. Die Priester gaben dieselbe Antwort.«* (Herodot III. 27-28)

Welch eine Geschichte!

Begegnen wir zurzeit Kambyses mit dem Gott, der sich in langen Zeiträumen zeigt, derselben zyklischen Phönix-Erscheinung, und haben wir es hier

auch mit demselben Phänomen, das später über Alexanders Kopf schweben wird und das Ende des persischen Reiches einleitete, zu tun?
Bei Herodot heißt es weiter:

»Da rief er, er werde sich selber überzeugen, ob wirklich ein Gott als zahmes Tier zu den Ägyptern gekommen sei. So rief er aus und befahl den Priestern, den Apis zu holen. Sie gingen und führten ihn herbei. Der Apis oder Epaphos muss von einer Kuh stammen, die nie wieder trächtig werden kann, nachdem sie ihn zur Welt gebracht hat. Die Ägypter sagen, sie werde, ehe sie den Apis zur Welt bringe, durch einen Strahl vom Himmel befruchtet. [...] Als die Priester mit dem Apis sich nahten, zog Kambyses, halb wie ein Rasender, seinen Dolch, wollte ihn dem Apis in den Leib stoßen, verwundete aber nur den Schenkel. Lachend sagte er zu den Priestern: »Schelme seid ihr! Sind das Götter, die Fleisch und Blut haben und das Eisen fühlen? Solch einen Gott verdienen freilich die Ägypter; aber ungestraft sollt ihr meiner doch nicht spotten! Damit befahl er den Henkern, die Priester zu peitschen. Und alle Ägypter, die sie im Festkleid träfen, sollten sie töten. So nahm das Fest der Ägypter ein Ende.« (Herodot III. 28-29)

Der Perser soll zudem auch als Leichenschänder aufgefallen sein. Dazu gehörte die Entweihung und Verbrennung der Mumie des Amasis (570 – 526 v. Chr.), die aus ihrem Grab bei Sais gerissen wurde.

Zu dem merkwürdigen Verhalten des Perserkönigs gehört auch jene militärische Expedition, die er gegen den Süden mit einer gewaltigen Armee führte, von dem bei Herodot soeben die Rede war.
Zunächst verwüstete er auf seinem Zug Theben und ließ das dortige Orakel des Zeus-Ammon verbrennen und die Ammonier, die in Gefangenschaft geraten, in die Sklaverei verkaufen. Sein weiterer Vorstoß nach Süden gegen Äthiopien scheitert aber kläglich und er verliert einen großen Teil seiner Truppen. Demnach war er ein entschiedener Gegner der Gottheit, zu dessen Orakel Alexander 200 Jahre später in Siwa pilgern sollte.
Viel gravierender waren offensichtlich seine Taten im Heiligen Bezirk von Memphis:
»Dabei blieb er in Memphis, ließ alte Gräber öffnen und betrachtete die Leichname. So kam er auch in das Heiligtum des Hephaistos [Ptah] *und spottete über das Götterbild.«* (Herodot III. 37)

Wenn also Alexander bei seinem ersten Besuch in Memphis die dort aktuellen Götter opfert, dann waren diese nicht mit jenen konform, die seinen Sieg bei Issos ermöglichten.

Theologisch musste also etwas geschehen, damit Memphis von dem bisherigen persischen Frevel gereinigt und die alte memphische Götterordnung hergestellt wurde.

Vor allem aber ist es der Makedonier selbst, der nunmehr kultisch „gereinigt" und zum richtigen Glauben an jene Gottheit bekehrt werden musste, der er seinen Sieg in Issos verdankte.

Und der Ort der Bekehrung heißt Siwa!

Bis zurzeit Alexanders wissen wir von keinem Pharao, der die Mühen auf sich genommen hätte, diesen Ort zu besuchen. Hätte der Makedonier wirklich ein Orakel hören wollen, das er als seinen eigenen Gott Amun ansah, hätte es wohl näher zu den riesigen und sicheren Tempeln Amuns am Nil gehabt: Warum also ausgerechnet diese Oase mitten in einer feindlichen Wüste?

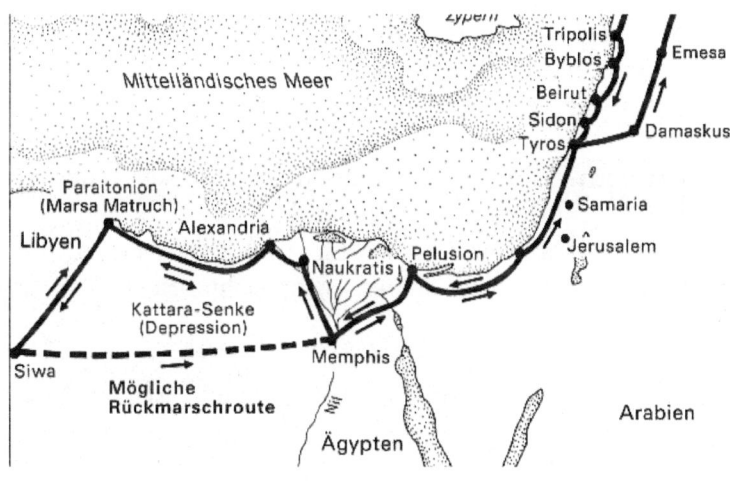

Abbildung 12
Alexanders berühmter Zug nach Siwa

Auch hier hat Herodot eine Antwort darauf, die mit der Eroberung Ägypten durch jenen Kambyses II. in engem Zusammenhang steht.

Nach dem ersten glänzenden Sieg über Ägypten war Kambyses vom Glück verlassen, und im Grunde hat er nie die richtige Bindung an den ägyptischen Staat gefunden, noch die konsequente Anerkennung als legitimer Herrscher und Nachfolger der Pharaonen erfahren.

Und obschon der Perser seinen Namen in eine Kartusche schreiben ließ, in seinem sechsten Amtsjahr ein feierliches Begräbnis eines Apis-Stiers führen lässt, blieb er dennoch ein Perser und wurde in Tacht-i-Rustam nahe Persepolis bestattet.

Was Napoleon als Legitimation zur Weltherrschaft gefehlt hat, ist genau das, was Alexander in Siwa bevorstand.

Dort lag das, was während der Perserherrschaft in Memphis gefehlt hat, wonach der Perser so vergeblich suchte und stattdessen nur ein Bildnis an den Wänden vorfand: die lokale Gottheit von Memphis.

Als die Perser im Begriff waren, Ägypten im Jahr 535 v. Chr. zu erobern, hatte die memphistische Priesterkaste um die Gottheit Ptah rechtzeitig die auf das Land zurollende Gefahr erkannt, und mit der Prozessionsbarke der Gottheit in dieser östlichen Oase Zuflucht gefunden: Somit war Memphis der göttlichen „Gegenwart" beraubt, hatte theologisch und in Bezug auf die Verleihung weltlicher Herrschaftsansprüche keine Ermächtigung mehr.

Auch dies ist ein Hinweis darauf, dass die memphistische Theologie in erbitterter Feindschaft mit der der Perser stand.

Kambyses gelang es dann durch Folterung zurückgebliebener Priester den Aufenthaltsort der Gottheit und seiner „Angesichtspriester" in Erfahrung zu bringen.

Dann kam es zu dem legendären Vorfall, von dem Herodot zu berichten weiß, welcher bis zu unserer Zeit Grundlage für viele Spekulationen bildet:

»*Von Oasis aus seien sie* [die Truppen des Kambyses] *durch die Sandwüste gen Ammon weitergezogen. Auf der Mitte zwischen Oasis und Ammon habe sich, während sie gerade das Frühstück einnahmen, ein gewaltiger Sturm erhoben, der das ganze Heer unter den aufgewühlten Sandmassen begrub.*« (Herodot III. 26)

Für den Perserkönig schien also Ägypten und der Griff nach der weltlichen Krone einen einzigen Alptraum zu verkörpern. Obwohl Ägypten besiegt und der Perser über gewaltige Armeen verfügte, erlitt er im Süden eine vernichtende Niederlage, um später auf dem Weg nach Siwa eine ganze Armee zu verlieren.

Womit konnten diese eigenartigen Vorfälle erklärt werden, und vor allem wie kann eine ganze Armee durch einen Sandsturm einfach so spurlos verschwinden?

Womöglich kann hier ein Zylindersiegel eine verblüffende Erklärung liefern, das angeblich in Theben entdeckt wurde.

Die darauf dargestellte Szene betrifft Kambyses Sohn Darius I. (521 – 486 v. Chr.).

Nach Meinung einschlägiger Kreise soll die Szene den König bei der Löwenjagd zeigen.

Doch diese Feststellung deckt sich nicht mit dem, was einst der Künstler mitteilen wollte.

Ein Löwe liegt tatsächlich zertrampelt unten dem rasenden Kampfwagen. Doch dies ist für die Beurteilung der Szene völlig belanglos. Entscheidend ist das am rechten Bildrand fauchende Tier. Würde sich der König auf Löwenjagd befinden, so hätte dieser scheinbar angreifende Löwe unausweichlich als Ziel gedient.

Doch in dieser brenzlichen Situation widmet der König der Gefahrenquelle keinen Blick. Die Haltung von Bogen und Pfeil links über dem Kopf des Wagenlenkers, die Blicke des Königs hierzu deuten eindeutig auf ein anderes Objekt, das weit oberhalb der Horizontale anvisiert wird, nämlich ein eigenartiges Vogelgebilde mit langen Beinen am Himmel.

Und das kann nur symbolisch den Phönix-Vogel darstellen, der mit dem Rücken zum angreifenden König in die Weite fliegt.

Der himmlische Vogel war demnach ein erbitterter Gegner der Perser. Infolge der Besetzung Ägyptens konnte er zudem nicht mehr zu seinem „Nest" Heliopolis finden und die heiligen Zyklen vollziehen, von denen sich die göttliche Erneuerung Ägypten nährte, woraus das neue Reich hervorgehen wird! Haben die kämpfenden Verbände der Griechen und Perser 200 Jahre später bei Issos eine ähnliche Erscheinung über dem Schlachtfeld erblickt? Wie dem auch sei, allein der Umstand, dass Alexander es sich zur Aufgabe machte, das persische Reich zu zerschlagen und somit den Weg zur Befreiung Ägyptens zu ebnen, bedeutete das sichere Wohlwollen der himmlischen Geschöpfe.

Demnach wird ihm vieles gelingen, was dem Perser verwehrt wurde.

Vor allem der Gottheit zu begegnen und mit eigenen Augen zu sehen, nach der Kambyses so vergeblich suchte.

Dort in Siwa kommt es dann zu einer legendären Begegnung in dem Ammonorakel.

Diese berühmte Episode im Leben Alexanders wurde in einer Vielzahl von Arbeiten untersucht und interpretiert.

Trotzdem bleiben viele Punkte umstritten.

Nicht das, was der Hohepriester gesagt oder nicht gesagt haben soll, dürfte deshalb im Grunde von Relevanz für die Aufklärung sein, sondern ausschließlich das, was später darauffolgen wird.

Wir sehen Alexander danach vom festen Glauben ergriffen, die ihm begegnete Gottheit sei sein Vater, und Philipp, so wird man später berichten, wurde von seinem Sohn verleugnet.

Doch dies war längst nicht alles.

Von nun an ist das Widderhorn des Gottes Ammon aus der Oase Siwa das Attribut Alexanders, fand schließlich Eingang in die Legende des Zweigehörnten im jüdischen Buch Daniel und wurde durch die mündliche Überlieferung des Alexanderromans auch dem Propheten Mohammed bekannt, der im Koran darauf Bezug nahm:

»Die [Juden] *werden dich auch über Zul´Qurneien* [den Zweigehörnten] *befragen. Antworte: »Ich will euch eine Geschichte von ihm erzählen.« Wir befestigten sein Reich auf Erden, und wir gaben ihm die Mittel, alle seine Wünsche zu erfüllen.«* (18. Sure 84, 85)

Vor allem finden wir Alexander nun mit dem Titel „der Große" geschmückt.

Was dann nach seiner Rückkehr aus der Oase Siwa während seines 2. Besuchs in Memphis geschieht, ist höchst bemerkenswert.

Er feierte nämlich nochmals ein Fest, von dem Arrian berichtet:

»Dort opfert er dem Könige Zeus, macht mit seinem Heere in vollen Waffen einen feierlichen Zug und veranstaltet einen gymnischen und musischen Agon.« (III 5,2)

Welch eine Aussage!

Nach seiner legendenumrankten Begegnung in dem Ammon Orakel finden wir eine grundlegende Änderung in der theologischen Einstellung des Makedoniers: Er opferte nicht mehr »*Apis und den übrigen Göttern*«, sondern ausschließlich dem König Zeus.

Doch die Einflechtung Zeus in diesen Vorgang beruht auf griechischem Wunschgedanken.

Hier drängt sich zunächst die Frage auf, wieso wird hier der Gott Ammon, in dem Alexander zuvor angeblich seinen „Vater" ansah, unberücksichtigt gelassen und was ist mit dem anderen „Vater" Zeus?

Hat es also die Kombination Zeus-Ammon gegeben?

Zunächst scheint Ammon die Abwandlung von Amun zu sein, dessen Name durch die „Verpflanzung" nach Siwa offensichtlich in der Bedeutung abgeändert worden war.

Für eine griechische Stadt war er zu einem Gott geworden, nämlich Kyrene (Plato, Politicus 257B), wo schon zuvor ein alter vordorischer Widder-Gott verehrt wurde, nämlich Karneios. Auch in Athen wurde Ammon verehrt, wo es vor 371 – 332 v. Chr. einen Kult für ihn gab, einen Tempel vor 333 – 332 v. Chr., und prominente Griechen hatten sein Orakel zu Rate gezogen, das von den Athenern den Orakeln von Delphi und Dodona gleichgestellt wurde. (Plato, Gesetzte, 738 C)

Doch überall erscheint dort Gott wie in Kyrene, als Ammon allein, sozusagen fremde Gottheiten, welche die Griechen zu verehren begonnen hatten, wie sie auch die Göttin Isis verehrten. Auch in Elias wurde es lange Zeit ein strenger Unterschied zwischen „den griechischen Göttern" und „dem Gott in Lybien" gemacht. (Paus. V, 15,11)

Mit anderen Worten, ein Gott Zeus-Ammon dürfte es in Wirklichkeit nicht gegeben haben, und, wenn man einen Dichter ausnimmt, erscheint der Name Zeus-Ammon nicht einmal in der griechischen Literatur, und im Lateinischen erst viele Jahrhunderte später nur an unbedeutenden Stellen.(Curt. VI, 9, 18)

Die eine Ausnahme bildet der Dichter Pindar, der an einer Stelle von Zeus-Ammon spricht (Pin. Pyth. 4, 16 (28)) und an einer anderen Ammon als Herrn des Olymps nennt, das heißt Zeus.

Dies stellt jedoch nur die so häufig geübte griechische Sitte dar, fremde Götter mit griechischen Namen zu belegen, wie zum Beispiel Herodot Amon von Theben Zeus (II. 42; IV. 181) nennt und Ptah als Hermes bezeichnet.

Und schließlich dürfte Alexander selber womöglich den substantiellsten Hinweis dazu geliefert haben, vorausgesetzt, wir stellen die Zuverlässigkeit des Schriftstellers Nearchos (gestorben 312 v. Chr.) nicht in Frage.

Als Alexander auf ihn in Karmanien stieß, und feststellte, dass er und die Flotte in Sicherheit waren, soll der Makedonier ein Eid *„beim Zeus der Griechen und beim Ammon der Libyer"* geschworen haben. (Arr. Ind. 35, 8)

Da ein Gott Ammon beim zweiten aber entscheidenden Besuch in Memphis keine Ehrung erfahren hat, so ist davon auszugehen, dass diese Gottheit nach Alexanders Rückkehr aus der Oase zumindest für die Festlichkeiten keine Bedeutung mehr hatte.

Bleibt im Rahmen dieser akademischen Frage also nur noch der griechische Zeus. In dem Schrifttum lässt sich eine beachtliche Tendenz feststellen, die mit einem unbändigen Übereifer diesen Gott im Mittelpunkt der memphisischen Ereignisse stehen sehen will.

Ohne im Einzelnen auf solch ein viel verzweigtes Thema einzugehen, soll hier eine einzige Argumentation angeführt werden.

Es waren ägyptische Priester, die innerhalb der heiligen Gemäuer von Memphis nach einer fast dreitausend Jahre alten Tradition und nach rein ägyptischer Inkarnationszeremonie den Griechen Alexander in den Stand des pharaonischen Geschlechts erhoben haben. In diesen Stand versetzt bedeutet, dass der Makedonier nun auf einen Stammbaum zurückblicken dürfte, der bis zu dem legendären Menes zurückreicht, dessen Macht und Herrschaftsanspruch aus der Huldigung einer einzigen Gottheit entsprang: Ptah, der unangefochtene Herr von Memphis.

Der pharaonische Titel bedeutet also zwangsläufig auch und gerade, dass Alexander aus seiner griechischen Herkunft „entlassen" und an die ägyptische Götterwelt fest eingebunden, zum Ägypter wurde.

Und niemals in der Geschichte des alten Ägypten hat jener griechische Zeus über dem Himmel von Memphis „geleuchtet", sondern der ewige Ptah!

Wenn Arrian also an die Stelle Ptahs, seinen Zeus einsetzte, dann geschah dies ausschließlich deshalb, weil er dabei griechisch dachte, einen Ptah nicht kannte.

Dass Zeus-Ammon für die griechische Epoche in Ägypten ausnahmslos keine besondere Rolle beizumessen ist, geht allein aus der Tatsache hervor, dass er anschließend nicht zum Reichgott erhoben wurde, sondern der von Ptolemäus I. geschaffene Serapis; offensichtlich eine Kombination aus Osiris und Apis.

Abbildung 13
Zylindersiegel Darius I.
(Britisch Museum, London)

Dessen unbeschadet, in Arrians Aussagen schlummert dennoch ein historisch/theologischer Moment, dessen Tragweite die Geschichtsschreibung nicht zu würdigen verstand oder einfach aus europäischer Sicht nicht würdigen wollte.

Da er bei seinem 2. Besuch in Memphis nur einer Gottheit opferte, bedeutet dies nichts anderes, als dass er seine religiöse Anschauung auf die theologische Plattform eines einzigen Gottes stellte, den er im Zusammenhang von Memphis inzwischen huldigend anerkannte und verehrte.
Und dies kann auf der anderen Seite nur bedeuten, dass er alle anderen Götter als abgeschafft ansah. Der Gott, dem Alexander vehement huldigte und Opfer brachte, war kein anderer als der seit ewigen Zeiten in Memphis unangefochten thronende Ptah.

Somit treffen wir in der Alexander-Geschichte auf mehrere Komponenten, die mit Phönix in Verbindung stehen und den Sonnenkult begründen: Die Erscheinung bei Issos, die als Vogel (Adler) gedeutet wurde, die Abschaffung der Tausendgötter zu Gunsten einer einzigen Gottheit und nicht zuletzt den Menschen, der in den Stand eines Gottkönigs erhoben wurde und somit, wohin er marschierte, als Weltenherrscher Anerkennung fand.

Als der Zweigehörnte wird er schließlich nicht ohne triftigen Grund als der Vorbote des Messias und als Zul´Qurneien, einer der Helden des Islam, gefeiert.

Wir stehen also in einer Phase des Glaubens und weiträumigen Umbruchs, die Cheops vor über zweitausend Jahre zuvor entfesselt hat.

Doch dies dürfte nicht die ganze Botschaft, die aus Arrians Ausführung zu entnehmen ist.

Noch größere Bedeutung spielt eine andere kultische Geste, die während der Feierlichkeiten des 2. Besuchs zelebriert wurde, die aber auch zugleich erklärt, warum die gesamte griechische Armee den Makedonier nach Ägypten begleitete.

In Memphis spielte sich um die Umfassungsmauer eine wichtige Szene ab, nämlich eine feierliche Parade, die auch zugleich als Gottesdienst zu verstehen war.

Indem die Makedonier waffenklirrend um die Mauer ziehend dem memphisischen Gotte huldigten, stellte Alexander somit das Werkzeug vergangener und zukünftiger Taten, das Heer, mit dem er die Welt erobern sollte, in den Dienst der Gottheit Ptah und damit die beherrschende Idee seines Reiches, den Willen zur Verschmelzung von Okzident und Orient, unter seinen Schutz.

Demnach steht das Weltreich, das Alexander nun auf Erden zu installieren gedachte, unter der Schirmherrschaft dieses Gottes.

Aus dieser Sicht wird der Umstand erklärlich, warum Alexander nach dem Sieg bei Issos keinerlei Interesse an dem angeschlagenen Perserkönig hegte. Erst wenn er zum legitimen Abkömmling der Pharaonen erklärt wird, sich und seine Armee der memphisischen Gottheit und ihrem Kult unterwirft, erst jetzt ist ihm die Erde nach allen vier Himmelsrichtungen verliehen. Und erst jetzt darf er sein Werk vollenden und das neue zu erschaffene Gottesreich auf den Trümmern des alten Persischen gründen.

Erst jetzt ist der Makedonier legitimiert, Dareios und sein Imperium aus der Weltgeschichte zu tilgen.

Das Weltreich, das ihm nun überall wie eine reife Frucht in den Schoß fallen wird, ist weder Griechisch noch Hellenisch, und erst recht nicht das des kleinen Alexanders: Es ist einzig und allein das Reich der memphisischen Gottheit, eingebettet in die pharaonische Tradition.

Zum Abschluss dieses Kapitels kommen wir noch einmal auf die bei Alexander am reichsten von Legenden umrankten Augenblicke; nämlich jene Begegnung mit dem Hohepriester von Siwa.

Kaum hat eine Wörterkombination bei Alexander für unendliche Spekulation gesorgt wie der Doppelbegriff *„Zeus-Ammon"*, mit dem der Hohepriester angeblich Alexander anredete.

Bei all dem akademischen Streit übersieht man einen entscheidenden Faktor, mit dem sich eigentlich die Angelegenheit von selber hätte erledigen müssen.

In einem Punkt gibt es in den verschiedenen Berichten eine Übereinstimmung darüber, dass das Orakel durch *„Nicken und Zeichen"* verkündet wurde, die durch das in einer heiligen Barke befindliche Bild des Gottes abgegeben wurden.

Man muss also eher annehmen, dass der Hohepriester niemand begrüßt hatte, der den Orakelraum betrat: Er bleibt zunächst abwartend in dem dunklen Raum im Hintergrund, und reagiert erst, wenn die Fragen gestellt werden.

Demnach ist davon auszugehen, wenn jemand beim Betreten des Raumes überhaupt sprach, dann nur der Makedonier.

Und selbst dann: Hätte der Hohepriester überhaupt diese beiden Götter erwähnen müssen? Wird das bisher Erwähnte über die kultischen Feierlichkeiten während des 2. Besuch in Memphis berücksichtigt, so erscheint die Frage als unvermeidlich, warum eigentlich der Hohepriester seine Anrede nicht mit *„Sohn des Ptah"* begann, den Alexander und seine Soldaten kurz darauf huldigen werden?

Arrian ist einer der wenigen Schriftsteller, der darauf verzichtet, aus den abweichenden Schilderungen seiner Vorgänger das „Wahre" erkennen zu müssen, und begnügt sich damit zu sagen: »*Alexander hörte, was ihm lieb war* [...].« (III. 4,5)

Amon oder Amun, ursprünglich der Stadtgott des oberägyptischen Theben, war als Amon-Re, als der mit dem Sonnengott identische Götterkönig, einer der mächtigsten Götter des Pharaonenreiches geworden.
Als seine Söhne hatten insbesondere die großen Pharaonen der zwölften, vor allem aber der achtzehnten und neunzehnten Dynastie Ägypten beherrscht und den Gott zum eigentlichen Träger der Herrschaft über das östliche Mittelmeer und einer wirklichen Reichspolitik gemacht.
Darstellungen dieser Pharaonen, wie etwa eine Stele Amenophis III. (1400 – 1364 v. Chr.), auf der Amon die Erde nach allen vier Himmelrichtungen verleiht, tragen auch die runden „Ammonshörner", die uns auf den Alexandermünzen wieder begegnen, um die Vaterschaft des Gottes zu betonen, der zwar meistens eine Menschengestalt hat, dem aber der Widder heilig ist und der gelegentlich selbst einen Widderkopf trägt.
Und es ist dieselbe Gottheit, die ein Jahrtausend nach Amenophis III. Alexander als König der Endzeit krönt und die Gründung des *„ewigen Reiches der Vierwinde"* ermächtigt.
Das Geheimnis von Siwa, das Alexander seiner Mutter in einem Brief ankündigte, scheint der Schlüssel zu der göttlichen Macht, die ihm verliehen wurde.
Allerdings dürfte einiges dafürsprechen, dass wir es hier nicht mit einem Orakelspruch zu tun haben, den Alexander in Erfahrung bringen wollte.
Ein Orakelpriester hatte in erster Linie das Mandat, prophetisch in die Zukunft zu schauen. Durch einen Orakelspruch konnte also keine weltliche Macht abgeleitet oder erlangt, sondern in zukünftiger Zeit erhofft oder erwartet werden.
Der Hohepriester besaß zu keiner Zeit die Legitimation, mit einem bloßen Spruch oder einfacher Anrede plötzlich von einer Minute auf die andere göttliche Macht zu verleihen.
Da der Makedonier nach diesem Besuch plötzlich dazu privilegiert war, in Memphis aufzutreten und zum Pharao gekrönt zu werden, kann Siwa nur als der Ort definiert werden, in dem der Grieche zu dem Kult der betreffenden Gottheit bekehrt und somit zu ihrem Propheten und Vollstrecker erhoben wurde.

Und in diesem Zusammenhang gibt es nur eine einzige theologische Lehre, die in Frage käme: der Sonnenkult.

Es ist derselbe Kult, den Cheops nach Ankunft des Phönix in Heliopolis vor über zweieinhalb Jahrtausenden in Ägypten eingeführt hatte, wobei er alle anderen Götter unter Anwendung von archaischer Unterdrückung und Gewalt abschaffte.

Mit seiner zeremoniellen Bekehrung in Siwa wurde Alexander theologisch gereinigt und sein religiöser Glaube in die Bahnen des orthodoxen Sonnenkultes gelenkt.

Damit ist allerdings das Geheimnis in seiner Gesamtheit nicht gelüftet, das Alexander in der Wüstenoase erfahren haben soll.

Vor allem aber, warum er nun »*der Große*« wurde.

Doch der kultische Kreislauf seit Chufu, in den nun auch der Makedonier eingebunden wird, wird dann noch lange bestehen, wenn Alexander bereits zu einer Legende erstarrt ist.

Die Geschichte um Alexander, die aus den verschiedenen Überlieferungen von neuem zu leuchten beginnt, ist zugleich der Schlüssel zum Wesen Napoleon Bonapartes!

Zwischenresümee

Auf Umwegen und mit Hilfe der arabischen Sprache konnte dem Phönix-Mythos ein definiertes Gesicht verliehen werden.

Der als Fabel abgetane Vogel, Symbol der Wiederauferstehung und Erneuerung, entpuppt sich als eine Hülle, in der ein historischer Kern die Zeit beharrlich überdauerte.

Die Enthüllungen auf den vorangegangenen Seiten haben allerdings den Verdacht erhärtet, dass der historische Stoff, woraus die Legende gesponnen wurde, die Grundpfeiler unserer Kultur zutiefst tangiert, wenn nicht sogar bis zum aufgehenden 18. Jahrhundert unsere Zeit gänzlich beeinflusst hat.

Schlechthin verkörpert die Legende die theologischen Grundelemente, die seit Jahrtausenden und bis zur heutigen Zeit unser Denken geprägt haben: Religion, Messias und die seit Urzeiten unauslöschliche Sehnsucht nach dem himmlischen Reich.

Phönix hat allerdings seine dunklen Seiten: Sein Erscheinen ist unzertrennlich mit der Zerstörung der bis dahin bestehenden Ordnung.

Unter dem Rauch, aus dem er verjüngt zum neuen Leben hervortreten wird, verbirgt sich in Wahrheit apokalyptischer Niedergang und Vernichtung menschlichen Lebens, angestachelt vom barbarischen und verblendeten Fanatismus.

Kaum hat er sich in Heliopolis herniedergesetzt, und schon ist der Frieden auf Erden verflogen.

Unmittelbar darauf beginnt das alles vernichtende Feuer aus den Tempeln zu lodern. Finsterer Rauch überzieht Dörfer und Stätte und das Geschrei gequälter Opfer wird im heiligen Tal am Nil bis zum Himmel unüberhörbar erschallen.

Bald darauf stürzen auch die Tausendgötter, die so hell über dem ägyptischen Himmel leuchteten und dem Land bis dahin Zivilisation, Menschlichkeit und Wohlstand bescherten.

Doch ausgerechnet hier von gewollten Gotteszorn zu reden, wäre eine Verhöhnung der gütigen Schöpfung.

Mit Cheops und seiner unwiederholbaren Pyramide stehen wir schlechthin an dem Wendepunkt, an dem der orthodoxe Glaube in uns Menschen fest installiert wurde, und wie ein Trauma weiter in den Genen unauslöschlich bleibt, selbst dann, wenn die Pyramide des Schreckens im Sande achtlos versinkt.

Mit ihr wurde das Fundament und der theologische Bezugspunkt für zukünftige, gleichgeartete Lehren gelegt, stets von apokalyptischen Untergängen begleitet.

Der ägyptische Name „Chufu" drückt mit wenigen Buchstaben das ganze menschliche Drama aus, das bis zu unserem heutigen Tage andauert: „fürchtet euch"!

II. Teil
Phönix und die Folgen

5. Kapitel
Issos
Sturz des Fruchtbaren Halbmonds

Mit dem II. Teil, der sich mit Vorgängen des aufgehenden 19. Jahrhunderts auseinandersetzt, wird ein großer zeitlicher Sprung zum I. Teil unternommen, der nicht ohne Grund mit Alexander dem Großen abschloss. Zwischen den beiden Buchabschnitten liegen zeitgeschichtlich gesehen zwei Jahrtausende.

Und dennoch wird es aussehen, als würde sich die Zeit seit der Morgenröte der geschichtlichen Entwicklung im Kreise drehen, die mit dem Auftreten des legendären Pharao Menes im Niltal so grandios zu funkeln begann; als sei unser politisches, soziales und religiöses Leben stets von einem unergründlichen und rückwärts orientierten Fluch belegt und von einem alles beherrschenden Gesetz bestimmt worden: Zerstörung und Neubeginn.

Diese beiden Begriffe haben allerdings in ihrer Wechselwirkung in diesem unsäglichen Kreislauf eine völlig andere Bedeutung, als das, was man ihnen für gewöhnlich an Definitionen zubilligen würde.

Zerstörung bedeutet dabei nichts anderes, als dass eine bestehende und blühende Kulturlandschaft weiträumig auf grausamste Weise vernichtet, ihre im Verlauf der Jahrhunderte kontinuierlich fortschreitende zivilisatorische Entwicklung abrupt unterbrochen wird.

Die spärlichen aber aussagekräftigen Darstellungen auf der Narmerpalette legen hiervon Zeugnis ab.

Die Vereinigung der beiden Landesteile gründete auf einer vorhergegangenen ausgedehnt angelegten Zerstörungswelle, die das bis dahin geregelte kulturelle Leben am Nil mit Vernichtung und Tod überzog.

Überall in jedem Winkel des ägyptischen Territoriums waren mit der Ankunft Narmers nur noch die lauten Schreie der Opfer zu hören, kreisende Geier über Bergen von verstümmelten Leichen und der Rauch lodernder Feuer zu sehen, unter dem bisweilen intakte Kulturlandschaften erstickt wurden.

Und wer rechtzeitig den Massakern der fremden Eroberer entging, musste in der Fremde einer ungewissen Zukunft entgegensehen.

Eine zusammengewachsene Bevölkerung wurde schonungslos in alle Winde zerstreut, ihres Friedens und vor allem ihrer wahren Bedeutung für die Geschichte beraubt.

Narmer löschte in Ägypten eine Kulturlandschaft aus, die womöglich weit zivilisierter war als die, die er anschießend dort installierte.

Neubeginn suggeriert hingegen den Eindruck, als sei danach eine neue Ära kulturellen Ausbruchs eingeläutet worden.

Doch der darauf folgende Neubeginn bedeutete keineswegs einen Aufbruch zu einer neuen kulturellen Ära, zum neuen Ufer der Zivilisation, sondern vielmehr, dass diese geschundene Zivilisation auf einen davor zurückliegenden Stand, also in die Zeit, als das Göttliche unter den Menschen verweilte und Demut und geistige Unterwürfigkeit verlangte, zurückgeführt.

Das Neue bedeutet letztlich das Erstarren in einem zu gründenden Gottesstaat, in dem das Individuum zu einem willenlosen Diener einer Gottheit degradiert und der Staat zum kollektiven Gotteshaus wird.

Abbildung 14
Narmer, der wütende Todesengel über dem Niltal
(Narmerpalette Kairoer Museum)

Stets wurden auf diese Weise blühende kulturelle Epochen zu Trümmer-
haufen umgestoßen, um darauf ein Reich der „ersten Stunde" zu gründen.
Dieser Prozess, der mit der Phönix-Legende und ihren theologischen Folgen in engem Zusammenhang steht und zyklisch wiederkehrte, kann ohne
weiteres als *„Religio-Tradition"* bezeichnet werden.

Und gerade hinter diesem Begriff verbirgt sich das eigentliche „Phantom",
an dem die alten Kulturen des Fruchtbaren Halbmonds sich erschöpften.

Halbkreisförmig um die Wüsten- und Halbwüstengebiete der Arabischen
Halbinsel und in Ägypten hatten sich dort Kulturen wie eine Lichterkette
aneinandergereiht, wo die ersten Blitze unserer heutigen Zivilisation einge-
schlagen hatten.

Hier vollzog sich die babylonische Urkatastrophe und hier rafften sich
bunte Völkerschaften zu einem grandiosen grenzüberschreitenden Schauspiel auf und schufen dabei mitunter die biblische Geschichte. Hier entstanden die drei Weltreligionen und hier erblickten ihre Propheten das Licht
der Welt.

In Europa finden wir die verschiedensten kunstvollen Höhlenmalereien
zerstreut, die gut 15.000 Jahre älter sind als die archäologischen Funde in
Mesopotamien oder am Niltal. Und die Skulptur der „Venus von Willen-
dorf" ist gut 25.000 Jahre älter als die Narmerpalette.

Doch dies alles ist völlig gleichgültig.

Am Ende bleibt immer eine Tatsache unantastbar; hier im Gebiet des
Fruchtbaren Halbmonds begann das Herz unserer Zivilisation zu schlagen.

Wie konnte es aber dazu kommen, dass all diese Kulturen ruhmlos unter-
gingen, auf dem Höhepunkt ihres Schaffens geköpft wurden?

Der deutsche Philosoph Karl Jaspers hat sich ausgiebig mit diesem Problem
auseinandergesetzt.

In seinem Buch *„vom Ursprung und Ziel der Geschichte"* kommt er zu dem
Ergebnis, dass Urkulturen wie die des Fruchtbaren Halbmondes während
der Jahrtausende ihres Bestehens nie zu ihrer Vollendung fanden.

Mit anderen Worten, sie alle blieben auf der Schwelle zur Zivilisation stets
beharrlich stehen, als ob sie an diesem Scheidepunkt erkannt hatten, das
Ende des Weges erreicht zu haben.

Der Übergang von der bloßen Steinkultur zur fortschrittlichen Zivilisation konnte nie vollzogen werden.

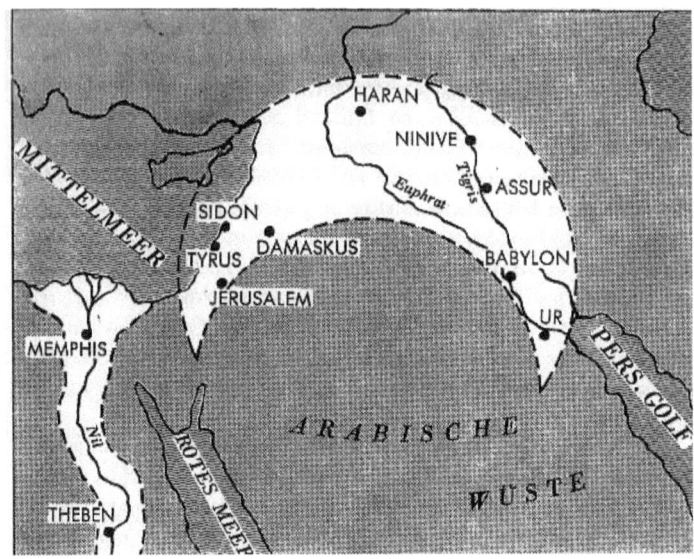

Abbildung 15
Der »Fruchtbare Halbmond«
Hier begann das Herz unserer Zivilisation zu schlagen.

Stets lässt sich bei ihnen eine missliche Weltanschauung feststellen, eine Art Kulturbremse, die jede ideologische Reform oder zivilisatorischen Fortschritt außerhalb ihrer Verständniswelt zunichtemachte. Dabei scheinen sie auf ein Ziel fixiert gewesen, dass ihr Kulturleben ausweglos vereinnahmte und sie zu den eigenartigsten Maßnahmen zwang.

So wurden Jahrtausende hindurch Tempel mit derselben Hilflosigkeit von religiösen Eiferern „gereinigt" oder kompromisslos zerstört und neu aufgebaut, das Blut von unzähligen, wehrlosen Tieren sinnlos geopfert und die obskursten Rituale abgehalten, um doch letztlich unerhört im Nichts zu enden, in göttliche Leere zu münden.

Kultur drehte sich in ihren verschiedenartigsten Formen letztlich und ausschließlich um den Glauben an das Göttliche, das eigenartigerweise erst nach dem Tod seine Vollendung finden sollte, letztlich in einer Sackgasse der Selbsttäuschung mündete und nirgend wohin führte. Doch Karl Jaspers interessierte sich eigentlich weniger für die Ursachen hierfür als vielmehr, wie dennoch die Menschen im Stande waren, diese kulturelle Sackgasse zu überwinden.

Die Zauberformel heißt bei ihm *„die Achsenzeit"*.

»[...] so scheint durch die Anschauung der Achsenzeit ein Licht auf die gesamte Weltgeschichte zu fallen, derart, dass sich so etwas wie eine Struktur der Weltgeschichte abzeichnet.[...] Die Jahrtausende alten Kulturen hören mit der Achsenzeit überall auf, die Achsenzeit schmilzt sie ein, übernimmt sie, lässt sie versinken, sei es, dass das gleiche Volk das Neue trug, sei es, dass es andere Völker waren. Was vor der Achsenzeit war, konnte großartig sein, wie babylonische, ägyptische, Induskultur und chinesische Urkultur, aber alles dies wirkte wie unerwacht. Die alten Kulturen bestehen nur fort in den Elementen, die in die Achsenzeit eingehen, aufgenommen werden von dem neuen Anfang. Es liegt – gemessen an dem hellen Menschsein der Achsenzeit – ein merkwürdiger Schleier über den vorhergehenden ältesten Kulturen, als ob der Mensch in ihnen nicht eigentlich zu sich gekommen sei [...].«

Dabei geht er bei seiner geschichtsphilosophischen Betrachtung von einer Zeitspanne zwischen 800 bis 200 v. Chr. aus.

In dieser Zeit, so Jaspers, wurden gleichzeitig, aber unabhängig voneinander, in vier Kulturräumen jene außergewöhnlichen philosophischen und technologischen Fortschritte vollbracht, die noch heute die Grundlage aller Zivilisation bilden sollen.

In seinem Buch zitiert Jaspers den Philosophen Peter Ernst von Lasaulx wie folgt:

»Es kann unmöglich ein Zufall sein, dass ungefähr gleichzeitig, sechshundert Jahre vor Christus, in Persien Zarathustra, in Indien Gautama-Buddha, in China Konfutse, unter den Juden die Propheten, in Rom der König Numa und in Hellas die ersten Philosophen, Jonier, Dorier, Eleaten, als die Reformatoren der Volksreligion auftreten.«

Bei Viktor von Strauß heißt es hingegen:

»In den Jahrhunderten, da in China Laotse und Kungtse lebten, gingen wundersame Geisterbewegungen durch alle Kulturvölker. In Israel weissagten Jeremias,

Habakuk, Daniel, Ezechiel, und in einem erneuerten Geschlechte wurde (521 – 516)
der zweite Tempel in Jerusalem erbaut. Bei den Griechen lebte Thales noch: Anaxi-
mander, Pythagoras. Heraklit, Xenophanes traten auf, Parmenidis wurde geboren.
Unter den Persern scheint eine bedeutende Reformation der alten Lehre Zarathust-
ras durchgeführt zu sein. Und in Indien trat Schakia- Muni hervor, der Stifter des
Buddhismus.«

Mit Einbruch dieses Zeitalters scheinen also die bis dahin gültigen Mecha-
nismen menschlicher Geschichte zu erlahmen, die sich von Zerstörung und
Neuhervorbringen – ohne eine Vollendung zu erreichen – ernährte.

Zur fraglichen Zeit wirkte irgendetwas begünstigend, das sich grundlegend
von den davor liegenden Epochen unterschied, in denen es auch ähnliche
großräumige kulturelle Bewegungen und geistige Anstrengungen gegeben
hat. Die Achsenzeit markiert sozusagen die Trennlinie, mit der die bis dahin
seit Jahrtausenden bestehenden alten Kulturen überall aufhören zu existieren und ihre Gestalt endgültig verlieren.

In diesem Zeitalter, so Jaspers weiter, wurden die Grundkategorien hervor-
gebracht, in denen wir bis heute denken, und es wurden die Ansätze der
Weltreligion geschaffen, aus denen die Menschen bis zur heutigen Zeit ihre
Theologien hervorbrachten.

Aber war es wirklich so?

Hätten die soeben bei Jaspers erwähnten Personen tatsächlich eine solche
globale und fundamentale Wende bewirken können, alle bis dahin gültige
weltliche Ordnungen plötzlich zum Einsturz gebracht und den Weg für etwas völlig Neues geebnet?

Liegt hier nicht ein eklatanter Widerspruch zum Werdegang der Geschichte
vor?

Bei dieser Annahme Jaspers würde man auffallend feststellen, dass die
meisten dieser angeblichen revolutionären Reformer noch immer in die alten religiösen Anschauungen fest eingebunden waren, deren eng gesteckte
ideologische Grenzen gerade jede dieser Art geistigen Aufbruchs bisher zu
verhindern wussten.

Hätten also etwa Propheten, die im Alten Testament durchgehend aufhet-
zend Untergang und Vernichtung predigten, ein Weltbild zum Einsturz gebracht, das die eigentliche Grundlage ihres Wirkens und ihrer Macht seit
Jahrtausenden bildete? Wohl Kaum.

Allein die bestehende Fassung der Bibel stellt eine Herausforderung an diese Theorie, lässt Zweifel an dem Kern ihrer Aussage in Bezug auf das Mitwirken der Religionisten aufkommen.

Keiner kann heute mit letzter Sicherheit erklären, nach welchen Kriterien ausgerechnet bestimmte Schriften allgemeine Anerkennung in der christlichen Kirche gefunden haben und deshalb in die Bibel aufgenommen wurden, während alt- und neutestamentliche Apokryphen oder die pseudepigraphischen trotz thematischer Verwandtschaft ausgeschlossen wurden.

In Kunst, Literatur und Brauchtum begegnen uns diese Schriften immer wieder. So gehen Themen wie *„Ochs und Esel"*, *„Der Sturz der Engel"*, *„Die Erzählung über die Kindheit Jesu"* sowie *„Leben und Tod der Jungfrau Maria"* auf diese apokryphen Vorlagen zurück. Doch weit unerklärlicher dürfte die Zusammenlegung des theologisch völlig andersartigen Alten und Neuen Testaments zu einer Einheit sein.

Das Alte Testament, bis auf den Schöpfungsmythos und die Sintflut, wird von einer Gottheit beherrscht, deren Propheten nicht selten Gewalt als göttliche Offenbarung verherrlichen, die befielt, Menschen mit der Schärfe des Schwerts zu töten, Kinder vor den Augen ihrer Eltern zu zerschmettern, Häuser zu plündern und Frauen zu schänden. (Jes 13, 15,16)

Dies alles und noch vielmehr geschieht auf Geheiß des HERRN Zebaoth! Mit diesen Aussagen stehen wir förmlich mitten in einer Phase, in der die Kräfte um die Gottheit gebündelt werden, um den gewaltsamen Niedergang der bestehenden Ordnung herbeizuführen.

Wir befinden uns also mitten in der Phase des Niedergangs, worauf kein Fortschritt folgen konnte, sondern die Rückkehr zu den strengen religiösen Zeiten des HERRN und der Gründung seines ewigen Gottesstaates!

Es ist also eine Zeit der politischen und theologischen Rückbesinnung zu den alten Zeiten.

Daraus ein Fundament für kommende Zivilisationen ableiten zu wollen, dürfte gewiss irrig sein.

Die charakteristischen Merkmale dieser alttestamentarischen Zeiten entsprechen eher denen während der Herrschaft eines Tyrannen wie Cheops. Das Neue Testament ist indes genau das Gegenteil.

Die vier Evangelien verkünden in ihrer Gesamtheit genau die Antithese vom Alten Testament: Die Lehre Jesu schwört der Gewalt ab und verkündet

Frieden und Liebe, hebt die Unversehrtheit des Menschen hervor. Ja selbst die abscheulichen Blutströme wehrloser Opfertiere müssen für Brot und Wasser weichen.

Und gerade diese fundamentale Lebenseinstellung, in der der Gewalt abgeschworen wird, wird Jesus zum Verhängnis.

Welch zwei grundverschiedene theologische Welten.

Mit der christlichen Lehre dürfen wir uns also in einer Zeit befinden, die mit jener vor Cheops Machtergreifung vergleichbar wäre.

Es müssen also andere Faktoren als die bei Jaspers genannten dazu geführt haben, den Fruchtbaren Halbmond zum Einsturz zu bringen.

Doch diese Annahme bedeutet nicht, dass er sich insgesamt geirrt hat: Der Zeitpunkt, den er für die Achsenzeit ansetzte, dürfte zutreffend sein.

Die auslösenden Gründe dafür sind allerdings nicht im alten Orient zu suchen, sondern in erster Linie auf europäischem Boden. Oder anders formuliert, im Vorderen Orient müssen ganz andere politische Bedingungen eingetreten sein, die die seit Jahrtausenden starren wie unreformierbaren politischen Systeme zum Umsturz gebracht haben.

Nur so lässt sich plausibel erklären, warum eine solche grundlegende Wendung stattfand.

Und tatsächlich lässt sich während dieses Zeitabschnitts feststellen, dass allmählich ein Prozess der geistigen Erneuerung in Bewegung geraten war, der stets an den Grundfesten der verkrusteten alten Weltanschauungen des Fruchtbaren Halbmonds nagte, bis er es aushöhlte und schließlich endgültig zum Einsturz brachte.

Es war der Aufbruch des menschlichen Geistes aus der irrealen Welt der seit Jahrtausenden im goldenen Zeitalter verweilenden Kulturen des Ostens, deren Blick stets der Vergangenheit zugewandt war und die ihre ganze Kraft dafür einsetzten, bloß die alte Ordnung verwaltend aufrecht zu erhalten und dabei jedem kulturellen Fortschritt mit barbarischer Gewalt entgegenzuwirken, im Keime zu ersticken.

Es war der Beginn des Kampfes gegen den Mythos von Seiten der Rationalität und der rational geklärten Erfahrung, also des Logos gegen die Mythen.

Die neu entstandene Situation war nur möglich, weil zu dem alles beherrschenden „Priester-Gott-Typus" eine neue Kraft als Gegenpol entstand, die es nun zum ersten Mal während der Achsenzeit gab und im Westen immer mehr Anhänger fand: die Philosophen.

Genauer gesagt, waren es die griechischen Philosophen, die den Kampf des Logos gegen die Mythen eingeläutet hatten.

Zu dem selbsternannten Vertreter Gottes auf Erden, der mittels göttlicher Gesetze und drakonischer Vorschriften über das Volk züchtend und wachend richtete, gesellte sich ein Typus der anderen Art, der genau in die entgegengesetzte Richtung dachte und handelte und deshalb die verkrusteten alten Ideologien des Ostens zu durchstoßen im Stande war.

Im antiken Griechenland bezog sich der Begriff „Philosophie" auf eine Denkart, die bestrebt war, das mystische Denken zu überwinden und zwar hin zu mehr rationalerer Welterklärung. Nachweisbar ist es, dass dieser Begriff mindestens 2.500 Jahre alt ist.

Aus jener Zeit erzählt Herodot (I, 30) vom König Kroisos, dass dieser zum athenischen Gesetzgeber Solon gesagt habe; »*Ich habe gehört, dass du ›philosophierend‹ viele Länder durchwandert hast, um der ›Theorie‹ willen.*«

Stets also gehörten Philosophie und Theorie ursächlich zusammen.

Somit war geistig der Grundstein gelegt, sich vom starren Erblast-Denken der orientalischen Kulturen zu befreien, tabuisierte Themen in ihre einzelnen Teile zu zerlegen und nachzuforschen, was wahr oder unwahr sein kann.

Die absolute und unumstößliche Wahrheit galt nicht mehr und erst recht nicht die der Priesterkaste.

Diese Trendwende setzte etwa im 6. Jahrhundert v. Chr. ein.

In dieser Zeit wurde die mystische Weltansicht in Griechenland von einer mit Mitteln der kritischen Vernunft errichteten Deutung der Phänomene abgelöst. Das Kennenlernen fremder Sitten und Mythen regte zum Vergleich an. Zugleich vermittelten die Kulturen Ägyptens und Mesopotamiens reiches Material aus den

Verschiedensten Wissenszweigen, wodurch sich neue Wege der Forschung anboten.

Die eigentliche herausragende Leistung der Griechen lag vornehmlich in der Art und Weise, mit dem die theoretische Bearbeitung dieses Materials erfolgte, wodurch sie allmählich zu den Begründern wissenschaftlichen Denkens wurden.

Philosophie, d.h. „*Liebe zur Weisheit*" wie Platon es einmal formulierte, war ursprünglich Wissenschaft überhaupt. Aus ihr gliederten sich schon in der Antike eine Reihe von Einzelwissenschaften aus.

Die vorsokratische Philosophie wandte sich zunächst den Problemen des Werdens und Vergehens zu und suchte sie durch Annahmen eines oder mehrerer Elementarstoffe zu erklären. Bald entdeckten Philosophen in der Veränderung das bleibende Gesetz oder stellten dem Schein der Wahrnehmungswelt das im Denken erfasste Sein gegenüber.

Die Sophistik des 5. Jahrhunderts mit ihrer radikalen Infragestellung der Möglichkeit rationalen Erkennens brachte eine Wende zur Erkenntniskritik, Ethik, Staats- und Religionsphilosophie.

In Auseinandersetzung mit der Sophistik begründete schließlich Sokrates die Ethik neu.

Außer ihm waren Platon und Aristoteles die Hauptvertreter der griechischen Philosophie. Die von ihnen in Athen gegründeten Schulen bestanden bis zum Ende der Antike.

Neben sie traten am Ende des 4. Jahrhunderts die hellenischen Schulen der Stoa und Epikurs auf. Die Philosophie verlor ihr auf das Ganze des Seins gerichtetes theoretisches Interesse und wurde praktische Lebenslehre.

Wo die Stoa einen Pflichtbegriff ausbildete, der staatsbürgerliche Verantwortung und Wissen um die Gemeinschaft aller Menschen einschließt, verkündete Epikur eine Ethik des sich bescheidenden Lebensgenusses.

Die Philosophen strengten sich also an, unvoreingenommen unsere Welt geistig zu durchdringen und die ihr innewohnende Gesetzlichkeit aufzudecken. Ein großer Teil des Wissens, welches die Griechen in ihre philosophischen Kreise aufnahmen und bearbeiteten, entstand durch langjährigen intensiven Kontakt mit dem pharaonischen Ägypten.

Und somit wären wir an einem Punkt gelangt, wo sich der Begriff „Dilemma der alten Kulturen" veranschaulichen lässt.

Die Ägypter, auf die die Griechen trafen, besaßen ein Wissen, das offensichtlich seit Urzeiten in den Archiven der heiligen Tempel aufbewahrt wurde.

Den überwiegenden Teil dieses Wissens erfahren die Griechen zum ersten Mal. Griechische Größen wie Solon (um 640 – 560 v. Chr.) oder Hekataios (um 560 v. Chr.) sollen in Ägypten so mache Informationen über Griechenland erfahren haben, die im Mutterland selbst verloren gegangen und in Vergessenheit geraten waren. So soll Solon während seines Besuches bei den Priestern von Sais u.a. über Atlantis erfahren haben und vor allem über die alten und engen Beziehungen zwischen Sais und Ur-Athen: Beide sind Gründungen derselben Göttin, und das vor 8.000 Jahren (1.000 Jahre nach Athen) gegründete Sais verdankte seine Rettung vor der atlantischen Unterdrückung dem Heroismus der Athener, deren Sieg über Atlantis die Mittelmeerwelt gerettet hatte.

Demnach hat Sais nicht nur die Erinnerungen an diese in Griechenland selbst vergessenen Ereignisse bewahrt, sondern auch die politische Ordnung, die damals Athen und Sais gemeinsam hatten und die so eigentümlich mit Platons Vorstellung vom idealen Staat übereinstimmt.

Somit fanden Solon und Hekataios in Ägypten nicht nur die eigene griechische Vergangenheit, sondern darüber hinaus auch eine gemeinsame Vergangenheit, auf der sich eine gemeinsame Zukunft aufbauen ließ.

Das, was als kulturelles Erbe der gesamten Menschheit zu gelten hatte, erfuhr Solon von ägyptischen Priestern, wo die Kunde seit unzähligen Generationen wie ein göttliches Vermächtnis gepflegt wurde. Das heißt, das vorhandene Wissen wurde ausschließlich als göttliches Werk von der religiösen Schicht gehütet.

Somit blieb das menschliche Erbe nur ein Privileg der Priester, woraus sie ihr Wissen und somit ihre Überlegenheit begründen und folglich ihre Macht auch und gerade gegenüber den Regierenden erhalten konnten.

Anders formuliert, das vorhandene Wissen wurde lediglich für die eigenen Zwecke verwaltet und als ewiger und unumstößlicher Leitfaden praktiziert.

Niemals kam einem in den Sinn, einen kulturellen Wandel oder theologische Reformen einzuleiten, noch revolutionäre Gedanken zu entzünden, um das Bestehende zu erweitern.

Alles, was mit Neuorientierung oder Reformen verbunden ist, würde unweigerlich das eigene Weltbild zum Umsturz bringen und folglich das Ende ihrer Macht einläuten, eine Ideologie, die noch bis heute im Orient Gültigkeit hat, an der jeder Ansatz von Demokratie im Keim ersticken wird.

Hingegen wurde alles, was die Griechen in Ägypten in Erfahrung brachten, ›zivilen‹ Personen zugänglich gemacht und in Akademien und öffentlichen

Plätzen diskutiert: Die geheimen Tempel öffneten sozusagen dem Volke ihre Pforten.

Viele Gedanken prallten aufeinander und jeder war bestrebt, das Überlieferte unter philosophischen Gesichtspunkten zu betrachten und zu definieren und daraus neue Gedanken zu entwickeln.

Philosophie als freie Geisteskultur also.

Diese Griechen waren demnach keine sturen Verwalter alter Schriften oder Überlieferungen mehr, sondern jene, die daraus Nutzen ziehen wollten und somit vervollständigend weiterentwickelten und neue Wege der Zivilisation suchten. Bei ihnen fand also ein wichtiger Umkehrprozess statt, wodurch die wiederhergestellten Urschriften „entheiligt" und somit vermenschlicht wurden.

Auch ein Vergleich mit biblischen Propheten der Achsenzeit macht den Unterschied zwischen Griechen und Orientalen anschaulich.

Die babylonische Gefangenschaft (597 und 586 v. Chr.) fand zu Beginn der von Jaspers vermuteten Achsenzeit statt und dürfte durchaus als Indiz dafür dienen, dass in dieser Epoche grenzüberschreitend etwas Bewegendes in Gang gesetzt worden war.

Die Deportation der jüdischen Oberschicht durch den babylonischen König Nebukadnezar II. vollzog sich in zwei Etappen. Nachdem 597 v. Chr. bereits ein Teil der Juden verschleppt worden war, wurden nach der Zerstörung Jerusalems durch das Heer Nebukadnezars 586 v. Chr., alle noch in Palästina verbliebenen Juden nach Babylon gebracht. Nach jüdischer Auffassung beendete erst die Errichtung eines zweiten Tempels in Jerusalem um 516 v. Chr. das Babylonische Exil endgültig.

In der Zeit nach dem Exil, in dem Jahre Esras und Nehemias, fand unter anderem die Wiederherstellung der Schriften und die Endredaktion der fünf Bücher Mose statt.

Diese Weisung wurde damals zu einer Art Grundgesetz, auf dem die Propheten Esra und Nehemia um 450 v. Chr. ihre Reform aufbauten, durch die sie ein neues jüdisches Leben im Land Israel begründeten.

Esra ist eines der biblischen Bücher, deren Umfeld das nachexilische Judentum gegen Ende der Perserzeit ist. Es soll mit Chronik und Nehemia vom gleichen Autor verfasst worden sein.

Das Buch Esra schließt an die zweite Chronik an und beginnt mit der Rückkehr der Israeliten aus der babylonischen Gefangenschaft, die der Perserkönig Kores ermöglicht hatte (Esra 1).

Unter dem Namen Esras laufen das kanonische Buch Esra, das apokryphe Buch Esras, das IV. Buch Esra (eine Apokalypse).

Im Letzteren erfahren wir unter der Überschrift »*Die Wiederherstellung der heiligen Schriften*« u.a. folgende Anweisung an Esra:

»*So wurden in den vierzig Tagen niedergeschrieben vierundneunzig Bücher. Als aber die vierzig Tage voll waren, da sprach der Höchste zu mir also: Die vierundzwanzig Bücher, die du zuerst geschrieben, sollst du veröffentlichen, den Würdigen und Unwürdigen zum Lesen; die letzten siebzig aber sollst du zurückhalten und nur den Weisen deines Volkes übergeben. Denn in ihnen fließt der Born der Einsicht, der Quell der Weisheit, der Strom der Wissenschaft* [...].«

Demnach gab es Schriften, die nur für die gewöhnliche Bevölkerung bestimmt waren.

Die Bücher aber, worauf es ankam, wo Mysterien, Weisheit und Wissenschaft seit Urzeiten fließen, durften nur an bestimmte Kreise übergeben werden, nämlich die so genannten Ältesten des Volkes, deren Zahl mit denen der Bücher identisch ist, nämlich 70.

Somit wurde das Volk von der Teilnahme am überlieferten Wissen ausgeschlossen.

Die Bücher blieben als göttliches Fixum unter Verschluss, wurden weiterhin ausschließlich von einem Menschen-Typus verwaltet, dem es um den Erhalt des Bestehenden auf dem Weg der mündlichen Überlieferung ging.

Andere Kreise hatten keine Chance, aus einem anderen Blickwinkel der Deutung daraus zivile Nutzen zu ziehen und die Texte ausbeutend zu „entheiligen", in gewöhnliche Kost umzuwandeln.

Und tatsächlich werden wir 120 Jahre später eben jenen Hütern der göttlichen Mysterien in dem neu gegründeten Alexandria begegnen, die ihr Wissen auf Veranlassung Ptolemäus II. nun in schriftlicher Form übertragen und somit die so genannte »*Septuaginta*« – die Siebzig – schufen.

In jener Epoche, die als Achsenzeit bezeichnet wird, treffen wir also im Westen und im Osten in Bezug auf das überlieferte kulturelle Erbe auf zwei völlig unterschiedliche geistige Auffassungen: In Griechenland die großzügige und sachliche Offenlegung der Schriften, im Osten hingegen die Fortsetzung der bisherigen verwalterischen Geheimhaltungstradition und die irrige Einstufung als Heilige Schriften.

Welche kulturellen Impulse der Erneuerung hätten wohl von diesen Menschen ausgehen können?

Und dies dürfte jeder Überlegung widersprechen, wonach die orientalischen Kreise auf die Achsenzeit begünstigend gewirkt haben sollen.

Bei den Griechen finden wir weiterhin eine rege kulturelle Entfaltung, die in verschiedenen aufeinander folgenden Epochen durch kontinuierliche Fortentwicklung gekennzeichnet ist, bestehend aus der Epoche der Reisenden, der der Wissenschaft und schließlich der der Mystiker und Philosophen.

Der unbändige Schaffensgeist der Griechen und der daraus entfachte kulturelle Aufschub, findet seinen unvergleichlichen Ausdruck in der neu gegründeten Stadt Alexandria.

Unter den ptolemäischen Herrschern, die mit ihrem Reichtum Dichter, Gelehrte, Künstler und Wissenschaftler in die Stadt holten, wurde Alexandria mit seiner berühmten Bibliothek ein bedeutendes wirtschaftliches, kulturelles und religiöses Zentrum, wo Philologie, Grammatik, Prosodie, Lexikographie und Literaturkritik gefördert wurden.

Auch die Dichtung wurde von den Gelehrten beeinflusst und folgte meistens klassischen Vorbildern. In Wissenschaften wie Medizin, Astronomie und Mathematik erzielte man große Fortschritte. Es war die Zeit von Euklid, Apollonios von Perge, Eratosthens, Aristarchos von Samos, Hipparchos von Nicäa, Heron von Alexandria und Archimedes.

Alexandria erweckt demnach den Anschein, als haben die Griechen dort mit Verspätung alle irdischen Pforten des Wissens weit aufgestoßen, ein Vorgang, der eigentlich zurzeit Pharao Narmer hätte stattfinden müssen.

Dennoch, hätten ein Paar Reisende und spätere Philosophen all diese kulturellen Umschwünge überhaupt bewirken können, eine Abkehr also von der seit Jahrtausenden etablierten orientalischen Ideologie zu entfesseln? Isoliert betrachtet wäre dies wohl kaum möglich, im traditionellen Machtbereich des Fruchtbaren Halbmond eher ausgeschlossen.

Ägypten gilt hierfür als ein Paradebeispiel.

So stellen wir zu Beginn der 26. Dynastie während der so genannten Saitenzeit (664 – 525 v. Chr.) einen spürbar erneuernden Aufschwung in Ägypten fest, der eigenartigerweise in demselben Zeitabschnitt stattfindet, in dem die Achsenzeit vermutet wird und zugleich mit der so genannten Epoche der Reisenden zusammen fällt. Die Regierung des Dynastiebegründers Psammetich I. (664 – 610 v. Chr.) währte über ein halbes Jahrhundert und brachte eine Rückkehr zu alten religiösen Werten und wirtschaftlicher Stabilität. Mehr denn je öffnete sich Ägypten sowohl in künstlerischer wie kaufmännischer Hinsicht nach außen, doch zugleich erlebte es eine Renaissance einheimischer Traditionen und Stilformen, die sich an Vorbildern des mittleren und alten Reichs orientierten.

Die perfekte Nachahmung in dieser Dynastie bewirkte, dass es gelegentlich den Archäologen schwer fällt zu sagen, ob eine Statue oder ein Relief aus der Saitenzeit stammt oder weitaus älter ist.

Doch das, was die alten Ägypter hier unter kulturellem Aufbruch verstanden, unterscheidet sich grundlegend von dem, was die damaligen Griechen anstrebten.

Der saitische Aufschwung kann nämlich nicht darüber hinwegtäuschen, dass hier kein kultureller Fortschrift angesteuert wurde, sondern lediglich die Rückkehr und Wiederherstellung der alten Zeiten, die sie auf allen Ebenen kopierten.

Für die Ägypter bleibt also in dieser Phase der Erneuerung die geheiligte alte Zeit das Ziel und zugleich die Grenze des Angestrebten. Die Schöpfer der saitischen Epoche verbleiben also unbeirrbar rückschauend auf längst vergangene Epochen, in der Götter und Menschen vereint waren.

Das heißt, hier geht man keine neuen Wege der Erkenntnis, stellt keine neugierigen Fragen, um das mystische Denken zu durchbrechen, sondern man durchlebt das Althergebrachte und einst göttlich Geschaffene von neuen.

Das heilige Erbe geht vom Vater auf den Sohn als unantastbares Vermächtnis, das einst Menschen und Götter unter einen heiligen Bund stellte. Folglich drehte sich das alte Ägypten kulturell gesehen stets im Kreis. Für die ägyptischen Philosophen in den Tempeln hat es den Begriff Zukunft im Sinne kulturellen Wandels nicht gegeben, sondern ließ ihre ideologische Erblast Vergangenheit, Gegenwart und Zukunft zu einer Einheit zerrinnen, mit der die Gesetzmäßigkeit der Zeit außer Kraft gesetzt
werden sollte.

Solch einer verkrusteten Jahrtausende alten kulturellen Sackgasse, hätten die Ägypter wohl schwerlich entfliehen können. Und erst, wenn dieser teuflische Kreis durchbrochen, die ideologische Bindung an die Vergangenheit zerbröckelt wird, erst dann dürfte der Weg frei für einen kulturellen Ausbruch der anderen Art gegeben sein.

Und genau dies nahm bei Issos seinen Anfang!

Dieser ominöse Sieg über die Perser, stellvertretend für die traditionelle orientalische Despotie, bedeutete den alles entscheidenden Schritt, der den Ausbruch zu neuen kulturellen Wegen ebnete.

Als sich Alexander nach dieser Schlacht auf den Weg nach Ägypten machte, ahnte er gewiss nicht, welchen historischen Augenblick er durchlebte und welchen geschichtlichen Hebel er in Bewegung setzte.

Mit der Zerschlagung der persischen Herrschaft war nämlich in der Völkergemeinschaft seit Pharao Menes etwas völlig anderes eingetreten.

Mit diesem Sieg wurde zum ersten Mal in der langen und leidensvollen Geschichte der alten Welt, die starre und despotische orientalische Vorherrschaft gebrochen, ihre politischen Grundpfeiler waren zum Einsturz gebracht und ihre ideologische Rückbesinnung zu den alten Zeiten gekappt.

Zum ersten Mal in der Geschichte des alten Orients sind die seit ewigen Zeiten verknechteten Völker aus den Krallen rückständiger und verblendeter Herrscher und Gottespriester befreit worden und zum ersten Mal steht das Gebiet des Fruchtbaren Halbmonds unter europäischer Militärgewalt.

Und zum ersten Mal weht kulturell ein neuer, unverbrauchter Geist über dem Orient, und zum ersten Mal ist die orientalische Herrschaftsstruktur, die einst mit Cheops begann, überwunden.

Der „Fruchtbare" Halbmond war endgültig abgestürzt.

Allein dies war der entscheidende Werdegang.

Und genau diesen geschichtlichen Augenblick markiert das, wovon Jaspers sprach, als er meinte, dass *„die Träger der vorgehenden Hochkulturen endgültig ihre Gestalt verlieren, die sie tragenden Völker unsichtbar werden."*

Von nun an entschwindet das Geschlecht der Pharaonen wieder in dem geschichtlichen Schleier, aus dem es einst hervortrat.

Nicht mit dem Ableben Kleopatra VII. (69 – 30 v. Chr.) endete das Pharaonengeschlecht, sondern bereits gut 330 Jahren zuvor mit dem Ende der 30. Dynastie (380 – 343 v. Chr.), als der letzte einheimische Pharao Nektanebos

II. vor den im Land einfallenden Persern floh und spurlos im Dunkel der Geschichte verschwand.

Die hellenische Epoche und die darauffolgende römische Zeit trugen endgültig dazu bei, dass überall die Jahrtausende alten Kulturen aufhörten zu existieren und die Völker, die sie trugen, ihr geschichtliches Gesicht verloren.

Was dann nach Issos folgte, kann mit Recht als die eigentlichen Früchte der Achsenzeit betrachtet werden. Denn unmittelbar danach folgte die alexandrinische Epoche: Die Sternstunde menschlichen Geistes und das tragende Fundament unserer heutigen Zivilisation.

Und Babylons Erbin.

Verdanken wir also Alexander der Große mit seinem Alexandria die Entstehung eine der großartigsten und wissenschaftlich
regsamsten Epochen der Menschheitsgeschichte?

Vieles spricht dagegen.

Denn das Alexandria der Ptolemäer, unter deren Herrschaft die Stadt zu ihrer Größe erwächst, hat mit der theologischen Gründungsidee des Makedoniers nichts gemeinsam!

Nach Alexanders Tod wurde das neu gegründete Alexandria unter den beiden ersten Ptolemäern rasch zu einer der berühmtesten Städte der damaligen Welt.

Ptolemäus I. Soter (360 – 283 v. Chr.) legte den Grundstein für die sprichwörtliche Intellektualität der Stadt, indem er Wissenschaften und Künste förderte. Unter seiner Herrschaft wurde 288 v. Chr. die berühmte Bibliothek von Alexandria gegründet.

Mit der Herrschaft der Hellenen über Ägypten öffneten sich zwangsläufig die Pforten der heiligen Tempel und somit wurden die aufbewahrten heiligen Schriften für ihre griechischen Gewährsmänner und folglich für die übrige Welt zugänglich.

Die engstirnige Macht der ägyptischen Priester und Hüter der Schriften wurde somit während dieser Epoche durchbrochen.

Überall in Ägypten, von Norden bis Süden, hatte die Priesterkaste keine andere Wahl, als sich den neuen griechischen Herrschern unterzuordnen.

Auf diese Weise fertigte Manetho im Auftrag Ptolemäus I. in griechischer

Sprache die Geschichte Ägyptens in drei Büchern von den ältesten Zeiten an bis zur makedonischen Eroberung.

Aus den von ägyptischen Priestern seit vielen Generationen gehüteten Heiligen Schriften entstand schlicht und einfach das, was sie in Wahrheit immer waren: Bücher des Wissens, die jetzt jedem Interessierten zugänglich wurden.

Unter der Herrschaft seines Sohns Ptolemäer II. Philadelphos (285 – 246 v. Chr.) erlangte die Stadt womöglich ihre Vollendung, wo die wichtigsten Gebäude einschließlich des berühmten Leuchtturms von Pharo fertig gestellt wurden. Er war auch ein großer Förderer der Wissenschaft und Dichtkunst, Wissenszweige, die ein bis dahin noch nie gekannten Höhepunkt im Museion erlangten und Alexandria zum Nabel der geistigen Welt aufsteigen ließen.

Modern ausgedrückt war das Museion ein großes Forschungsinstitut für die literarischen, mathematischen und physikalischen, vor allem aber auch medizinischen Wissenschaften.

Der Prototyp einer Universität also und aller Wahrscheinlichkeit nach dem Abbild einer Heliopolis.

Ihr eng verbunden war die nicht weniger berühmte Bibliothek, die in der hellenischen Zeit als die größte Sammlung von Schriften der antiken Welt galt.

Das ptolemäische Alexandria war nicht nur ein vom Leben überquellendes politisches und kommerzielles Zentrum, sondern auch die wissenschaftliche und literarische Hauptstadt der Welt.

Zurzeit Ptolemäus II. erleben wir dann auch eine Errungenschaft, die wir der hellenischen Nüchternheit zu verdanken haben. Nach Vollendung des alexandrinischen Weltwunders, dem Leuchtturm von Pharo, treffen der Legende nach 70 oder 72 jüdische Gelehrte aus Jerusalem ein.

In der Einsamkeit auf der Insel Pharos und unter dem Schutz der ewigen Göttin Isis und im Zeichen des neuen hellenischen Staatsgottes Serapis, übersetzten die jüdischen Gelehrten ausgerechnet vor dieser fremden und frevelhaften Kulisse die ersten fünf Bücher Mose (Pentateuch) aus dem Hebräischen ins Griechische: Wie grenzenlos muss wohl damals die geistige Freiheit in Alexandria gewesen sein!

Abbildung 16
Isis, die Schutzherrin über Pharo
Tausendgötter erstrahlten über Alexandria, wo einst
die »Septuaginta«von jüdischen Gelehrten verfasst wurde.
(Wien, Kunsthistorisches Museum)

Und von Heiligkeit der Schriften keine Spur. Das Werk, das sie vollendeten, hat den gleichen wissenschaftlichen Wert, wie jenes des Manethos: Geschichte aus der Sicht jüdischer Gelehrten. Kein Hellene und kein Interessierter wäre wohl beim Studieren der Zeilen auf den Gedanken gekommen, ein heiliges Buch zu lesen, in dem Monotheismus gepredigt wird.

Wären diese Bücher wirklich das, was wir ihnen heute gerne zusprechen wollen, wäre im Alexandria des dritten Jahrhunderts v. Chr. der Monotheismus ausgebrochen und die tausend Götter, die so hell über dem alexandrinischen Himmel leuchteten, wären zum Einsturz gebracht worden.

Und genau hier liegt die unendlich große geistige Errungenschaft der Hellenen, literarische Brücken zwischen der Gegenwart und der Vergangenheit herzustellen, so wie sie in Wahrheit sind: Geschichte zum Anfassen.

Und vor allem Religionsfreiheit und somit Liberalismus zu gewähren.

Dieser fruchtbare Boden trug mitunter seltsame Früchte.

In dem hellenischen Alexandria entstand ein jüdischer Tempel, welcher den von Jerusalem in den Schatten stellte.

»Rabbi Jehuda sagt: Wer die Doppelsäulenhalle von Alexandria in Ägypten nicht gesehen hat, der hat die Herrlichkeit Israels nicht gesehen. Sie sagten, sie sei von der Art einer großen Basilika gewesen, eine Säulenhalle in der anderen Säulenhalle, in der manchmal sechzig Myriaden und nochmals sechzig Myriaden waren, doppelt so viele wie die, so aus Ägypten zogen. Darin waren einundsiebzig Lehrstühle von Gold, entsprechend den Einundsiebzig des Großen Synedriums; jeder einzelne bestand aus nicht weniger als einundzwanzig Myriaden Goldbarren. Eine Bühne von Holz war in ihrer Mitte, und der Gemeindediener stand auf ihr, ein Tuch in seiner Hand. Und sobald die Stelle kam, wo »Amen« zu antworten ist, schwenkte dieser mit dem Tuch, und die ganze Gemeinde antwortete: Amen. Sie saßen nicht vermischt, sondern Goldarbeiter unter sich, Silberarbeiter unter sich, Goldschmiede unter sich, Kunstweber unter sich und gewöhnliche Weber unter sich [...].« (Babylonischer Talmud, Sukka 51b)

Hier im Alexandria der hellenischen Zeit muss die Konfessionsfreiheit so grenzenlos gewesen sein, dass ein Volk wie das Jüdische dort tiefe Wurzeln schlug und einen gigantischen Tempel gründete, dessen Weiträumigkeit den Tempeldiener dazu zwang, sich mit Gläubigen mittels einer Flagge zu verständigen!

Das hellenische Zeitalter ähnelt in vieler Hinsicht unserem Jahrhundert.

Es war eine Zeit intellektueller Gärung, eine Zeit der Reisen und des Tourismus, der Wissenschaft und Forschung, der Volksbildung, der Klubs und Gesellschaften und vor allem der Erfindungen. Und mit Recht könnte eigentlich behauptet werden, Alexandria sei der Ort gewesen, wo das moderne Zeitalter der Naturwissenschaften schon vor über 2.000 Jahren fast ausgebrochen wäre, um dann unter der Last der aus ihr entfachten geistigen Freiheit hervorgegangenen Religionen im Keim wieder zu ersterben.

Demnach wären die eigentlichen Früchte der Achsenzeit in der alexandrinischen Epoche zu suchen. In jener Zeit etwa von 300 v. Chr. bis 500 n. Chr. hat der alexandrinische Geist so viele wissbegierige Menschen aller Rassen in seinen Bann gezogen, wo sie in grenzenloser Freiheit und Toleranz die Grundlage unseres heutigen Wissens schufen, wovon in erster Linie die Griechen ihren Ruhm verdanken.

In dieser Epoche triumphierte die Intellektualität über die dunklen Epochen des orthodoxen Glaubens.

Wo liegt also das Geheimnis der Ptolemäer begründet?

Der alexandrinische Geist, und mag dies zunächst überraschend erscheinen, war nur möglich, weil Alexander mitten in seinem politischen Schaffen starb. Der Bund, den er und seine Soldaten mit der Gottheit von Memphis abschlossen, war mit seinem Ableben zerbrochen. Das Geheimnis, das er in Siwa erfuhr und für sich behielt, nahm er mit ins Grab.
Und mit seinem Tod stürzte zugleich der „Phönix" von Issos: Gottes Reich auf Erden fand keine Vollendung, der orthodoxe Sonnenkult des einen Gottes konnte nicht über die vier Winde erstrahlen.
Auf den Trümmern des in seine Bestandteile zerbrochenen Alexanderreichs, erstand das mediterrane Alexandria.
Mit der Gründung der Ptolemäischen Dynastie (305 – 30 v. Chr.) finden wir die Tausendgötter über Alexandria wieder hell leuchtend, die Alexander zuvor bei seinem 2. Besuch in Memphis abgeschafft hatte. Die Menschen schüttelten den kulturell alles lähmenden Sonnenkult ab und kehrten zurück zu derselben Religionsfreiheit, die einst auch von Cheops zerschlagen worden war.
Aus ihr erwächst der alexandrinische Geist zu neuen kulturellen Ufern.

Doch Alexandria sollte auch der Gesetzmäßigkeit der Geschichte folgend untergehen, und erneut sollte der bedrohliche Geist des Phönix über dem Tal der Pyramiden schweben.

6. Kapitel
Louis François Cassas
Eine denkwürdige Forschungsreise

In diesem Kapitel steht uns eine unheimliche Begegnung bevor, die ohne weiteres als das fossile Überbleibsel aus jener dunklen Zeit angesehen werden kann, in der Pharao Menes seinen Kult in Memphis gründete.

Doch zunächst gilt es, die Aufmerksamkeit einem einzigartigen Phänomen aus der Ptolemäischen Dynastie zu widmen, dessen Spuren nach Arabien führt, der Heimat des Phönix.

Unter der Vielfalt der ägyptischen Götterwelt scheint – neben Ptah – eine Gottheit wie kaum eine andere die Geheimnisse des Göttlichen während der gesamten Pharaonischen Epoche in ihrem Kern zu verbergen: Apis.

Unter dem Einfluss der Begründer der Dynastie Ptolemäus I. gewinnt die seltsame Gestalt des Gottes Serapis eine besondere Bedeutung, und wird schließlich zum Staatsgott von Ägypten und Griechenland erhoben.

Mit dem Rat des griechischen Theologen Timotheos und des ägyptischen Hohepriesters Manetho tat der König viel daran, dem Namen des Serapis unter der vielfältigen Götterwelt Ägyptens eine Sonderstellung zu verschaffen, und beide Völker seines Reiches, Griechen und Ägypter, zu gemeinsamer Verehrung um den Gott zu sammeln.

Sein Kult gelangte nach Zypern, nach Sizilien und Antiochia und bis nach Athen, wo für ihn am Fuße der Akropolis ein Tempel errichtet wurde.

Auch in Halikarnassos, dem Geburtsort Herodots, wurde ihm 307 n. Chr. ein Heiligtum geweiht.

Serapis entsprach dem griechisch-hellenistischen Gott der Unterwelt Zeus-Pluto. Die Vielgestaltigkeit des Gottes zeigt sich vor allem auf römischen Provinzial- und Lokalprägungen im 2. und 3. Jh. n. Chr. im östlichen Mittelmeerraum, besonders im ägyptischen Alexandria. Dort ist er oft bärtig mit Polos und Zepter dargestellt und ähnelt Zeus.

Andere Darstellungen zeigen ihn u. a. mit Füllhorn, Strahlenkrone im Stil des Sonnengottes Helios, des römischen Genius oder des Nilgottes.

Mit Isis, der Schwester und Gattin Osiris, oder in Begleitung des Höllen-
hundes Cerberus wird er auch dargestellt.
Im ausgehenden 3. Jh. ging der Serapis Kult zugunsten des aufkommenden
Christentums zurück bis es ausklang.

Mit Serapis gewann zum ersten Mal ganz greifbar die Durchdringung
ägyptischer und griechischer Gottesverehrung Gestalt und offenbarte sogleich ihr Wesen: Trotz griechischem Gottesbild, dazugehörigem Priester-
tum und Gottesdienst blieb Serapis dennoch im Kern stets ein Ägypter.
Und gerade hier liegt das unergründliche Wesen der ägyptischen Götterwelt.
Ihre seltsamen Gestalten können noch so fremdartig auf uns wirken, dennoch sind sie nicht abstoßend, verlocken zum Sinnen und Deuten, und un-
widerstehlich ziehen sie die Menschen zu allen Zeiten in ihren Bann.
Auch die Hellenen bekamen dieses Phänomen zu spüren.
Die unergründlichen Götter am Nil weichen denen der stolzen griechischen
Eroberer nicht; ohne „Kampf" ziehen sie die Fremden an sich heran und
erfüllen sie vereinnahmend mit ihrem eigenen Wesen.
Ohne Alexandria und Ägypten hätte weder der neue Herrscherkult seine
Art und Mächtigkeit gewonnen, wäre Serapis kein Weltgott geworden und
die Göttin Isis hätte keine ökumenische Kirche bekommen.
Aber auch das Judentum der Diaspora, das Christentum und später der Is-
lam sind von hier entscheidend bestimmt und geformt worden.
Und vor allem, was wenig bekannt ist, das Gleiche gilt bis zu einem gewissen Grad für die Monarchie und Weltherrschaft der römischen Cäsaren.
Obschon Rom Ägypten mit der Niederlage von Antonius und Kleopatra
erobert hatte, wurde das Reich keine Provinz herkömmlicher Art. Oktavian,
der 27 v. Chr. zum Augustus und ersten römischen Kaiser proklamiert
wurde, betrachtete Ägypten als persönlichen Besitz.
Auch er, den der römische Dichter Vergil zum Heiland proklamiert – »*Dies
ist der Mann, er ist es, der so oft vom Schicksal verheißene: Caesar Augustus, des
Göttlichen Sohn, der das Goldene Zeitalter wieder nach Latium bringt, dort, wo
vor Zeiten Saturn König gewesen ist*« –, kann den ägyptischen Göttern nicht
entfliehen, baut seine irdische Macht auf das pharaonische Vermächtnis
und verehrt die Göttin Isis.

Selbst seine Geburt ist in dem Mythos um Phönix eingewickelt. Der römische Konsul Dio Cassius berichtet in seiner »Römischen Geschichte«, dass Augustus Mutter einmal im Tempel schlief, wo sie mit einer Schlange Verkehr gehabt habe.

Doch auch hinter dem „ägyptischen" Serapis steckt eine unerwartete Überraschung, die vornehmlich den vergöttlichten Stier Apis betrifft.

Apis war zunächst eine Erscheinungsform des Nilgottes und war demnach auch ein Fruchtbarkeitsgott.

Seine Herkunft verliert sich im Dunkel der dynastischen Zeiten. Man nimmt an, dass sein Kult, in dem er als Stier von Heliopolis verehrt wurde, womöglich durch Menes begründet wurde.

In Memphis wurde Apis als das »erneuerte Leben des Ptah« verehrt, als Ebenbild oder Stellvertreter des Ptah, dessen Seele er angeblich verkörperte.

Je mehr man die Geschichtsuhr Ägyptens zurückdreht, desto zutreffender erscheint die Annahme, dass das Geheimnis des Apis, ursprünglich ausschließlich in engem Zusammenhang mit der Gottheit Ptah stehend, erst später mit anderen Lokalgottheiten identifiziert wurde.

So galt Apis als Inkarnation des Osiris-Sohnes, und man nannte ihn »Leben des Osiris, der den Nasenlöchern des Königs Leben, Gesundheit und Stärke verleiht«. Die spätere Verbindung von Apis und Osiris ist vor allem auf die Triade Ptah-Sokaris-Osiris zurückzuführen, die gleichbedeutend ist mit Schöpfung, Tod und Wiederauferstehung.

Bei dem Versuch, den volkstümlichen Kult des Osiris mit dem des Re zu verbinden, verbreiteten die Priester von Heliopolis, dass die Seele des verstorbenen Apis-Stiers zum Himmel aufsteige und mit der Seele des Osiris vereint werde. Aus diesem Grunde war der alexandrinische Serapis eine Art Himmelsgott. Dessen ungeachtet war er auch bekannt als Gott der Unterwelt.

Die Griechen sahen in ihm ihren Gott Hades.

Auch mit Atum und verschiedenen Mondgöttern wurde er in Verbindung gebracht.

Bei ihm begegnen wir zudem bei seiner Erzeugung einem himmlischen Lichtstrahl, der eine Kuh, die kein anderes Kalb habe gebären können, treffe und sie befruchte.

Es gab neunundzwanzig Unterscheidungsmerkmale für den Apis-Stier, und ein besonderer Priester wurde eigens ausgeschickt, um im ganzen Land nach einem Stier mit all diesen Kennzeichen zu suchen.

»Folgende Zeichen trägt er«, schreibt Herodot, *»[...] schwarz, hat auf der Stirn ein weißes Viereck, auf dem Rücken das Bild eines Adlers, im Schweif doppelte Haare und unter der Zunge das Bild eines Käfers.«* (Herodot III, 28)

Der alte Stier indessen wurde getötet, indem man ihn im Nil ertränkte.
Der Tierleichnam wurde mumifiziert und in einem herrlichen Granitsarkophag in einer unterirdischen Grabkammer, dem so genannten Serapeum von Saqqara nicht weit von Memphis, mit großem Pomp beigesetzt.
Die Grabkammer war während der 18. Dynastie gelegt worden, wo das Leben aller Stiere sorgfältig aufgezeichnet wurde.
In der Zeit von Ramses II. (1279 – 1212 v. Chr.) bis zu dem ersten Ptolemäer gab es vierundzwanzig Apis-Stiere; in Saqqara waren sechzig begraben.
Der lebende Apis-Stier wurde in einem Hof an der südlichen Einfahrt zu Heiligtum des Ptah von Memphis gehalten. Dort wurde er in seine Ehren eingesetzt und mit vielen Festen gefeiert. Man suchte seinen Rat zu zahllosen Angelegenheiten, denn man schrieb ihm Weissagungskräfte zu.
Dargestellt wurde er als Stier mit Sonnenscheibe und Uräus-Schlange oder als stierköpfiger Mann auf freistehenden Beinen, der eine Mondscheibe innerhalb der Mondsichel und zwei lange Federn trägt. Außerdem hatte er einen Brustschild mit zwei Schlangen und den königlichen Insignien des Osiris.
Das Kulturzentrum des Apis wurde unter Ptolemäus Soter nach Alexandria verlegt.
Die Überlieferung weiß davon zu berichten, der griechische Pharao habe, als er erwog, welchen Gott er zum Staatsgott erheben könne, einen Traum gehabt, in dem er die Statue eines Stiergottes sah. Nie zuvor hatte er einen derartigen Gott gesehen; seine Ratgeber aber belehrten ihn, dass es in Sinope am Schwarzen Meer einen solchen Gott gebe. Ptolemäus befahl, ihn nach Alexandria zu bringen. Die Einwohner von Sinope weigerten sich aber, ihren Gott herzugeben. Nach Verhandlungen, die sich über drei Jahre hinzogen, begab sich die Statue selbst nach Alexandria, wobei sie für die Reise drei Tage benötigte. Dort baute Ptolemäus für sie ein neues Serapeum.

Der Kult verbreitete sich bis nach Athen und in andere Teile des griechischen Reiches und gelangte schließlich nach Rom.

Die Ausführungen über den Apis veranschaulichen, wie das in den dunkelsten historischen Vorzeiten tief verwurzelte ägyptische Wesen, die Menschen fremder Kulturen tief beeinflusst hat, selbst dann noch, als das Pharaonen- Reich längst untergegangen war. Diese einzigartige Tradition war der Garant dafür, dass das ägyptische Wesen – wie das auch immer zu definieren ist – stets seine Unterdrücker nicht nur überlebte, sondern selbst vereinnahmte.

Die griechische Zeit Ägyptens, um das Jahrtausend von 300 v. Chr. bis 700 n. Chr., ist trotz der gewaltigen Kraft griechischer Bildung und Sprache, griechischen Handels und griechischer Kunst vorübergerauscht und verflogen. Das Heilige Land am Nil zu hellenisieren, es aus seiner tief verwurzelten rumreichen Vergangenheit

zu entreißen und in eine fremde Schale einzuwickeln, scheiterte kläglich.

Weder griechisches Herrentum noch spätere römische Staatsgewalt haben es vermocht, das Land zu hellenisieren.

Die Unterdrückung hat die Ägypter eher gefeit, und ihre unumstößliche Zähigkeit hat die Weltmacht des Hellenismus überdauert.

Daran konnten auch die tiefste Verachtung und Ablehnung nichts ändern, die Rom stets gegen Ägypten an den Tag legte, noch das willkürliche Verhalten des Kaisers Caracalla (186 – 217 n. Chr.), der die Ägypter aus Alexandria wies.

Ebenso wenig könnte man sagen, ägyptisches Wesen habe das Hellenentum umgestaltet. Diese beiden Mächte von stärkster Eigenart haben nach tausend Jahre währender „Umklammerung" einander freigegeben, ohne dass Lebensgemeinschaft und Ringen eine nachhaltige Wirkung im Lande selbst hinterlassen hätten. Denn was der Islam und Staat wie die Bildung des arabischen Kalifats dem griechischen Geist verdanken, beruht nicht entscheidend auf dem griechischen Wesen, das sie in Ägypten vorfanden. Wohl aber haben die Hellenen dem ägyptischen Geiste die Welt erschlossen, und zwar durch die Pforte des Glaubens. Die Weltreligionen ägyptischer Prägung, Isis und Serapis, sind es allen voran, die den Ausklang des alten Ägyptens ins Weite getragen haben, und im Christentum lebt vieles aus diesen Gedanken- und Gefühlskreisen, noch mehr aus der unmittelbaren Durchdringung mit ägyptischem Wesen, bis auf den heutigen Tag weiter.

Für immer bleibt das ägyptische Wesen wohl vom unergründlichen Schleier umgeben und gewiss auch womöglich für immer unergründlich. Genauso unergründlich ist der Umstand, wieso ausgerechnet in dem ägyptischen Kult ein Stier als die Verkörperung von Ptahs Seele empfunden wurde. Wo kann der Sinn liegen, eine der obersten Gottheiten ausgerechnet mit einem Tier in Verbindung zu bringen?

Das Geheimnis jedoch, das hinter der Wortkombination »*Serapis*« schlummert, dürfte hingegen zu lüften sein.

Dabei erweist sich die allgemein gültige Annahme, der Gott sei eine Verschmelzung von Osiris mit Apis, als ein historischer Irrtum, und einmal mehr muss die arabische Sprache Anwendung finden, um eine unerwartete Wendung einzuleiten.

Zunächst ist es völlig unverständlich, wie die alexandrinische Gottheit mit Osiris überhaupt in Verbindung gebracht wird.

Apis steht in erster Linie mit einer Gottheit eng verflochten: Ptah.

Auch Serapis als eine Gottheit zu bezeichnen ist nicht weniger irrig.

Das Wort stellte bei ihrer ursprünglichen Entstehung alles andere als eine Gottheit dar.

Die arabische Definition entlarvt das Ganze als eine rein ägyptische/arabische Angelegenheit.

Serapis setzt sich aus zwei eigenständigen Begriffen zusammen:

Ser ´apis

Ser: » سر /sirr« bedeutet Geheimnis, Mysterium oder Wahrer.
Beide Wörter ergeben demnach »*Geheimnis oder*
***Mysterium des Apis*«.

Das heißt also, es handelt sich hier um ein streng gehütetes theologisches Mysterium, das aus irgendeinem Grund mit dem Apis Stier in Verbindung gebracht wurde, und dem zufolge als die Verkörperung eines Geheimnisses ersten Grades in Betracht kam. Wer in dieses Mysterium eingeweiht wurde, wusste von verborgenen Geheimnissen über die Götter und deren Wesen, die einst unter den Menschen weilten.

Demnach galt so ein Mensch als Geheimnisträger des höchsten Mysteriums und rückte in die oberste Hierarchie der Heiligen.

In dieses Geheimnis wurde Alexander in Siwa eingeweiht, eine theologische Erhebung, die seine unangefochtene Macht und Stellung gegenüber den Mitmenschen seiner Zeit begründete. Auch er und nach ihm Augustus durften diesen Titel tragen.

Und es war folgerichtig, dass Alexander bei seinem Einmarsch in Ägypten dieses Geheimnis nicht in dem unter persischer Herrschaft stehenden Ursprungsort Memphis erfahren konnte, sondern im fernen Siwa, wohin die ägyptischen Geheimnisbewahrer vor den Persern einst geflüchtet waren.

Bemerkenswert ist dann auch in diesem Zusammenhang der Titel, den Ptolemäus I. nach Einführung Serapis verliehen wird. Die Erhebung dieser Gottheit zum Staatgott bedeutet ja nichts anderes, als dass der griechische König erst den Gott eingeführt hat, nachdem er in die theologischen Geheimnisse um ihn eingeweiht worden war.

Einweihung bedeutet aber auch zugleich, dass er zum Geheimnisträger des höchsten Mysteriums wurde.

Und genau dies besagt der Titel, der Ptolemäus I. in Ägypten zuteilwurde: »*Soter*«.

Nach etablierter Meinung soll dieser Titel »*Retter, Heiland*« bedeuten. Linguistisch lässt sich diese Ableitung aber nicht nachvollziehen.

Nur das Arabische bringt die einleuchtende Verbindung zum eigentlichen Vorgang.

Soter: » ساتر /Sater « leitet sich vom Verb » ستر /satara«
und bedeutet verbergen, schützen, verhüllen
oder aber die Wahrheit hüten.

In dem Ptolemäus I. in dieses Geheimnis eingeweiht wurde, durfte er als Bewahrer des apisischen Mysteriums den höchsten theologischen Titel führen, den damals ein Mensch erlangen konnte, nämlich Soter.

Zur fraglichen und der darauffolgenden Zeit scheint dieser Titel eine sehr wichtige theologische Bedeutung zu haben.

Attalos I. (241 – 197 v. Chr.) der erste König von Pergamon sowie Eumenes II. (221 – 159 v. Chr.) trugen diesen Titel, ebenso der König des Seleukiden Reichs in Syrien Bemetrios I.

Welche religiöse Bedeutung dieser Titel hatte, geht auch aus der Tatsache hervor, dass der Beiname im Neuen Testament auf Jesus übertragen wurde.

Summarisch gesehen würde dies zu der Annahme führen, dass der Träger dieses Geheimnisses unter bestimmten Bedingungen, die mit einem Zyklus zusammenhängen, den Heiland verkörperte.

Dass dieser Titel keine Erfindung der hellenischen Zeit ist, sondern auf eine Urtradition zurückgeht, geht daraus hervor, dass Soter auch als Beiname griechischer Götter (Äskulap, Zeus) angewendet wird.

Und allein dieser Titel veranschaulicht das Ausmaß der Sinnlosigkeit dreijahrtausendjähriger ägyptischer Kultur, die im Nichts endete und unter dem Sand verweht wurde.

Die ideologische Grundlage ihrer Träger „ernährte" sich davon, die überlieferte Wahrheit zu verschleiern, nur einem bestimmten und sehr eng begrenzten Kreis von Eingeweihten zugänglich zu machen.

Demzufolge hüteten die Ägypter lediglich das eigentliche Urgeheimnis, und blieben in den geschichtlichen Kapiteln, die sie gestalteten, beharrlich stehen, statt bis an das Ende des kulturellen Weges aufklärend zu gehen.

Die Existenz des Geheimnisses und dessen Bewahrung war die Erfüllung ihres Lebens.

Das bisher Erwähnte veranschaulicht die feste Verankerung Ägyptens und seiner Religion in alles Anfängliche und Göttliche. Die makedonischen Eroberer mochten sich noch so befleißigen, sich die von den Ägyptern bis dahin geschaffenen Kulturelemente bis zur Unkenntlichkeit in ihrer eigenen Sprache und unter dem Deckmantel ihrer Denker einzuverleiben, doch am Ende blieben sie kapitulierend vor jenen traditionellen Urbegriffen, auf die es ankommt: Serapis, Soter oder Pharao blieben für sie in ihrer sprachlichen Substanz unantastbar.

Zugleich wird hierdurch das Phänomen sichtbar, von dem zuvor gesprochen wurde, nämlich dass solche Jahrtausende überdauernde Namen, Titel und Begriffe letztlich nicht in der ägyptischen, sondern in der arabischen Sprache eingebettet sind.

Die Sprache des Landes also, aus dem einst der Phönix kam.

Und dies führt letztlich zu einer seltsamen Schlussfolgerung.

Die ersten theologischen Gehversuche stehen im Zeichen einer Sprache, die als Urarabisch bezeichnet werden kann, welche der heutigen arabischen Sprache als Ableger am nächsten liegt.

Dass seit dieser undefinierbaren Urzeit Grundbegriffe unvorstellbare Zeiträume unbeschadet überlebt haben, deren Sinn wir heute mit Hilfe der arabischen Sprache noch zu verstehen im Stande sind, bedeutet letztlich, dass der Mensch die ihm gegebene Gabe – von wem auch immer – nicht als Kultur sondern als göttliche Offenbarung verstanden hat.

Dieses tief verwurzelte Bekenntnis führte dazu, die kulturellen Errungenschaften nicht als Grundpfeiler einer sich stetig entwickelnden Zivilisation zu verstehen, sondern als göttliches Fixum, dessen anfängliche Grenzen niemals überschritten werden dürfen. Sie stellen sozusagen den Bund und die Verbindung zum Göttlichen.

Somit schlüpfte der Mensch mehr und mehr in die Rolle des passiven Verwalters einer Botschaft, die er im Grunde nie im Stande war, zu begreifen oder deren wahren Sinn zu erkennen. Ein Umstand, der das geschichtliche Drama des pharaonischen Ägyptens begründet.

Viel zu lange haben die Ägypter sinnlos ihre geistige Kraft auf mythische und machtlose Gestalten wie Isis oder Osiris fixiert und somit die Gegenwart und letztlich auch die Zukunft zurück in eine illusorische, unnütze Vergangenheit verlegt, den Blick stets rückwärtsgerichtet.

Der Ägypter lebte sozusagen, um am Ende ausschließlich in Osiris zu sterben und somit „glücklich" im Totenreich zu den Anfängen zu gelangen. Wer von ihnen in seinem irdischen Dasein der Gunst der Götter nicht blind nacheiferte, fand auf der anderen Schattenseite des Todes kein Heil.

Niemals kam ihnen in den Sinn, das Mysterium um die Götter zu lüften, anstatt sie in immer mehr verschleiernde Gewänder zu wickeln.

Und so entrückten die Götter nachkommenden Generationen immer mehr im Nebel der Vorzeit, bis schließlich niemand mehr ihr Wesen erklären konnte und notgedrungen ihre Identität, je nach überlieferten Eigenschaften des einen oder anderen, mit Tiergestalten in Verbindung brachte.

Nur das ausgesprochene Wort, das seit ewigen Zeiten von einer Generation zu den nachfolgenden mündlich und somit fast im gleichen ausgesprochenen Klang überliefert wurde, hat den Wandel der Jahrtausende überdauert.

Und folgerichtig finden wir bei den Ägyptern einen Begriff aus der Vorzeit, der den Wandel der Jahre und die sprachlichen Akzente überdauert hat, und uns zugleich dokumentiert, dass die ägyptischen Götter alles andere als „Götter" waren.
Es handelt sich dabei um eine Bezeichnung, die in den Mythen um die beiden alten Götter Horus und Seth, die ewigen streitbaren Rivalen vordynastischer Zeit, vorkommt.

Abbildung 17
Horus und Seth
Gemeinsam vollziehen sie die symbolische Vereinigung
der beiden Länder und demonstrieren damit, dass es auch
friedliche Zeiten zwischen den beiden verfeindeten Rivalen gab.
(Kairoer Museum)

Unter den ersten Dynastien gibt es durchaus Anzeichen dafür, dass die in vielen Mythen so beschworenen Machtkämpfe zwischen diesen beiden verfeindeten Gestalten nicht immer Gültigkeit hatten. Oft sehen wir zu dieser Zeit Ägypten zwischen Seth und Horus in friedlicher Weise aufgeteilt, wobei letzterer nur als Herr von Unterägypten galt.

In der Ersten und Zweiten Dynastie wurden beide Rivalen unter dem Namen »*Nubui*« verehrt, sie scheinen also nicht die Qualifikation für einem Pharaonentitel besessen zu haben. Und in der uns heute verfügbaren religiösen Literatur des alten Ägyptens drehen sich die Rivalitätskämpfe zwischen den beiden nur noch um ein Thema: Wer das Erbe des Osiris antreten darf, den Seth schon vor der Geburt Horus ermordet haben soll. In diesen Kreisen befinden wir uns in der obersten Hemisphäre der Hohepriesterlichkeit und nicht der der königlichen Monarchie.

Und dieser Name lässt wahrlich aufhorchen!

Diese Bezeichnung ist nämlich ein eindrucksvoller Beleg dafür, dass die tierköpfigen Gestalten Horus – Sohn der Göttin Isis und Rächer seines ermordeten Vaters Osiris – und Seth nichts anderes als gewöhnliche Menschen waren und dass der Begriff Gott damals eine andere Bedeutung als die unsere hatte.

Nubui = » نبوى / nabawiy« = prophetisch, Propheten

Diese Bezeichnung findet u.a. beim Propheten Mohammed Anwendung.

Aus dem gleichen Wortstamm leitet sich die allgemeine Bezeichnung für einen Gottesboten ab:

» نبى / **nabiy**« = Prophet

Demnach dürfte der Begriff »*Nabiy*« viel älter sein, als heute allgemein vermutet wird.

Mit diesem Begriff findet nun die Überleitung zu einer sonderbaren Begegnung statt.

Schon in der Antike und Mittelalter berichteten Reisende über Ägypten, die uns mitunter eine Fülle an Bildmaterial über ihre Erlebnisse hinterlassen haben.

Doch das geheimnisumwobene Land am Nil rückt erst recht nach der französischen Expedition im Jahre 1798 in das Interesse der Europäer. Danach setzte ein wahrer Strom von Reisenden, Kunstliebhabern, Abenteurern und Wissenschaftlern ein, deren Erkenntnisse und Schilderungen bis heute prägend sind.

Erst in beeindruckender Qualität sind solche Werke aus dem 18. und 19. Jahrhundert.

Viele dieser Werke haben den Ist-Zustand von Landschaften oder Denkmäler erhalten, um späteren Generationen einen Einblick in längst entschwundene Motive zu ermöglichen.

Der Franzose Louis François Cassas (1756 – 1827) ist einer dieser großartigen Künstler.

1782, als Student in Rom, reiste Cassas nach Sizilien, um Illustrationen für den Reisebericht des Abbé de Saint-Non anzufertigen. 1783, nach einem kurzen Aufenthalt in Paris, begleitete er den Grafen von Choiseul-Gouffier, den neuen französischen Gesandten in Konstantinopel, auf einer ausgedehnten Reise durch Griechenland, der Türkei, den Mittleren Osten und Nordafrika, um schließlich 1785 in Ägypten zu landen.

Hier blieb er drei Monate lang, von Oktober bis Dezember, und zeichnete die antiken Bauwerke von Alexandria, in Gizeh die Pyramiden und in Kairo einige Moscheen.

Cassas bewies bei einigen seiner Werke wissenschaftliche Vorliebe zum Detail. Wie alle anderen Künstler, die Ägypten besuchten, zeichnete er zwar auch in Alexandria Kleopatras Nadel und die Pompejussäule. Doch im Unterschied zu seinen Vorgängern war sein Bild der Säule nicht nur von künstlerischem Wert, sondern gab auch die Proportion des Monuments exakt wieder.

Bei anderen, üppig und reichhaltig gestaltete Illustrationen, warf man ihm nicht selten vor, zu fantasieren, um seinen Illustrationen eine beeindruckende Kulisse zu verleihen.

Gewiss, zurzeit Cassas hat es nirgends in Ägypten Tempel in dem von ihm dargestellten Zustand gegeben, dennoch hat er, wie gleich zu sehen sein wird, wichtige und typische prozessionale Motive festgehalten, die er auf keinen Fall hatte erfinden können.

Wenn er also reale Fakten mit fantasievoller Atmosphäre aufwertend umgibt, schließt dies gewiss nicht die Richtigkeit der Hinweise in seine Arbeiten aus.

Unter seinen beeindruckenden Werken befinden sich einige Illustrationen, die den aufmerksamen Betrachter auf eine beinahe lebendige Art in eine eigenartige Welt der Okkulte der damaligen Zeit entführen. Dabei handelt es sich um eine rituelle Prozession bei den Pyramiden von Gizeh.

Dass diese Illustrationen eine einzigartige Bedeutung hatten, erfahren wir von einem Prominenten wie fachkundigen Zeitzeugen.

Anlässlich eines Besuchs in Rom bei Cassas, beschreibt Goethe im September 1787 das Werk in den höchsten Tönen als:

»*Eine Pyramide, teilweise restauriert nach einigen Dokumenten. Entlang ihrer vier Seiten befinden sich Arkaden mit beigegebenen Obelisken. Diese nähern sich auf Bahnen, flankiert von Sphingen, ähnlich jenen, die immer noch in Oberägypten zu sehen sind. Diese Zeichnung verkörpert die größte architektonische Konzeption, die ich jemals in meinem Leben gesehen habe, und ich glaube nicht, dass sie übertroffen werden kann.*«

Hat hier Goethe übertrieben, oder hat er tatsächlich in Cassas Arbeiten den wahren Hintergrund erkannt, den die Motive zu vermitteln suchen?

Und in der Tat, Cassas dürfte hier eine urtümliche Prozession miterlebt haben, die die Jahrtausende und mitunter einige Jahrhunderte mitten in einer islamischen Welt überdauert hat.

Cassas zeichnete die Chephren-Pyramide mit ihrem Totentempel ziemlich präzise. (Abb. 22)

Noch ist der obere Teil der Pyramide mit Kalksteintafeln verkleidet, die man im unteren Teil zwischen der Mitte und dem Ende des 17. Jahrhundert entfernt hatte. Auch der am Fuße der Pyramide befindliche Totentempel dürfte den damaligen Ist-Zustand darstellen.

Die daraus aufsteigenden geheimnisvollen Rauchschwaden mögen übertrieben dargestellt sein, doch haben sie eine wichtige kultische Funktion, die aus anderen Zeichnungen hervorgehen wird.

Am linken Teil des Totentempels befindet sich ein hohes Portal, welches in das dunkle Innere des Tempels führt, von wo offensichtlich der aufsteigende Rauch herkam.

Dank Cassas guter Beobachtungsgabe und seinen Sinn für Details sind wir in der Lage, den mystisch anmutenden Innenraum zu betreten und am Geschehen teilzunehmen! Der Franzose hat nämlich eine Illustration angefertigt, die in der einschlägigen Literatur fälschlicher Weise als Wohnraum für Einheimische interpretiert wird. (Abb. 23)

Mit dieser Darstellung befinden wir uns mitten in dem Totentempel Chephrens, in dem bis dahin noch eine der urtümlichen Gottesdienste des alten Ägyptens immer mitten in einer islamisch geprägten Gesellschaft abgehalten wird.

Im Mittelpunkt der Illustration hat Cassas obendrein eine historische Sensation festgehalten!

Um den Sinn zu verstehen, der hinter dem Motiv steht, muss man die Illustration in ihre Einzelteile zerlegen und die Akteure in drei Gruppen aufteilen.

Die vollbärtige und Respekt einflößende Person in der roten Robe im Mittelpunkt der Illustration dürfte jener sein, der bei der Szenerie die Hauptrolle spielt, um den sich alles dreht. Diese Person ist barfuß.

Links von ihm steht die zweite Gruppe, bestehend aus mehreren Personen in einer Schlange, die der Bekleidung und Kopfbedeckung nach verschiedenen Volksgruppen darstellen.

Diese Personen tragen noch ihr Schuhwerk, während neben dem vordersten Mann in der Reihe ein einzelner Schuh auf dem Boden steht. Dieser Schuh dürfte einem der beiden knienden Personen aus der dritten Gruppe gehören, die sockenartige Gebilde am Fuß tragen.

Demnach sind diese beiden Personen von der linken Seite gekommen, also standen auch sie in der links wartenden Menschengruppe. Das heißt, dass die beiden knienden Personen ihre Schuhe ausziehen mussten, bevor sie vor den bärtigen Mann treten durften.

Man befindet sich also dort in einem heiligen Bereich.

Die linke dieser beiden Personen küsst den linken Fuß des Bärtigen. Bezieht man den am Boden gestellten Früchtekorb und die Melonen in das gesamte

Geschehen ein, dann gibt sich der bärtige Mann zu erkennen: Er dürfte demnach ein Geistlicher der besonderen Art sein, der höchste Verehrung bei seinen Anhängern genießt, die so weit reicht, dass jeder, der vor ihm kniend vortritt, die Schuhe ausziehen muss und nicht selten seine Füße küsst.

Die Früchte stellen Gaben dar, um den Segen des Gottesmannes zu erlangen.

Da nun das Ganze eindeutig innerhalb einer pharaonischen Tempelanlage stattfindet, kann es sich nicht um einen islamischen Geistlichen, sondern um einen Hohepriester nach altägyptischer Weise handeln.

Moscheen gab es wohl zahlreich in Kairo, in denen sich diese Szene hätte abspielen können.

Welche große Verehrung dieser Hohepriester genoss, beweisen die bunten Kopfbedeckungen der Anwesenden, die durch alle Gesellschaftsschichten und Glaubensrichtungen gehen.

Er galt demnach als ein »universeller« Heiliger.

Die Spuren dieses geheimnisvollen Priesters pharaonischer Prägung werden wir später ganz woanders wieder aufnehmen, wenn er seinen letzten kultischen Auftritt vollziehen wird.

Dann begegnen uns die Rauchschwaden auf verschiedenen Motiven, die eine eigenartige Prozession wiedergeben, bei der der Maler wohl Wirklichkeit und Phantasie vermischt hat.

Die Kulisse der Geschehnisse besteht aus einer Mischung andersartiger Stilelemente der verschiedenen Epochen, gepaart mit einem Hintergrund, den es in Gizeh in dieser Form nicht gibt: Gebirgszüge.

Dieser bunte und fantasievolle Gigantismus soll offenbar dazu dienen, die ägyptische Szenerie als geheimnisvolles, esoterisches Land mit Zügen der Renaissance erscheinen zu lassen.

Auffallen an dem Motiv am Eingang des Tempels (Abb. 22) dürften die riesigen Rauchschwaden sein, die fast die gesamte Säulenhalle erfassen und offensichtlich übertrieben dargestellt sind.

Dann zieht die Prozession vor eine riesige Pyramide, wo Tempelelemente im ptolemäischen Stil zu sehen sind. (Abb. 25)

Auch hier dominiert die Phantasie.

Weder die zweireihige Anordnung der Sphinxe, noch die beiden Obelisken oder die weiträumige Treppenanlage hat es zumindest zu der damaligen Zeit in Gizeh nicht gegeben, ebenso die Gebirgszüge im Hintergrund.

Demnach wurden hier eindeutig diverse pharaonische Elemente zu einer Collage zusammengestellt.

Doch die fantasievollen Gebilde und Figuren dürfen nicht dazu verleiten, die Illustration insgesamt als Illusion abzutun.

Entscheidend dabei sind nämlich die kultischen Handlungen und jene Details, die damit zusammenhängen, um die die fremden Elemente gruppiert wurden.

Da die in diesem Motiv illustrierte Pyramide im Hintergrund keine Kalksteintafeln an ihrem oberen Teil hat, so ist davon auszugehen, dass es sich um die Cheops-Pyramide handelt. Demnach will uns das Motiv mitteilen, dass die hier abgehaltene Prozession in enger Beziehung zu der Tradition der Cheopspyramide steht. Cassas platzierte den Säulentempel, von wo aus an der linken Seite und über die Treppenanlage die Prozession ihren Anfang nahm, zu Füßen der Pyramide. Auf einem tief liegenden Plateau und axial zum Säulentempel befindet sich ein großes Portal, das einen unterirdischen Zugang zu der Pyramide darstellen soll, aus dem zweireihige Menschenmengen hervortreten.

Bei der Menschenmenge, die aus der Säulenhalle kommt, treffen wir auf drei wichtige Details.

Da ist einerseits eine tanzende Frauengruppe um einem mit weißen Tuch verhüllten Gegenstand, andererseits eine eigenartige Vogelgestalt, die auf einem mit roten Tuch bedeckten Zylinder thront, während in ihrer unmittelbaren Nähe Rauchschwaden produziert werden.

Und zum dritten sehen wir kurz dahinter, dass zwischen den Akteuren zwei weiße Schafe mitgeführt werden. (Abb. 26)

Die nächste Inszenierung spielt sich weiter in unmittelbarer Nähe der davor liegenden Szene bei der Cheops-Pyramide ab. Hier werden weitere Details sichtbar, die ebenfalls in eine erfundene Kulisse verlegt wurden.

Cassas ist dabei nicht entgangen, dass diesmal die Akteure von der rechten Seite herkommen. In dieser Darstellung (Abb. 27) treffen wir auf ein wichtiges Element, das wohl zum festen Bestandteil der Prozession gehört: Von irgendwoher taucht ein pompöser weißer Sockel auf, worauf die Statue eines Stiers gestellt ist.

Die Riesenräder, eine Art vierräderiges primitives Transportgerüst, hinzu die Haltung der die Statue ziehenden Menschenmenge, erhärten die Annahme, dass das Ganze mehrere Tonnen gewogen haben muss.

Dabei spricht alles dafür, dass der Unterbau aus einem Sarkophag ähnlichen Gebilde aus Marmor bestand. Die an der Seite und hinterher gehende Priesterkaste, dazu die Bürgerin, die das heilige Relikt ehrfürchtig berührt, bezeugen die hohe kultische Bedeutung, die diese Statue samt dem Sockel verkörperte.

Die neben dem Stier in ein Gewand verhüllte Person vermittelt die korpulente Figur des Hohepriesters aus dem Totentempel des Chephren.

Schließlich geht aus der Darstellung hervor, welches Schicksal im Rahmen dieser Inszenierung den beiden Schafen vorbestimmt war. Den armseligen Geschöpfen werden brutal die Kehlen durchgeschnitten, um letztlich in Rauchopfer aufzugehen.

Dann findet bei Cassas ein krasser Szenenwechsel statt.

Abbildung 18
Prozession vor der Cheops-Pyramide

Tanzende Frauen um eine Vogelgestalt auf einem zylindrischen
Sockel, während in der Menge weiße Schafe links am
Bildrand mitgeführt werden.
(Louis Francois Cassas 1784)

Plötzlich ist der Betrachter mitten im bunten Treiben einer lebendigen und in ihren Bewegungen scheinbar unzähmbaren Menschenmasse.

Auch die Kulisse hat sich grundlegend geändert; plötzlich dominieren Moscheen im Hintergrund. (Abb. 28)

Demnach hat die Prozession inzwischen Kairo erfasst, wo der Anschein erweckt wird, als sei die gesamte Bevölkerung dem Rausch des Festes verfallen.

Das dieselbe Prozession nun auch auf der anderen Nil Seite auf dem Ostufer in Kairo auftaucht, ist ein Beleg dafür, dass es sich hier um eines der wichtigsten religiösen Ereignisse handelte, welches die gesamte ägyptische Bevölkerung in festlicher bunter Bekleidung in seinen Bann zog und von allen Konfessionen im Lande gefeiert wurde.

Demnach muss die „rauchende" Prozession in dem Totentempel in Gizeh am Westufer des Nils ihren Anfang genommen haben, um einen bestimmten Weg zum Ufer zu nehmen, um dann über den Nil in geschmückten Barken auf die andere Seite nach Kairo überzusetzen, wo die Prozession durch die Hauptstraßen von prachtvollen Formationen und von höllischem Lärm begleitet fortgesetzt wird.

Doch die eigentliche Überraschung des Ganzen bildet der Höhepunkt des Festzugs.

Ausgerechnet vor der wichtigsten islamischen Einrichtung in Kairo, der al-Azhar-Moschee, endet die Prozession, wo bestimmte Handlungen als Krönung der Zeremonie vollzogen werden.

Vor dem Haupteingang der Moschee steigt unter ohrenbetäubendem Trommellärm eine Rauchwolke auf, während eine Frau mit weißem Umhang aus einem geschmückten Zelt hervortritt, die von zwei in schwarz gekleideten Frauen geführt wird. Der nackte Körper dieser geheimnisvollen Frau schimmert durch ihren weißen durchscheinenden Umhang.

Wenn nun vorausgesetzt wird, dass diese Szene den Höhepunkt darstellt, so wird darauf jene Stierstatue vermisst und ebenso die eigenartige Vogelfigur auf dem roten Sockel.

Demnach ist davon auszugehen, dass die Stierstatue auf dem Westufer des Nils in Gizeh aufbewahrt wurde.

Über den Verbleib des Vogelsymbols hingegen gibt Abb. 21+24 eine klare Antwort.

Dort treffen wir am Eingang der Halle jenen zylindrischen Sockel, auf dem die Vogelfigur bereits gestanden hat, die nun in Flammen und starken Rauch aufgeht: Phönix verbrennt sich, um am Ende der Prozession verjüngt aufzuerstehen.

Abbildung 19
Stier auf Marmorsockel
(Louis Francois Cassas 1784)

Spätestens jetzt kommt uns einiges aus dem ersten Kapitel über den Phönix-Mythos bekannt vor, als ob Cassas die Illustration
hierzu erstellt hätte. Zugleich liefern seine Bilder wertvolle Hinweise, die als Ergänzung zu dem alten Mythos dienen dürften.
Als die Zeit erfüllt war, geschahen seltsame Dinge diesseits und jenseits des Nils, die das ganze Land in religiösen Aufruhr trieben.

Mit dem Erscheinen des Phönix, was das auch immer für ein Vogel war, wird das Ganze ausgelöst. Der Vogel landet nicht in Heliopolis, sondern auf dem Westufer des Nils, dem Sitz der obersten Gottheit Ptah.
Dort in Memphis auf dem noch pyramidenlosen Terrain werden die ersten Zeremonien vollzogen.
Der Vogel wird zu Asche verbrannt, sein Rauch vermischt sich mit denen der abgeschlachteten und ebenfalls verbrannten Schafe. Die aufsteigende

gewaltige Rauchwolke signalisiert in Heliopolis das bevorstehende Ereignis und dass die „Gottheit" erschienen sei.

Abbildung 20
Jungfrau in Weiß
Der Höhepunkt der Prozession findet
vor der al-Azhar-Moschee statt.
(Louis Francois Cassas 1784)

Schließlich setzt sich eine imponierende Prozession in Gang, an deren Spitze auf einer Barke die Gottheit getragen wird, mit der die göttliche Anwesenheit dokumentiert wird, gelangt über den Nil auf das Ostufer, wo sie in ähnlicher Jubelatmosphäre wie bei Cassas das Zentrum von Heliopolis – bei Cassas al- Azhar – ansteuert.

Zwischen den Ankommenden befindet sich die geheimnisvolle Person, die als göttlicher Samenspender auftreten wird.

Diese Person wird bei Cassas durch die verhüllte Person dargestellt, die neben der Stierstatue gestanden hat. In Heliopolis angekommen wartet bereits die nackte und unberührte Hohepriesterin im weißen Umhang, Symbol für ihre Reinheit und Unbeflecktheit.

Sie wird bei Cassas durch die von zwei in schwarz gekleideten Frauen angeführte Jungfrau in Weiß, die in diesem Falle die Göttin Isis verkörpern soll.

In einer betörenden Atmosphäre voller edler Düfte und verführerischem Glanz findet die göttliche Paarung statt.

Neun Monate später erstrahlt das pharaonische Reich in neuen Glanz: Der Sprössling der Götter und Begründer einer neuen Dynastie ist geboren.

Demnach war die Anordnung der beiden Zentren Memphis und Heliopolis zueinander kein willkürlicher Akt, sondern entsprang theologischem Kalkül: Phönix mit seiner göttlichen Fracht durfte dort nicht landen, wo sich das Volk aufhält.

Dass diese Anordnung ihre unverrückbare Gültigkeit hatte, beweist eine im Auftrag des Engländers William John Bankes im Jahre 1819 angefertigte Illustration von Gizeh. (Abb. 30)

Bis hin zu dieser Zeit befinden sich ausschließlich Pyramidengebilde auf dem Westufer, während Kairo auf der anderen Seite zu sehen ist.

Auch die Maler, die Napoleon begleiteten, haben von Gizeh das gleiche Bild vermittelt.

Hat Cassas also Glück gehabt, dass dieses Spektakel just während seines Aufenthalts in Ägypten stattfand?

Einen solchen Zufall gibt es wohl nicht, und erst recht nicht, wenn es sich um dieses bedeutungsvolle religiöse Ereignis handelt!

Denn die Zeit seines Aufenthaltes in den Monaten Oktober/Dezember steht in enger Beziehung zu einer der uralten und wichtigsten pharaonischen Ereignisse: Das Fest für die Gotteserscheinung des Osiris.

Dieses Fest wurde am 17. Tag des Hathor-Monats (Ende Oktober oder Anfang November) gefeiert, dem Tag also, an dem der Gott den Verschwörern zum Opfer fiel.

Demnach wurde die Erinnerung an Osiris noch immer gepflegt, als Cassas Ägypten besuchte. Bis dahin war der Auferstehungsgott immer noch allgegenwärtig.

Damit beginnen aber die theologischen Probleme.

Wie konnte es geschehen, dass eine allumfassende Prozession nach pharaonischer Tradition bei den Pyramiden ihren Anfang nimmt und ausgerechnet vor der al-Azhar-Moschee endet, wo auch Elemente des Isis-Kultes und die unbefleckte Empfängnis mitten in einer islamisch geprägten Gesellschaft zelebriert werden?

Zugleich erscheint die Frage als unvermeidlich, was die geopferten Schafe in diesem kultischen Kreislauf um den Altägyp-tischen Gott zu suchen haben, wo diese Sitte eindeutig auf den Patriarchen Abraham zurückgeht.

»Da sprach Isaak zu seinem Vater Abraham: Mein Vater! [...] Siehe, hier ist Feuer und Holz; wo ist aber das Schaf zum Brandopfer.« (1. Mose 22, 7,8)

Was war dies also für eine verrückte islamische Bevölkerung, die sich vor den Pyramiden und pharaonischen Göttern verneigte?

Der Kairoer Gelehrte Al-Gabarti gibt darauf in seinen Chroniken eine überraschende Antwort!

Abbildung 21
Das Phönix Symbol wird feierlich verbrannt
Seine Rauchschwaden füllen die Säulenhalle mit seinem Geist.
(Louis Francois Cassas 1784)

Abbildung 22
Portal zum Chephren Totentempel
Die Darstellung scheint den tatsächlichen Ist-Zustand des
Totentempels wiederzugeben.
Was hat sich in den dunklen Bereichen hinter dem großen
Portal abgespielt und wozu diente der Rauch?
(Louis Francois Cassas, Ende 1784)

Abbildung 23
Der Innenraum des Totentempels
Wer war der bärtige Mann (in der roten Robe)?
(Louis Francois Cassas, Ende 1784)

Abbildung 24
Treppen zum Eingang der Säulenhalle
Irgendetwas wird auf einer runden Säule
verbrannt, dessen Rauch die Halle füllt.
(Louis Francois Cassas, Ende 1784)

Abbildung 25
Der Säulentempel über der Treppenanlage ist auch über
einen unterirdischen Zugang erreichbar.
Das Motiv ist eindeutig aus unterschiedlichen Elementen
zu einer Collage zusammengestellt.
(Louis Francois Cassas, Ende 1784)

Abbildung 26
Prozession vor der Cheops-Pyramide
Tanzende Frauen um eine Vogelgestalt auf einem
mit (rotem) Tuch überdeckten Zylinder.
(Louis Francois Cassas, Ende 1784)

Abbildung 27
Zu Füßen der Cheops-Pyramide
Eine kultische Stierstatue auf einem Marmorsockel wird vor
einer Menschenmenge hergezogen und gelegentlich von
Gläubigen berührt. Neben oder auf dem Stier reitet eine
korpulente Person in einem weißen Umhang. Links davon werden die
mitgeführten Schafe abgeschlachtet und als Rauchopfer verbrannt.
(Louis Francois Cassas, Ende 1784)

Abbildung 28
Orientalisches Treiben
Plötzlich taucht die Prozession auf dem Ostufer des Nils auf,
wo das feierlich geschmückte Kairo in ein Tollhaus verfällt.
(Louis Francois Cassas, Ende 1784)

Abbildung 29
Jungfrau in Weiß
Die Prozession erreicht ihren Höhepunkt vor der
al-Azhar-Moschee, wo eine nackte Jungfrau in einem
durchsichtigen Umhang die Göttin Isis darstellt und
zugleich die »göttliche« Begattung erwartet.
(Louis Francois Cassas, Ende 1784)

Abbildung 30
Religion und Staat getrennt
Seit der Gründung von Memphis durch Pharao Narmer
wurde die Lage der Städte peinlich genau festgelegt.
Auf dem Westufer des Nils der Sitz des »Göttlichen« mit all
seinen kultischen Einrichtungen (stets Memphis). Auf dem
Ostufer hingegen das Zentrum der Prophetie und
Gelehrsamkeit (Heliopolis, dann al-Azhar).
(Louis Francois Cassas, Ende 1784)

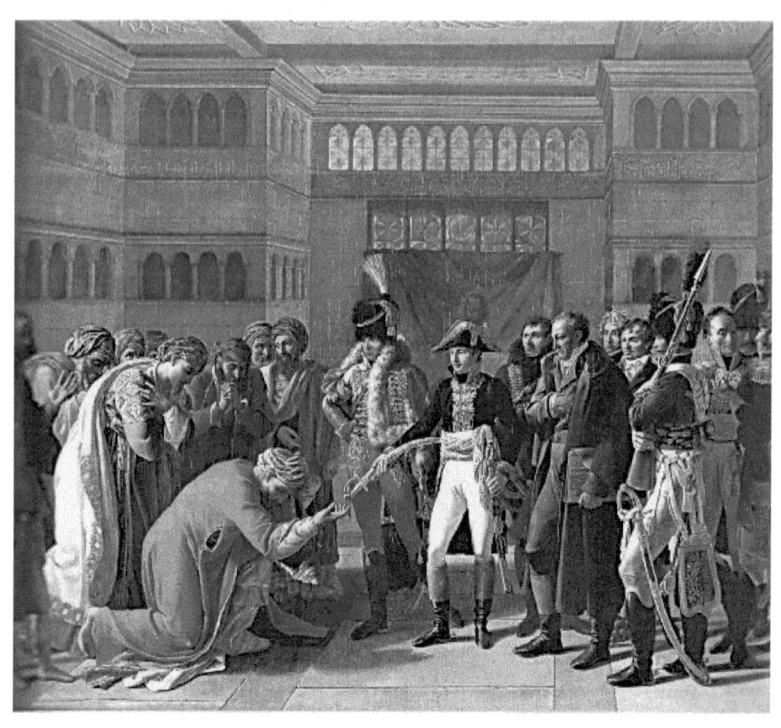

Abbildung 31
Der Geistliche (in roter Robe)
Nach der Einnahme von Alexandria müssen die führenden
Würdenträger von Alexandria vor Napoleon auftreten.
Dabei erfährt ein Geistlicher eine besondere Ehrung. Der junge
General überreicht ihm persönlich einen wertvollen Säbel,
obwohl er kurz davor die Würdenträger von Alexandria
aufgefordert hatte, die Waffen der Alexandriner einzusammeln.
Wer war dieser Geistliche? Der kapitulierende Stadthalter
von Alexandria, wie in einschlägiger Literatur behauptet wird,
kann es nicht gewesen sein. Der Oberbefehlshaber der Stadt,
Mohammed Kurajjim, war bereits vor der Landung der Franzosen
vom moslemischen Stoßtrupp der Franzosen entführt worden.
(Gemälde von Francois-Henri Mularde, 1808)

Abbildung 32
Siegespose bei den Pyramiden
Nach der Schlacht bei Imbaba, ein Vorort von Giseh, hält
sich Napoleon mit seiner gesamten Armee ohne jegliche
militärische Notwendigkeit drei Tage auf dem Westufer des
Nils in Gizeh auf. Was hat sich während dieser Zeit abgespielt
und was will uns das Gemälde in Wirklichkeit vermitteln?
(Jean-Antoine Gros, Chateau der Versailles)

7. Kapitel
Sufismus
Die verlorene Wahrheit

Um die Abschlussfrage im vorigen Kapitel zu beantworten, ist es unumgänglich, sich kurz dem Sufismus zuzuwenden.

Zu al-Gabartis Werken zählt auch eine Abhandlung über die Zeit der Mameluken Herrschaft.

Unter der Überschrift »*Skandal in der Azhar*« berichtet er dort über Krawalle, die sich am 17. April 1779 innerhalb der Moschee ereigneten, welche in offener Eskalation zwischen Syrern und Türken ausarteten. Erstere griffen ihre Widersacher an, töteten einen von ihnen und verletzten mehrere.

Anstifter war ein syrischer Mufti namens Abd ar-Rahman al-Arisi, der kurz nach dem Vorfall verschwand. Die beiden Mameluken-Emire Ibrahim und Murad Bek entzogen ihm kurz danach die Mufti Würde.

»Am Ende des Rabi I 1193 ereignete sich ein Zwischenfall in der Azhar- Moschee zwischen der Gruppe der Syrer und jener der Türken in der Zeit zwischen Sonnenuntergang und Abendgebet. Die Syrer griffen die Türken an, schlugen sie, töteten einen von ihnen und verwundeten mehrere. Am nächsten Morgen gingen die Türken zu Ibrahim Bek und meldeten ihm, was geschehen war. Er ließ den Abd ar-Rahman al-Arisi vorladen, der für die Gemeinde der Syrer sprach, und befragte ihn über die Sache. Dieser gab ihm die Namen der Gruppe bekannt und schrieb sie für ihn auf ein Papier. Er erklärte ihm auch, dass die Mörder sich aus dem Staub gemacht hätten und geflohen seien, doch wenn sie auftauchen, würde er sie vor ihn bringen. Doch nachdem er fortgegangen war, forschte Ibrahim Bek den Namen nach und fand, dass sie falsch waren. Er ließ darauf Scheich Ahmad al-Arusi, den Scheich der Azhar, und die übrigen Scheichs kommen und sandte auch nach Scheich Abd ar-Rahman al-Arisi, doch der war verschwunden und konnte nicht gefunden werden. Ibrahim Bek und Murad Bek [die Mameluken-Machthaber] waren zornig und entzogen ihm die Würde eines Mufti. Sie ließen den Scheich Muhammad al-Harir kommen und verliehen ihm ein Ehrenkleid, damit er anstelle des Abd ar-Rahman als Mufti der Hanafiten amtiere […].«

Dieser syrische Mufti al-Arisi war kein geringerer als der Vorsteher der Hanafiten, die Rechtgläubigen und Verfechter einer orthodoxen Lehre.

Sogleich tauchte die ganze syrische Gemeinde der al-Azhar nach dem Vorfall unter und konnte so einer Verhaftung zuvorkommen.
Die beiden Kairoer Emire lassen nach dem Flüchtigen und in Ungnade gefallenen Scheich al-Arisi fahnden, um ihn aus Ägypten auszuweisen.

»Sie ließen nach jenem fahnden, weil sie ihn außer Landes verbannen wollten. [...] Die ganze Gemeinschaft der Syrer floh, und der Agha vernagelte ihre Schlafquartiere und ließ sie ausrufen [...].«

Mit seiner Überschrift verharmlost al-Gabarti allerdings das Geschehen.
Obwohl er sein Quartier in der Nähe der al-Azhar-Moschee hatte, und zu der angesehenen Elite des Landes gehörte, die freien Zugang zu allen staatlichen Einrichtungen und ebenso Umgang mit der regierenden Schicht hatte, vermochte er offensichtlich nicht, die Tragweite oder die der Ereignisse auslösenden Hintergründe zu durchschauen.
Denn der geflüchtete syrische Mufti Al-Arisi war alles andere als ein gewöhnlicher Scheich.
Al-Gabarti hat in Andenken an ihn eine Biographie verfasst. Dabei lassen die Ausführungen über seinen Werdegang und steilen Aufstieg als führender Gelehrter in der al-Azhar in der Tat aufhorchen.
In Qal´at al-Aris im Bezirk Ghazza geboren und dort aufgewachsen, entstammte al-Arisi einer armen Familie. Seine ganze Ausbildung bestand darin, einige religiöse Texte auswendig zu kennen.
Als ein Scheich Namens as-Sajjid Mansur as-Samni durch seine Ortschaft kam, *»fand er ihn aufgeweckt, von rascher Auffassung, guter Bildungsfähigkeit und mit einem vorzüglichen Gedächtnis ausgestattet. Er nahm ihn zum Begleiter in der Form eines Gehilfen, der ihm dienen sollte, und brachte ihn nach Kairo, wo er sein unzertrennlicher Assistent wurde [...].«*

Al-Arisi durfte dann el-Azhar besuchen, wo er den Unterricht namhafter Gelehrter genoss.
Als sein Gönner as-Samni nach Syrien heimkehrte, ließ er seinen Schützling in Kairo zurück, wo er sich weiterhin der Wissenschaft widmete und von

dem dortigen hohen Wissensstand der namhaften Gelehrten weiter profitieren und fortbilden konnte.

Dann traf er al-Gabartis Vater, einen begnadeten Imam des Wissens, und schloss sich ihm an, mit dessen Hilfe er als Gelehrter höchst brillant und erhaben wurde.

Nach und nach wurde die Öffentlichkeit auf ihn aufmerksam und bald darauf erhielt er den Rang eines Scheichs des zuwaq (Schlafsaales) der Syrer. Zu seinem Schüler zählte auch später al-Gabarti selber.

Im Jahre 1765 zog er von al-Qulzum (Suez) aus auf die Pilgerfahrt, allein und in asketischer Armut, und erreichte die heilige Stätte Mekka, wo er dort einige Zeit verweilte.

Als er nach Kairo zurückkam, überkam ihn 1772 eine Ekstase, verließ seine Familie und legte seinen bisherigen Stand ab.

Von nun an begann seine Zeit als Prediger.

Er suchte in den Moscheen und Versammlungslokalen religiöser Bruderschaften und Derwisch Orden Unterschlupf, erteilte Unterricht in as-Sifa und über die Wege der Mystiker sowie über die Lehraussprüche des Sufi-Gelehrten al-Ghazali und Ibn al-Arabi.

Mit anderen Worten, al-Arisi wanderte zunächst eindeutig auf dem Pfad des Sufismus.

Als er dann nach Kairo zu seinem früheren Standort in al-Azhar zurückkehrte, erfuhr bald darauf seine Glaubensrichtung eine Gratwanderung.

In al-Azhar wurde er von der syrischen Gemeinde vereinnahmt, die dort für die hanifische Glaubensrichtung zuständig war.

Als dann der Mufti der Hanifen stirbt, wird al-Arisi an seiner Stelle zum Mufti der Syrer ernannt. Sein Ansehen wuchs weiter und er stach unter seinen Zeitgenossen hervor.

In der darauffolgenden Zeit kam er plötzlich zu großen Reichtümern, die eigentlich weder mit seiner Herkunft noch mit seiner Position begründet werden können, und er stand nunmehr im Mittelpunkt der Kairoer Gesellschaft.

»Er kaufte ein schönes Haus nah bei Azhar-Moschee, das gleiche, in dem Scheich al-Hanafi früher gewohnt hatte und das Haus des Qartasi genannt wird. Die Großen und Würdenträger besuchten ihn oft, und in Scharen kamen solche, die Prozesse führten und Gesetzentscheidungen suchten. Er hatte nun Diener, Gefolgsleute, Wegbereiter und ähnliches Personal. Nach dem Tod des Muhammad Bek reiste er nach Istanbul, um über gewisse Angelegenheiten ein Urteil zu fällen. Dort las er das „Buch der Heilung" (as´Sifa) öffentlich vor und kehrte dann nach Kairo zurück. Er war großmütigen Herzens, gebefreudig mit seinem Besitz; er gab Gastmähler und veranstaltete Gelage für die Emire, auch gab er ihnen Ehrengewänder [...].«*

Welch eine Kariere und welch ein Aufstieg!
Vom Provinzknaben zum mächtigen Religionisten, der sogar die Machthaber reichlich beschenken durfte.
Unweigerlich drängt sich hier die Frage auf, wer diesen Scheich wohl so aufgebaut hatte, dass er im Mittelpunkt des öffentlichen Interesses stand, sein Ansehen und seine Macht förderte. Wer arrangierte die großen Veranstaltungen und Gelage, an denen die Obrigkeit und einflussreiche Personen teilnahmen, und welchem Zweck sollten diese Zusammenkünfte dienen, zumal eine solche Lebensart mit denen eines religiösen Predigers nicht in Einklang steht, seine ursprüngliche sufistische Überzeugung vom Asketentum untergräbt.
Dann erfahren wir bei al-Gabarti die eigentlichen Hintergründe und angestrebten Ziele, denen durch al-Arisis rasanten Aufstieg der Weg geebnet, und warum die Gunst der Machthaber durch großzügige Geschenke erkauft werden sollte.

»[...] begehrte das Herz des Helden unserer Biographie [al-Arisi] nach dem Rang eines Scheichs der Azhar, was das höchste Amt ist, das ein Gelehrter erhalten kann. Er wollte es erreichen und mit allen Mitteln und auf allen Wegen dazu gelangen. Die Zuneigung der Emire half ihm dabei sowie jene der großen Scheichs. [...] Die Sache war schon beinahe perfekt, doch einige Safi´iten ohne großes Prestige kritisierten den Plan. [...] Sie schrieben ein Gutachten für die Emire, das besagte, die Scheichwürde der Azhar sei ein Amt der Safi´iten; seit alter Zeit habe kein Hanafit es je innegehabt, besonders kein zugereister Ausländer, der nicht zu den Bürgern Kairos gehöre. [...] Sie seien darin übereingekommen, dass der geeignetste für das Amt Scheich Ahmad al-Arusi sei. [...] Die Leute wurden von Erregung ergriffen; viele einfache Leute liefen zusammen, um zu sehen, was aus der Sache werde [...]

Die Emire hatten jedoch Vertrauen und Respekt gegenüber Scheich Muhammad ibn al-Gauhari. [...] Die meisten unter Ihnen traten dafür ein, dass sein Wunsch erfüllt werde, und baten Murad Bek und warnten ihn, er und auch sie könnten Strafe erlangen oder es könne ein Bürgerkrieg in der Stadt ausbrechen. Ali Aga, der Kathoda der gawisija, stieß zu ihnen und suchte ihnen zuzureden, während sie ihm auch zureden wollten. Dann erhob er sich und ging zu ihnen, auch Murad Bek ging zum Grab des Dafiʿi, um es zu besuchen. Scheich Muhammad al-Gauhari sprach mit ihm und sagte: »Du musst unbedingt dem al-Arusi einen Pelzmantel verleihen, damit er Scheich der Safiʿiten werde. [...] Diese Stadt ist die Stadt des Imam Safiʿi. Wir stehen auf seinem Grabe, und er befiehlt dir, so zu handeln; wenn du dich ihm widersetzt, fürchte die Folgen für dich!« Es blieb ihm nichts anderes übrig, als nach einem Pelzmantel zu senden und ihn dem Scheich al-Arusi bei dem Tor der Maqsura (Loge des Herrschers in der Moschee) zu verleihen. [...] Al-Arisi wurde zornig [...] und ging zu den Emiren; sie verliehen ihm ebenfalls einen Ehrenpelz, und die Sache wuchs immer mehr an, bis zwei Parteien entstanden. [...] Die Sache dauerte so etwa sieben Monate lang fort, bis die Vorsehung dem al-Arusi zu Hilfe kam und der erwähnte Zwischenfall zwischen den Türken und den Syrern statt-fand. Die Emire ereiferten sich aufgrund ihrer Landsmannschaft für die Türken und forderten eine genaue Untersuchung. Al-Arisi (der Syrer) schritt zugunsten der Syrer ein, um sie zu retten, und es stieß ihm das Erwähnte zu, weil er sie ent-kommen lassen wollte. Als dies geschah, wandten sich die Zungen gegen ihn, und seine Freunde wurden zu Feinden; die Emire wandten sich von ihm ab und stellten ihm nach, während er sich verstecken musste und der Wali und Gefolgsleute der Polizei nach ihm forschten. Auch entzogen sie ihm die Mufti-Würde. Der Agha und mit ihm Scheich al-Arusi drangen in die Moschee ein, um die Syrer gefangen zu nehmen; diese verbargen sich, flohen und hielten sich versteckt. [...] Al-Arusi trat von jenem Tag an hervor und befestigte seine Stellung als Scheich und Ober-haupt, während al-Arisi gedemütigt wurde. [...].«

Wenige Monate später, unter Arrest gestellt, erlitt er vor Ärger einen Fluss in beiden Ohren, an deren Folgen er starb.
Die Machtergreifungspläne des Syrers al-Arisi waren damit endgültig ge-scheitert, der hanifische Aufstand nach siebenmonatigen Machtkämpfen niedergeschlagen.

Diesen eigenartigen Putschversuch innerhalb der wichtigsten islamischen Institution in Ägypten sollte somit eindeutig einem Ziel dienen; nämlich in

Ägypten einen religiösen Umbruch zum Hanafismus hin zu bewirken und die Führung in al-Azhar zu übernehmen.

Demnach sprechen diese Indizien dafür, dass der Weg des Syrers al-Arisi jenem eines berufenen Vorbereiters gleicht, der von anonymen Lenkern und Gönnern so aufgebaut wurde, um nach und nach zum religiösen Oberhaupt aufzusteigen und bestimmte politische Ziele seiner Auftraggeber in Ägypten durchzusetzen.

Wäre es gelungen, ihm die Scheich Würde zu verleihen, wäre er in die oberste religiöse Hierarchie aufgestiegen, wo er entscheidend die religiösen Angelegenheiten in Ägypten nach eigener Anschauung hätte steuern und bestimmen können.

Der Umstand, dass er sich zunächst an den Sufismus gebunden fühlte, sogar Unterricht in as-Sifa und über die Wege der Mystiker und Lehrsprüche berühmter Sufi-Gelehrter erteilte, um dann in seiner Eigenschaft als Vorsteher der Hanifen in die Rolle des Unruhestifters und Revolutionärs schlüpft, um die Macht in al-Azhar an sich zu reißen, untermauert diese Annahme.

Warum aber strebt plötzlich ein Hanif, auch noch dazu ein Syrer, nach der religiösen Führung in Ägypten, obwohl er wusste, dass seit alter Zeit kein Hanife diese Stellung je innegehabt hat, und die etablierte Tradition eine solche Führung untersagt?

Vor allem erscheint in diesem Zusammenhang eine andere Frage von Relevanz: Was hat wohl die religiöse Führung in al- Azhar dazu veranlasst, Gesetze zu erlassen und Hürden einzubauen, um damit zu verhindern, dass jemals die Führung des Zentrums islamischer Gelehrsamkeit von einem Hanifen oder Ausländer ausgehen kann?

Wer hat also den Syrer al-Arisi zur Führungspersönlichkeit so aufgebaut, seinen Aufstieg mit allen Mitteln vorangetrieben, mit der Absicht, ihn später zum religiösen Führer an die al-Azhar-Moschee zu befördern? Und wer hat die enormen finanziellen Mittel hierzu zur Verfügung gestellt?

Bei al-Gabarti finden wir eine überraschende Antwort.

Der Syrer al-Arisi und seine Gefolgschaft in al-Azhar hatten nämlich in Ägypten einen engen Verbündeten an ihrer Seite, der ebenfalls ausländischer Herkunft war, und auch die gleichen politischen Interessen verfolgte.

»Für den Helden dieser Biographie der gescheiterte [al-Arisi] *eiferte die Gruppe der Syrer, weil sie gleicher Herkunft waren, und die Schar der Maghribiner, weil ihr Scheich, Scheich Abu I-Hassan al Qal´i, von Beginn an auf seine Seite getreten war* [...].«

Demnach wurde die al-Azhar Revolte von Syrien aus gesteuert, zu der Zeit wohl das Zentrum des Hanafismus und Sammelbecken der orthodoxen Islamiten, wobei sie tatkräftig von den als Krieger gefürchteten Maghrebinern mit ihrem Scheich al-Qali unterstützt wurden.
Somit schließt sich ein ominöser Kreis von Verschwörern!

Hier finden wir nämlich alle Ausländer versammelt, die einen orthodoxen Islam vertreten und offensichtlich wie kreischende Hyänen das religiös gemäßigte Ägypten umkreisen, um im richtigen Moment dem dort etablierten Sufismus den Todesstoß zu versetzen.
Dass sich der Machtkampf in diesem Zusammenhang über Monate erstreckt hat und blutig endete, fast einen Volksaufstand in Kairo auf den Plan gerufen hatte, bedeutet, dass die Durchsetzung des Hanafismus und somit der orthodoxen Lehre des Islam in Ägypten mit friedlichen Mitteln nicht möglich war.

Die Bedrohung für Ägypten war allerdings damit nicht abgewendet, sondern lediglich für eine kurze Zeit verschoben worden.

Zwei Jahrzehnte später finden sie endlich einen mächtigen Verbündeten, der damals kaum einer Macht widerstehen konnte: Napoleon!
Und wir finden sie schon ganz zu Beginn der Ägyptenexpedition in Scharen um den Korsen versammelt.
Es sind nämlich dieselben Völkerkreise, die Napoleon auf seinem Weg nach Ägypten aus der Gefangenschaft in Malta befreien musste und die später bei der Invasion wichtige Aufgaben bekleideten.
Das Dekret, das Napoleon nach seiner Landung in Alexandria an die ägyptischen Machthaber richtete, wurde eben von diesen Verbündeten in Kairo überbracht.
»Dieses Schreiben gelangte mit einer Gruppe von Gefangenen nach Kairo, die sie [die Franzosen] *in Malta vorgefunden und in ihrer Gesellschaft mitgeführt hatten*

*und denen einige einen oder zwei Tage vor den Franzosen selbst nach Bulaq ge-
langten; die hatten eine Anzahl Exemplare bei sich. Es waren auch Leute aus dem
Maghreb darunter, die sich wie die Ungläubigen aus Malta ausnehmen und fremde
Sprachen verstanden [...].«*

Auch der einflussreiche Scheich, der stets an der Seite Napoleons gestanden
hat und später in Gizeh als Dolmetscher zwischen ihm und den Scheichs
der al-Azhar fungierte, jener geheimnisvolle Manture, war ein führender
Geistlicher aus Syrien.

*»Sein Dolmetscher war gleicher Natur wie er [Napoleon] selbst. Er war ein Scherif
aus Aleppo, ein Gefangener, den sie auf Malta befreit hatten und mit ihnen nach
Kairo gekommen war [...].«*

Scherif bedeutet Edler und stellt ein Ehrentitel der direkten Abstammung
vom Propheten Mohammed dar. Demnach stand an Napoleons Seite die
führende geistliche Persönlichkeit aus Syrien, in dessen Auftrag wohl einst
al-Arisi die Revolte in al-Azhar anzettelte.

Somit finden wir jene Verschwörer um Napoleon in Ägypten versammelt,
denen 19 Jahre zuvor die hanafitische Revolte in al-Azhar misslang. Und
spätestens jetzt kann darüber spekuliert werden, woher die enormen Mittel
zur Finanzierung von al-Arisis Aufstieg und für die Steuerung der Unruhen
in Kairo stammten.
Doch welche Auswirkung hätten die Auseinandersetzungen zwischen Hanifen und Sufisten auf das politische System in Ägypten haben und welche
theologischen Konsequenzen für das religiöse Leben der Ägypter hätten
sich daraus ergeben können?

Um diese Frage zu beantworten muss zunächst kurz umrissen werden, was
Sufismus und Hanafismus bedeuten?
Dabei sollen unorthodoxe Wege der Definitionen jenseits tiefgründiger theologischer oder philosophischer Erläuterungen bestritten werden.
Der Sufist ist ein Mensch, der unvoreingenommen die innere Einstellung
annimmt, mit der er seine religiösen Verpflichtungen wahrnimmt und
ihnen nachkommt. Seine Wirkungsstätte ist nicht der eigentliche „Tempel",

in dem eine Gottheit angebetet wird, sondern das Lehrhaus – die so genannte Madrassa-, einer Universität gleich.

Der Sufismus wendet sich sowohl gegen die Autorität der Imame als auch gegen die absolute Gehorsamsforderung gegenüber Gott. Vielmehr predigen die Sufisten die Liebe zwischen Gott und den Menschen, entkrampfen also entscheidend das Verhältnis zwischen Gott und Mensch, wodurch schon im Vorfeld Fanatismus eliminiert wird.

Zugleich streben sie Armut und Askese an, halten mitunter die Religionen für unwichtig.

Musik und Tanz gehören zu ihren festen Ritualen. Und sie lehnen viele islamische Bräuche ab. Hierzu gehört auch, keine Gebete zu verrichten: Im Grunde also alles, was per göttlichem Gesetze erzwungen wird.

Streng genommen dürften diese Menschen wegen ihrer exzentrischen und freizügigen theologischen Einstellung eigentlich keine Moschee betreten. Doch ungeachtet dessen genießen sie auf allen Ebenen Narrenfreiheit und werden von den Islamiten nicht ohne Grund toleriert.

Was die Religion also angeht, ist der Sufist im Grunde ein Gesetzloser, der selbst den Pfad der Erkenntnis nach eigener Einschätzung und eigene Regeln erst erforschen und finden soll, es nicht als Frevel empfindet, wenn er nie diesen Pfad finden würde.

Er ist zugleich ein Philosoph, der in der Lage sein kann, Gedanken zu entwickeln und sich geistig mit Theorien über Weltanschauungslehren auseinanderzusetzen, neue kritische Gedanken über das Wesen und die Wege der Schöpfung anzustellen und auf dem Pfad der Erkenntnis und Erleuchtung zu wandern sucht.

Je mehr man die Zeit zurückdreht, ist er eher ein Philosoph nach Art eines Platon oder Aristoteles, ein universeller Gelehrter, der, bedingt durch die überlieferte Fülle an Wissen, auch Astronom, Chemiker oder Architekt sein kann.

Und durch die bohrenden und provozierenden Fragen ihrer Gelehrten und Philosophen nach dem Ursprung der Dinge waren sie wohl viel näher an der Definition „Gott" dran als wir es heute sind.

Je mehr wir mit kritischen Augen in der Vergangenheit zurückblicken, desto mehr wird es offensichtlich, dass die Trennlinie zwischen Sufismus einerseits und Christentum andererseits immer schmaler wird.

Der Sufi ist aber auch in erster Linie der Hüter des Zikr (Erinnerung), in dessen Annalen die Wahrheit seit Urzeiten mündlich überliefert und verborgen liegt.

Und er gehört zu einem auserwählten Kreis von Privilegierten, Eingeweihten also, die jenseits des Volkes unter sich und in Abgeschlossenheit ihre Pflichten mitunter obskuren Rituale vollziehen, ihr Wissen durch den Dialog untereinander weiterentwickeln und festigen, aber auch neue Wege des Denkens ausschöpfen.

Sie sind also die Schmiede der Reformen und des geistigen Wandels.

Und vor allem sind das Wissen eines Sufi, seine oft obskuren Rituale und Sitten dem Volk nicht zugänglich; er ist also zugleich der Hüter der geheimen Mysterien, hat die gleiche Einstellung wie die eines ptolemäischen „Soters".

Und diese typische Eigenschaft war bis in das ferne England gelangt. Die Sufi-Barden waren keltische Dichter, Komponisten, Sänger und Harfenisten, die selbst Götter- und Heldengesänge vortrugen. Die Gedichte wurden streng gehütet von Barde zu Barde mündlich weitergegeben.

Zugleich genossen sie allgemein hohes Ansehen in der Bevölkerung. So bildeten sie in Wales bis ins 16. Jahrhundert hinein einen eigenen Stand, in Schottland fanden sie sich bis ins 18. Jahrhundert als Diener von Fürsten und Adeligen. In Wales hatten die Barden zudem eine besonders wichtige Funktion: Sie legten die Regeln für Dicht- und Vortragskunst fest.

Die Funktion des Barden findet sich zudem in vielen Kulturen, so u.a. in den armenischen Gusan, den jugoslawischen Guslaren und den griechischen Aöden, die zu Zeiten Homers auftraten.

Aufgrund der geografischen Lage der britischen Inseln, konnten Jahrtausende hindurch viele kulturelle und religiöse Elemente in der Isolation ihre Ursprünglichkeit bewahren, blieben weitgehend verschont von dem ständigen politischen Wechsel, dem die europäischen Staaten unterworfen waren.

Diese Vorzüge veranlassten sogar einen gewissen Rowland Johnes, in der keltischen Sprache die Ursprache zu vermuten: »*Die keltischen Dialekte und das keltische Wissen stammen aus den Zirkeln des Trismegistos, Hermes, Merkur und Gomer, und die englische Sprache bewahrt sich auf eigentümlichste Weise ihre Abstammungen aus dieser einen, welche die reinste aller Quellen der Sprache ist.*«

Wie dem auch sei, in der Tat überlebte in der englischen Sprache ein Begriff im Zusammenhang mit den Barden, den wir allerdings erst mit Hilfe des Arabischen definieren können.

In England nannte man diese Sufi-Barden „Jesters".
Gerade diese Bezeichnung deckt sich mit dem Begriff „Soter".

»Jester/ يستر «, von Verb » ستر /Satara« = verbergen, schützen, verhüllen oder aber auch die Wahrheit hüten.

Demnach bedeutet Jester »er hütet das Geheimnis « oder »er verhüllt die Wahrheit«.

Gerade in der Verschleierung liegt eben die einzigartige Sonderstellung des Sufisten in der Gesellschaft begründet, woraus er gegenüber dem übrigen Volk seine Macht und geistige Überlegenheit ableitet und festigt.
Kurz gesagt, die eigenen Standesgeheimnisse zu wahren, ist der Kodex eines jeden Sufisten.
Die Gesellschaften, die im Schatten des sufistischen Liberalismus und der damit verbundenen religiösen Unbekümmertheit entstanden, waren stets von Wohlstand und zivilisatorischen Fortschritt und vor allem hoher Kunst der Dichtung beseelt. Und umgekehrt, der Sufismus findet seinen Nährboden und schlägt nur in einer Gesellschaft tiefe Wurzeln, die ihren Bürgern Religionsfreiheit, Liberalismus und Demokratie gewährt.
Der Begriff Hanif hingegen existierte in Arabien lange vor dem Islam und hatte eine ganz bestimmte Bedeutung, die offensichtlich bis auf die Zeit des Hanafiten Abraham zurückgeht.
Der Koran definiert diesen Begriff wie folgt:
»Abraham war weder Jude noch Christ, und war fromm und reinen Glaubens, ein Hanif, kein Götzendiener.« (3. Sure 68)
Dieser Begriff bezieht sich also auf keine bestimmte Religion als solche, sondern bezeichnet eine theologische Einstellung, die auf jeden Menschen übertragbar wäre.
Hanif wurde auf all jene bezogen, die in der Unzahl von sich widersprechenden Dogmen und Lehrmeinungen der damals in Arabien verbreiteten

Religionen und Aberglauben nach der Wahrheit suchten; sie wurden schlechthin als „Gottsucher" bezeichnet.

Doch weder die Definition des Wortes noch die religiöse Einstellung eines Hanifen rechtfertigen auch im Ansatz diese Behauptung: Gott zu suchen, ist seit Urzeiten die philosophische Aufgabe eines Sufisten.

Ein Hanif ist gewiss nicht ein Gottsuchender, sondern er hat vielmehr seinen Gott bereits gefunden. Und allein aus dieser Tatsache heraus ist er ein Rechtgläubiger, der seinen Glauben an bestehende aber unverrückbare und unumkehrbare Regeln und Vorschriften knüpft, die widerspruchslos zu befolgen sind, um eben seinen Gott zum Mittelpunkt allen Geschehens zu machen, neben ihm keine andere Gottheit duldet.

Er ist also das geistige Werkzeug und der Vollstrecker einer bereits bestehenden göttlichen Offenbarung, die er lediglich empfängt, sich widerspruchslos unterordnet und schließlich die Lehre verkündet: Er ist somit der unbeugsame Verwalter des alten Zustands.

Unter seinem Wirken entsteht niemals etwas Neues, zündendes geistiges Gedankengut, sondern stets die göttliche Richtschnur des Althergebrachten, welche seit ewigen Zeiten nach dem gleichen Schema verkündet und praktiziert wurde.

Jeder bis dahin errungene geistige Fortschritt erlischt unter der „neuen" alten Ordnung, zivilisatorische Grundpfeiler werden mit archaischer Gewalt zum Einsturz gebracht und in den alten göttlichen und unveränderlichen Zustand zurück befördert, den der Hanife verkündet.

Aus diesem Grund kennt der Hanif keine Reformen, ist in Wahrheit ihr unnachgiebiger Feind.

Denn Reformen, sich also vom alten Göttlichen zu lösen und zu entfernen, würde das Ende seines theologischen Wirkens und Glaubens bedeuten, das allein seine eigentliche Berufung begründete, würde seinen eigenen Gott zum Einsturz bringen. Was der Hanif verkündet, ist der Absolutismus, die bereits abgesteckten Grenzen des Wissens, in deren engen Räumen sich der Geist zu bewegen hat. Alles, was nicht in seiner Lehre geschrieben steht, ist ketzerisch, der Vernichtung und dem Fegefeuer geweiht. Rituale, Gesetze und Vorschriften, die bis dahin ausschließlich für eine Schar Gottesdiener bestimmt waren, werden nun neu entdeckt und auf den einfachen und unmündigen Menschen ausgeweitet.

Das Volk wird sozusagen per Erlass zum dauerhaften Gottesdiener bestellt, muss dieselben Gebete und kultischen Handlungen ausüben, die zuvor Priester in den Tempeln verrichteten.

Seine Mission und die damit angestrebte Zielsetzung lebt und ernährt sich ausschließlich von der aufgestachelten Masse, die er um sich schart.

Er entfacht somit eine Volksrevolution, bei der nun jeder gewöhnliche Mensch zum Diener, zum unbarmherzigen Krieger Gottes wird. Damit wird zugleich jede Gräueltat legitimiert, zu Gottes Willen erklärt.

Er ist somit sozusagen der theologische Kommunist, der das Volk aufpeitscht und zum Fanatismus erzieht, um die bestehende liberale Ordnung zum Einsturz zu bringen. Was bislang hinter verschlossenen Türen der Tempel und im Geheimen geschah, findet nun im öffentlichen Leben statt, bestimmt den Alltag der unmündigen Menschen.

Und er ist der, der den Menschen die nun geschaffene Glaubenslehre mittels orthodoxer Gesetzgebungen und Vorschriften verordnet, die breite Masse in das vorgeschriebene Einheitsgefüge seiner Lehre mitunter mit der Schärfe des Schwerts und mittels drakonischer Strafen hineinpresst.

Kurz gesagt, er ist jener, der eine Art religiösen Notstand im Volk ausruft und das zivile Staatswesen in ein kollektives Gotteshaus umwandelt. Und er ist das Abbild der orientalischen Despotie, woraus die späteren Herrscher stets ihre Diktatur ableiteten und die Demokratie im Orient außer Kraft setzten.

Ohne die abschreckenden Doktrinen und die Gräueltaten, die mit seiner Berufung einsetzen, würde die Mission eines Hanifen wirkungslos verpuffen, seine Lehre hoffnungslos verhallen, ehe sie überhaupt begonnen hat.

Mit seiner Berufung kehrt die Menschheit zu ihren nomadischen Anfängen, in den Schoß von Adam und Eva zurück.

Ein Zustand den der Prophet Hosea (12, 10) zutreffend zu formulieren wusste: »*Ich aber, der HERR, bin dein Gott von Ägyptenland her und will dich wieder in Zelten wohnen lassen wie in der Wüstenzeit.*«

Von der betörenden Kultur und rauschenden Lebensart der Pharaonen zurück zum Nomadenzelt in eine längst vergangene Zeit!

Und darin scheint das Grundmotiv der blinden Zerstörung des Bestehens zu liegen, dem keine der alten Hochkulturen entrinnen konnte.

Die Summe all dieser apokalyptischen Merkmale lässt schließlich eine einzige Schlussfolgerung zu: Mit der Berufung eines Propheten nach der Weise des Hanafismus soll ein Gottesstaat und folglich ein Gottesreich gegründet werden, in dem nur noch die göttlichen Gesetze zu gelten haben.

Es ist sozusagen die theologisch heilende oder reinigende Vorstufe, durch die der Weg für die Gottesherrschaft auf Erden vorbereitet wird, die letztendlich in den Jüngsten Tag münden soll.

Der hanafitische Prophet stellt demnach einen bestimmten Vorbotetypus dar, der der Endzeit vorauseilt und den religiösen Notstand ausruft; er kennzeichnet eine Ära, mit der letztlich ein Gottesstaat entsteht, dessen Ausdehnung alle vier Winde erfassen soll.

Abraham und Moses markieren ein solches Zeitalter, ebenso der Prophet Mohammed, dessen Lehre ausdrücklich Abraham zum „Urmuslim" erhebt und sich damit mit seinem Hanafismus identifiziert.

Auch ein Cheops stellt den Urtyp eines Hanifen dar, ebenso der spätere Pharao Echnaton.

Wo der Sufismus herrscht, gedeihen religiöse Freizügigkeit und in ihrem Schlepptau fortschrittliche Gesellschaften, begleitet von Reichtum und Wohlstand. Auch hat dort der Fundamentalismus, nicht zuletzt aufgrund der fehlenden voreingenommenen Fixierung auf eine Gottheit und somit eine bestimmte einheitliche Lehre, keine Möglichkeit, auf diesem Boden Wurzeln zu schlagen.

Eine solche Zivilisation widerspiegelt sich in einigen Glanzzeiten des pharaonischen Ägyptens und schließlich in der alexandrinischen Epoche am Anfang der Dynastie der Ptolemäer, wo dort beinahe durch die entfesselte intellektuelle Freiheit das Zeitalter der Wissenschaft ausgebrochen wäre.

Heute würden wir sagen, Religion und Staatswesen waren streng voneinander getrennt, Religion dem Fortschritt untergeordnet.

Diese liberale Staatsform überlebt und entfaltet sich also solange, bis der hanafitische Prophet auf den Plan gerufen wird, die herrschende Ordnung gewaltsam zum Einsturz bringt und seine Religionsordnung ausruft.

Er verkörpert somit das Schema „Niedergang/Wiederherstellung", bei dem die bestehende Ordnung zerstört und der göttliche Urzustand wiederhergestellt wird.

Eine solche beseelte Zivilisation hat es unmittelbar vor Narmers und Cheops Machtergreifung gegeben.

Wer all diese rechtgläubigen Propheten zu offensichtlich zyklisch vorbestimmten Zeiten berufen hat und welche theologischen Beweggründe dazu geführt haben, einen Gottesstaat gründen zu wollen, dürfte wohl ein Geheimnis der Geschichte bleiben.

Die jüngste Periode des hanifischen Umbruchs treffen wir im 7. Jahrhundert in Mekka.

Obwohl Mekka um die Zeit des Propheten von jüdischen und christlichen Gemeinden umgeben war, finden wir dennoch die Heilige Stadt in festen Händen der Tausendgötter.

Erst nachdem die Belagerten in der Stadt im Monat Ramadan 630 den Moslems die Tore öffneten, zerschlug der Prophet selber, wie einst Abraham, mit einem langen Stab die zahlreichen altarabischen Götzenbilder und übernahm die Stadt in seine Religion auf.

Den Bekehrten in Arabien standen von nun an äußerst strenge Zeiten bevor, in der vor allem die Scharia als gesetzliche Richtschnur den Alltag bestimmte.

Doch was bei der Entstehung des Islam kaum Beachtung findet und schlicht übergangen wird, ist die wenig bekannte Tatsache, dass der mekkanische Islam auf den Trümmern des zerschlagenen Sufismus entstand.

Vor dem Islam war ein Sufist Namens Abu Sufjan die führende geistliche Persönlichkeit in Mekka und Führer der Quraisch, der wohl auch die Anerkennung und Gefolgschaft der Juden und Christen genoss.

Nachdem Mohammed in die einige Kilometer von Mekka entfernte Höhle auf dem Berg Hira nach langwieriger Meditation durch den Erzengel Gabriel die göttliche Offenbarung empfangen hat, begann der Prophet seine Botschaft in der heiligen Stadt zu predigen, fand nur bei wenigen Menschen Gehör und machte sich viele Feinde.

Nach seiner Auswanderung (Higra) aus Mekka, erreichte Mohammed die Oase Yatrib am 24. September 622 nach christlicher Zeitrechnung. Allerdings wird später der 16. Juli 622 als die Zeitenwende für alle Moslems fixiert, danach beginnt das Jahr 1 der Higra. Aus Yatrib wurde unter den Islamiten al-Medina (die Stadt).

Als dann die ersten Kämpfe zwischen den Mekkanern und Moslems ausbrachen, gerieten die Juden gleich in Verdacht, eben mit diesem Abu Sufjan konspiriert und ihn in dem Kampf unterstützt zu haben. Bei der ersten

Schlacht, wohl ein mustergültiger Hinterhalt, Mitte März 624 in der Nähe vom Brunnen von Badr, erlitten die Mekkaner unter der Führung Abu Sufjan eine Niederlage.

In Medina errichten die Gefährten des Propheten Mohammed die erste Moschee.

Das sehr schlicht errichtete Bauwerk bestand im Wesentlichen aus einer Umfassungsmauer, wo sich in der Hauptsache eine Wasserquelle, ein Springbrunnen und eine Predigtkanzel (Minbar) befanden, und entsprach islamischer Genügsamkeit.

Ein Minarett hat es beim ersten Bau nicht gegeben.

In der darauffolgenden Schlacht im Frühling des Jahres 625, fügte der Oberbefehlshaber Abu Sufjan mit seiner Armee den Moslems eine bittere Niederlage auf dem Berg Uhud zu.

Im März 627 marschierte Abu Sufjan mit einer großen Armee gegen Medina, belagerte die Stadt und musste schließlich nach wenigen Wochen die Belagerung aufgeben und sich mit seiner Gefolgschaft nach Mekka zurückziehen.

Als später die Moslems ihrerseits die Stadt Mekka belagerten, kam es eines Nachts dazu, dass Abu Sufjan sich außerhalb der Stadtmauern begab, gefangen genommen und zum Propheten gebracht wurde. Nach diesem Treffen kehrte Abu Sufjan in die Stadt zurück, wo er ihre kampflose Übergabe an die Moslems anordnete.

Am 11. Januar 630 zog Mohammed mit seiner Armee in die Stadt ein.

Demnach bestimmte Abu Sufjan bis dahin ganz alleine das Schicksal der heiligen Stadt.

Würde man die Rolle Abu Sufjans bei der Entstehung des Islam mit der gebotenen Objektivität durchleuchten, kommt man unschwer zum Ergebnis, dass er nicht nur der direkte Rivale des Propheten, sondern zugleich auch ein Verwandter war, den der Prophet zum Teil seinen Aufstieg verdankte.

Abu Sufjan dürfte nämlich zu der besagten Zeit wohl die unangefochtene Persönlichkeit in Mekka und Umgebung gewesen sein, der das politische und theologische Geschick der Stadt bestimmte.

Und gerade in dieser mächtigen und einflussreichen Familie kam es zu einer bedeutenden Vermählung.

Obwohl Mohammed mit Maymuna verlobt war, heiratete er Umm Habiba, die Tochter des mächtigen Abu Sufjan. Somit wurde der Prophet zum Schwiegersohn der einflussreichsten Persönlichkeit von Mekka. Von nun an gehörte Mohammed zu der angesehenen Schicht der Stadt und hatte auch Zugang zu den heiligen Tempeln und führenden theologischen Gelehrten. Auch die beiden Namen „Umm Habiba" und „Abu Sufjan" haben ihre unverwechselbare Bedeutung.

»Umm« (Mutter), »Habiba« (Geliebter) was in etwa »geliebte Mutter« bedeuten würde und somit auf eine verehrte Person, aller Wahrscheinlichkeit nach auf Hohepriesterin hindeutet.

»Abu« (Vater oder auch u.a. Pater) mit dem Begriff »Sufjan« würde Oberhaupt der Sufisten ergeben, damals wohl die höchste religiöse Persönlichkeit in Mekka.

Demnach dürfte Mekka zur Entstehungszeit des Islam in festen Händen der Sufisten gewesen sein, eine Annahme die nicht zuletzt auch erklärt, warum ausgerechnet zurzeit des Propheten Mohammed und nach Ausrufung des Islam dennoch viele Sufi Sekten gegründet wurden. Ihrem Beispiel folgend gründeten Abu Bakr (der erste Kalif und Nachfolger Mohammeds) und Ali (ein leiblicher Vetter Mohammeds) noch zu Lebzeiten des Propheten Mohammeds und unter seinen Augen solche religiösen Orden, deren Oberhäupter sie waren, und von diesen ersten religiösen Bruderschaften spalteten sich im Laufe der Zeit immer mehr Untergruppierungen ab, deren Spuren bis nach Indien führen.

Das heißt also, dass die Gesellschaft, aus deren Reihen der Prophet Mohammed berufen wurde, sufistisch orientiert war.

Nach der Gründung des islamischen Reiches gingen die Rivalitäten zwischen beiden Glaubensrichtungen weiter, wobei es nicht zuletzt darum ging, den Einfluss des Sufismus zu beschneiden und seine Stellung entscheidend zu schwächen.

Schließlich reagierten die Ulema (Rechtsgelehrte des Islam) auf das Postulat der Sufis immer heftiger und grausamer, das nach ihrer Auffassung sowohl eine Herausforderung als auch eine Gefahr für den Islam bedeutete.

Stets beanspruchte der Sufist für sich, ohne geistige Voreingenommenheit das Göttliche durch direkte persönliche Erfahrung zu erkennen und den inneren Pfad zu Gott selber zu bestimmen und zu entwickeln.

Die Ulema hingegen waren der Meinung, dass der Weg zur Gotteserkenntnis allein über das Studium des Korans, des Hadith und der Scharia führe. In ihnen liegen bereits die theologischen, unüberwindbaren Grenzen für jeden Gläubigen.

Somit wurde durch die Rechtgläubigkeit der Ulema der Weg zu Reformen völlig unterbunden.

Zur geistigen und religiösen Züchtigung der Menschen wurde die einstige Lehre nämlich in immer mehr komplexe drakonische Gesetze eingewickelt und ulemische Kommentare dazu sorgten dafür, dass die einzelnen Gesetze wie Zahnräder in einander greifen. Würde man zur Not ein einziges göttliches Gesetz humanisieren, würde dies unweigerlich einen Dominoeffekt auslösen, der zum Einsturz des Ganzen führt. Die theologischen Zahnräder greifen dann sozusagen nicht mehr ineinander.

Und am Ende eines solchen Prozesses der Reformation würde man sich letztendlich beim Sufismus wiederfinden.

Reformen bedeuten also Hanafismus oder Sufismus; Scharia oder Liebeslehre.

Doch selbst zur Blütezeit des Islam mussten die Ulema mitansehen, wie der Sufismus eine immer breitere Anhängerschaft im Volk fand, und sie fürchteten um ihre Rolle als Beschützer des Glaubens und alleinige Verwalter islamischer Doktrin. Schließlich waren diese bestrebt, ihre Rivalen zum Schweigen zu bringen. Doch Verfolgung, Unterdrückung und grausame Hinrichtungen vermochten nicht die Ausbreitung einer Bewegung zu verhindern, die tief im Koran verwurzelt war und die den religiösen Bedürfnissen vieler Menschen aus dem Volk entsprach und es letztlich auch befriedigte.

Im Laufe des dritten und vierten islamischen Jahrhunderts setzte sich der Prozess des Auseinanderdriftens beider Glaubensrichtungen dann weiter fort bis eine Phase eintrat, in der es großartige Sufisten gegeben hat, die mit den islamischen Gelehrten versöhnend aber auch provozierend auftraten.

Zu den versöhnenden gehörte al-Ghazali (gestorben 1111), die wohl bedeutendste Persönlichkeit des islamischen Mittelalters und nicht zuletzt einer der einflussreichsten Moslems nach Mohammed.

Wegen seiner religiösen Erkenntnisfähigkeit und intellektuellen Ausstrahlungskraft, wurde er später mit Augustinus und Martin Luther verglichen.

Das heißt, die Sufisten waren, im krassen Gegensatz zu den Ulemas, stets für Reformen und theologische Weitsichtigkeit empfänglich.

Nach al-Ghazali verbreitete sich der Sufismus schnell über die islamische Welt, und zog viele Gläubige in Westasien und Nordafrika an. Darüber hinaus entfalteten die Sufis eine rege Missionstätigkeit und brachten allmählich zahlreiche Konvertiten auf ihre Seite. In manchen Gebieten galten sie als die typischen Vertreter der Moslems schlechthin, und aufgrund ihrer großen Anziehungskraft und der ihnen von weltlichen Herrschern gewährten Unterstützung gab es für den Ulema kaum Mittel, ihren Einfluss einzudämmen.

Und in diesem goldenen Zeitabschnitt des Sufismus müssen viele ihrer Elemente in Europa Fuß gefasst haben, und bis zu Goethes Zeit viele Anhänger und Bewunderer gefunden haben.

Auch Maulana Dscheladdin Rumi (gestorben 1273) war einer der großen Gelehrten, dessen langes religiöses Gedicht »Masnawi« als das hervorragendste Werk des persischen Sufismus gilt und das verschiedentlich auch als persischer Koran bezeichnet worden ist. Durch die Jahrhunderte wurde der Koran als geistliche Richtschnur in allen Persisch sprechenden Ländern verehrt.

Als Querdenker galt auch der spanische Sufi-Gelehrte Ibn al-Arabi (gestorben 1240 in Damaskus), der durch eigene Aussagen den Status des Propheten in Frage stellte. Mit seinem Glaubenssatz „Einheit des Seins", mit dem er
große Popularität erlangte, wurde diese Doktrin zur Bedrohung für die Scharia.

Die Folgen blieben dann nicht aus.

Immer mehr wurde die Behauptung der Sympathisanten lauter, wer die mystische Erkenntnis besitze, wer haqiqa (Wahrheit) oder „das innere Sein" erlangt habe, bedürfe nicht länger der Scharia. Die Lehre des ibn al-Arabi tendierte oben drein dazu, alles was dem Islam sakrosankt war, in Frage zu stellen.

Bei all diesen erbitterten Kämpfen zwischen dem Sufismus und dem Islam um die religiöse Vorherrschaft dürfte es also im Grunde in erster Linie um ein einziges Reizthema gegangen sein, die die Moslems in zwei unnachgiebige Strömungen spaltete: die Gesetze der Scharia.

Während die Scharia Vorschriften für formale Beziehungen der Moslems gegenüber Gott und ihren Mitmenschen auf unbeugsamstem Weg anordnet, nimmt sich der Sufismus der inneren Einstellung an, mit welcher der Gläubige seinen religiösen Verpflichtungen nachkommt. Er alleine muss aus seiner inneren Überzeugung den Pfad zur Wahrheit ausleuchten und den Weg zum Schöpfer finden, wenn überhaupt.

Mit anderen Worten, die drakonischen Gesetze der Scharia waren mit der religiös aufgeschlossenen Liebeslehre der Sufisten unvereinbar. Stets wurden sie strickt als menschenverachtende Einschüchterungsinstrumentarien abgelehnt, die der Gläubige bei seiner Suche nach den Mysterien der „Haqiqa", dem einzigen wahren Pfad zu Gott, behindern.
Schließlich trug die liberale Doktrin des al-Arabi und mit ihr der Sufismus überhaupt in der glanzvollen Blütezeit persischer Dichtkunst von 1200 bis 1500 Früchte.

Und um 1500 deutet dann alles darauf hin, dass die alte mekkanische Lehre des Sufismus zu einem neuen Glanz erblühen und die Scharia entschwinden sollte.
Diese Zeit ist schlechthin die des Sufismus, in der er sich zur dominierenden Richtung im Islam entwickelte.
Und trotz aller weiteren Anstrengungen war es der Scharia nicht gelungen, mit der schnellen Ausbreitung der sufistischen Lehre Schritt zu halten. Stets war sie im Nachteil, da sie versuchte, die Lebensäußerungen der breiten Massen in das orthodoxe Einheitsgefüge des Glaubens und dessen strenge Gesetze zu pressen.
Und als die sufistische Lehre dann noch den Glauben an die Transzendenz Gottes verwarf, da tendierte der Islam auch in seinem Kernbereich dazu, die religiösen Vorstellungen und Strukturen der bekehrten Gesellschaften widerzuspiegeln, anstatt den in der Scharia kodifizierten Dogmen Geltung zu verschaffen. Der Osten war sozusagen somit auf dem besten Weg, die geistige Bevormundung abzuschütteln und die infame Macht fanatischer Ulemas zu überwinden. Vor allem aber, die daraus resultierende steinzeitliche Herrschaftsform, die „Orientalische Despotie", zu sprengen.
Der Sufismus verdankte in dieser Epoche seine Hochblüte in erster Linie – wenn auch unbeabsichtigt – dem Aufstieg des Osmanischen Reiches (1300

– 1660), das wie ein Bollwerk zwischen Okzident und Morgenland und somit wie ein unüberwindbarer Keil wirkte.

Hinter dieser geografischen Isolationsmauer fehlte allmählich die religiöse Rivalität mit dem christlichen Europa, direkte geistige Konfrontationen blieben aus, ebenso religiös motivierte Schlachten wie zurzeit der Kreuzzüge.

Religiöser Fanatismus wich allmählich aus den Köpfen der Menschen, das europäische Feindbild verblasste erheblich in den osmanischen Enklaven.

Andererseits, da den Osmanen nie in den Sinn kam, die Beziehungen zum Abendland, die sich stets mehr und mehr auf das politische und militärische Gebiet beschränkten, zu entkrampfen und kulturellen Austausch zu gewähren, standen sie infolge ihrer direkten Berührung mit den Europäern permanent unter ständigem politischen Druck und militärischer Bedrohung.

Dies wirkte wie ein Auslassventil in den osmanischen Enklaven, wo die Menschen auf der politischen wie theologischen Ebene unbekümmert eigene Wege beschreiten konnten.

Diese Entwicklung ist am deutlichsten in der zweiten Hälfte des 18. Jahrhundert bei den Mameluken in Ägypten zu beobachten.

Doch irgendwann kurz vor dem aufgehenden 19. Jahrhundert geschah es: Für den Sufismus brachen plötzlich schlechte Zeiten an und die Scharia und die fundamentalistischen Ulema waren nun eindeutig auf dem Vormarsch. Nach mehreren Jahrhunderten Durststrecke waren sie nun an den vordersten Fronten und gaben in der islamischen Welt die Glaubensrichtung an.

Wann dieser Umbruch stattfand, lässt sich im Grunde ziemlich genau zeitlich begrenzen.

Denn al-Azhar gilt als das religiöse Barometer, an dessen Skala abgelesen werden kann, welche Glaubensrichtung zu welcher Zeit im Lande dominierte.

Als die Franzosen in Ägypten im Jahre 1798 landeten, trafen sie auf einen islamischen Staat, in dem der Sufismus die Richtung des Glaubens seit Jahrhunderten bestimmt hat.

Dort hatte sich dieser Glaube politisch derart etabliert, dass seine Anhänger in al-Azhar in der Lage waren, seit vielen Generationen den Rang eines Scheichs der Azhar, das höchste Amt, das ein Gelehrter dort erhalten konnte, als alleinigen Anspruch eines Sufisten per Gesetz zu erlassen.

Zugleich erfahren wir bei dem Augenzeugen al-Gabarti, dass der Umsturz in al-Azhar in Jahre 1779, mit dem die Macht der führenden Sufisten durchbrochen werden sollte, trotz langer Vorbereitung und Gewaltanwendung kläglich scheiterte.

Auch beim Volk fand die Revolte nicht die geringste Unterstützung.

Als der albanische Despot Mohammed Ali dann im Jahre 1805 nach Abzug der Franzosen die Macht in Ägypten an sich riss, war der Sufismus bereits empfindlich geschwächt, sein Leumund verstummt.

Demnach ist mit gutem Grund davon auszugehen, dass sich dieser Umbruch zwischen 1798 und 1805 vollzogen hat.

In dieser Zeit muss der orthodoxe Islam in dem bis dahin gemäßigten Ägypten aus irgendeinem Grund erheblich an Macht und Einfluss gewonnen haben und der Glaube in eine Ära gedriftet sein, in der der Hanafismus über den Sufismus triumphieren konnte.

Doch dieser Triumph würde nichts anderes bedeuten, als dass sich die Menschen in eine Zeit zurückversetzt fühlten, in der die großen Hanifen den Glauben erneuernd hervortraten.

So wie im 7. Jahrhundert unserer Zeitrechnung, als durch das Wirken eines Hanifen in Mekka eine zyklische Zeit markiert wurde, mit der, der Weg für eine orthodoxe Lehre und die Gründung eines Gottesstaats geebnet wurde.

Hier im Kairo des 18. Jahrhunderts war es zunächst der Hanif al-Arisi, der vergeblich die religiöse Führung in der al-Azhar unter Gewaltanwendung anstrebte. Im Mekka des 7. Jahrhunderts war es der Sufist abu Sufjan, der mit dem Hanifen Mohammed um die religiöse Wende und Herrschaft in Mekka erbittert stritt.

Stand Kairo also zu jener Zeit unter ähnlichen endzeitlichen Zeichen, und standen diese Ereignisse unter den Zeichen eines Propheten, der den Islam zu alter Stärke verhelfen sollte, der um das aufgehende 19. Jahrhundert einen theologischen Umbruch herbeiführen, mit dem die mekkanische Geschichte des 7. Jahrhunderts wiederholt werden sollte?

Wenn ja, wer war in die Rolle des neuen islamischen Propheten geschlüpft? Darauf hat al-Gabarti eine höchst eigenartige Antwort!

Doch bevor wir dieses Kapitel abschließen, gilt es eine weitere Einzelheit in Zusammenhang mit dem Phönix-Mythos hervorzuheben.

Al-Azhar wurde im Jahre 970 gegründet und gilt als eine der ältesten Universitäten der Welt überhaupt.

Demnach gleicht die ursprüngliche Funktion eher einem Lehrhaus als einer Moschee.

Diese Eigenschaft kommt während der Mameluken Herrschaft und der damit verbundenen Dominanz des Sufismus deutlich zum Vorschein.

So legte der Mameluken Emir Muhammed Bek Abu Dahab, auf den die beiden Emire Murad und Ibrahim Bek an die Macht nachrückten, im Jahre 1775 bei der al-Azhar-Moschee den Grundstein für eine bedeutende Madrassa (Schule).

»*Als die Mauern fertig waren, errichtete er ihre große Kuppel und darum die Kuppeln über den Liwanen. Er ließ sie weißeln, ihr Inneres mit Farben und Tünchen ausmalen und für das Bauwerk schöne Fenstergitter anfertigen, ganz aus gelben Messing geschmiedet.*«

Weiterhin erfahren wir, für wen hauptsächlich diese Madrassa errichtet wurde.

»*Außerhalb wurde ein Hof mit Marmorplatten angelegt; mit Waschhähnen in der Mitte, und um ihn herum Wohnungen für die türkischen Sufis [...] Auch brachte er eine reiche Bibliothek in der Madrassa unter [...].*«

Es waren also die Sufisten, für die in erster Linie der Emir Abu Dahab die Madrassa errichtete. Die hieraus zu ziehende Konsequenz würde im Endergebnis dazu führen, dass die verbreitete Meinung, die diesen Begriff als ein religiöses Lehrhaus definiert, irrig sein muss.

Madrassa bedeutet schlicht und einfach Schule.

Diese Bezeichnung leitet sich von »Idris/ أدرس «, was »studiere, lerne« bedeutet, wobei von dem Verb »darassa/ درس « das Wort »Madrassa/ مدرسه « also Schule abgeleitet wird.

Anstelle von »Idris« trat irgendwann der Ulema (علم) auf den Plan, der Rechtsgelehrte des Islam also, womit „lernen" zum „belehren" wurde und somit letztlich die Schule zum Koran-Lehrhaus.

Als der Herrscher Abu Dahab stirbt, wird er in seiner Madrassa nach Mystiker Brauch bestattet:

»*Dort führte man Mystikersitzungen durch [...] während zahlreicher Tage und Nächte, gegen vierzig Tage lang [...].*«

Da das Ganze vom Sufismus bestimmt wurde, so ist wohl die Annahme berechtigt, dass der dortige Lehrstoff alles andere als reiner islamischer Unterricht war, sondern vornehmlich viele Zweige des Wissens abdeckte.

Zum anderen entsteht der al-Azhar Baukomplex in etwa dort, wo sich das alte Heliopolis auf dem Ostufer des Nils befunden hat. Reiner Zufall oder besteht hier ein Zusammenhang mit der alten Sonnenstadt der Pharaonen, die somit weiterhin ein verpflichtendes Vermächtnis in islamischer Zeit bedeutete?

Bei al-Gabarti wird für diese Institution ein artikelloser Name verwendet: einfach Azhar also.

Und gerade dieser Begriff führt uns auf die Spur des Phönix zurück und veranschaulicht zugleich die enge Verflechtung mit dem späteren Islam!

»Azhar/ أزهر « leitet sich von dem Verb »zahara/ زهر «,
welches auch »erscheinen« bedeutet.

Und dies führt weiter zu einer verblüffenden Hypothese.

Aus demselben Wortstamm gehen weitere Auslegungen hervor, die zugleich eine Erklärung dafür liefern, warum die Griechen ausgerechnet die

Bezeichnung »Heliopolis«, also Sonnenstadt, und nicht einen vergleichbaren Begriff wie der späteren Azhar verwendeten.

»Zuhara/ زهره « bedeutet leuchtende Weiße,
Glanz oder Leuchten einer Farbe.

An dieser Stelle ist zu erwähnen, dass die arabische Sprache in Bezug auf den Klang eines gesprochenen Wortes viel zu umfangreich ist. Oft reicht eine andere Betonung, um zu einer völlig anderen Bedeutung zu führen. Wird also der Ton eines mündlich überlieferten Worts durch Dialekt oder unreine Zunge nicht genau getroffen, so verändert sich bei der Umsetzung in schriftlicher Form plötzlich der ursprünglich gewollte Sinn eines Wortes. Demnach resultiert die griechische Bezeichnung »Heliopolis« aus einem linguistischen Übertragungsfehler, bedeutet aber zugleich, dass die heilige Tradition dieser Stadt in einen Kulturkreis fest

eingebunden war, in dem eine dem Arabischen ähnliche Sprache artikuliert wurde.
Womit der geheimnisvolle Phönix uns erneut nach Arabien führt.

Dies besagt aber auch zugleich, dass der mekkanische Islam in denselben theologischen Kreislauf eingebunden war, für den der Phönix über dem Orient kreiste.

8. Kapitel
Napoleon in Gizeh
Der Code einer Siegespose

Es ist eigenartig!

Bei Cassas stoßen wir auf die Dokumentation einer ominösen Prozession, die ihren Anfang bei den Pyramiden in Gizeh nimmt und schließlich ihren Höhepunkt auf der anderen Nil Seite vor der Al-Azhar-Moschee erreicht.

Und wir erleben, dass die Szenerie eindeutig einen altägyptischen Hintergrund hat, der einerseits in engem Zusammenhang mit dem Pyramidenkult steht und andererseits in Kairo die islamische Bevölkerung berührt.

Die Ortschaften auf den beiden Ufern des Nils stehen also seit Urzeiten in wechselseitiger theologischer Beziehung zueinander.

Dann lässt sich feststellen, dass das religiöse Leben in Ägypten zu der fraglichen Zeit ausschließlich sufistisch geprägt war.

Al-Azhar, das schlagende religiöse Herz Ägyptens, war nicht nur in fester Hand der sufistischen Liebes- und Lichtlehre, sondern wurde mitunter durch gesetzliche Hürden zu einer theologischen Festung aufgebaut, um Unterwanderung durch radikale inländische und vor allem ausländische Islamiten auszuschließen.

Als Cassas Ende 1785 Ägypten aufsuchte, waren seit der Niederschlagung der hanifischen al-Azhar-Revolte gerade sechs Jahre vergangen.

Da die Prozession auf der Westseite des Nils bei dem Totentempel des Chephren beginnt, ist dies ein wichtiger Hinweis darauf, dass jener bärtige Priester in der roten Robe im Mittelpunkt der Ereignisse steht. Auch dort um denselben Totentempel findet die symbolische Verbrennung des Phönix Vogels statt, mit dem der kultische Akt seinen Anfang nimmt.

Dennoch sprechen die Anzeichen eindeutig dafür, dass nicht die Chephren-, sondern die Cheops-Pyramide in engem Zusammenhang mit dieser alten Tradition steht.

Denn dort zu ihren Füßen taucht erst die Stierstatue auf, die wegen ihres hohen Gewichts irgendwo in unmittelbarer Nähe aufbewahrt gewesen sein muss, und zugleich wird dort ein wichtiger Bestandteil der Zeremonie vollzogen, nämlich die Schlachtung der Schafe, die in Rauch übergehen; das Signal der Ankunft des Göttlichen.

Dass der bärtige Priester aus der Chephren-Pyramide eine religiöse Prozession entfesselt, die vor al-Azhar ihre Vollendung findet, legt streng genommen bei den summarischen theologischen Indizien zu der fraglichen Zeit die Vermutung nahe, dass auch er trotz der pharaonischen Kulissen sufistischen Glaubens war.

Schließlich war festzustellen, dass hinter dem Begriff Azhar die gleichen Definitionen stecken, die eng mit der Sonnenstadt Heliopolis verknüpft waren, nämlich »Erscheinen« und ebenso »Strahlen«. Die gleichen typischen Begriffe also aus der Entstehungszeit des Mythos um Phönix, nur in eine andere zeitgemäße Umgangssprache verpackt.

Der theologische Geist, von dem sich das alte Ägypten drei Jahrtausende ernährte, überlebte also unangefochten bis zum aufgehenden 18. Jahrhundert und berührte zugleich in irgendeiner Weise zutiefst den Sufismus.

Der Nachhall des Phönix war demnach am Nil seit den Tagen des Cheops und nach gut 44 Jahrhunderten immer noch bei den Ägyptern zu vernehmen.

Zugleich erhärtet sich die Vermutung, dass die von Cassas erlebte Prozession kein lokales Ereignis darstellte, sondern fester Bestandteil einer globalen aber noch zusammenhanglosen Bewegung war, die insbesondere den europäischen Kontinent erfasst hatte und allmählich tiefgreifende politische Veränderungen und religiöse Umwälzungen bis hin zu einer Zeit des Umbruchs bewirken sollte.

Einiges, was wir bei Cassas aus dem Jahr 1785 zu sehen bekamen, stellte noch anonyme Personen und obskure Riten dar, die – wenn auch noch unsichtbar – in enger Verbindung zu den fernen Ereignissen auf dem europäischen Kontinent standen, und mitunter 1789 die Französische Revolution entzünden sollten, eine Revolution mit der die Zeitrechnung bei »0« beginnen sollte, wie zu den mekkanischen Zeiten des Propheten Mohammed.

Und dennoch scheinen die politischen Ereignisse diesseits und jenseits des Mittelmeers immer noch keine Beziehung zueinander zu haben, historisch in einzelne Teile zerstückelt.

Erst im Jahre 1798, als Napoleon mitten in die Invasionsvorbereitungen dem Ärmelkanal den Rücken kehrte und stattdessen ägyptischen Boden avisierte, beginnt das Ganze ein wenig schärfere Konturen anzunehmen, so dass ein Zusammenhang zwischen dem Geschehen auf dem europäischen Boden und im fernen Ägypten allmählich erkennbar wird.

Schließlich dann, wenn die Hauptakteure nach zwei obskuren Schlachten und Zwischenfällen auf dem historischen Boden von Gizeh zueinander finden und ihre Aktivitäten zelebrieren, beginnen die Zeilen der Zeitzeugen al-Gabarti die wahren Hintergründe des Ganzen preiszugeben.

> Der Lockruf des Phönix hat sie nun endgültig zu ihrem
> Bestimmungsort auf dem heiligen Boden des »Ptah«
> zusammengeführt. Einheimische wie fremde Eroberer.

Und es sind drei Tage, die Napoleon mit seiner ganzen Armee in Gizeh verbringt, die zugleich das Geheimnis seines Erscheinens auf ägyptischem Boden in sich bergen.

Es ist aber auch zugleich der letzte Atemzug des Phönix!

Der geheimnisvolle „Vogel" aus Arabien, der die Herrschaft und den Sonnenkult über die „Vierwinde" verkörperte, Pharaonengeschlechte hervorbrachte, wird endgültig stürzen.

Wenn vorhin die Behauptung aufgestellt wurde, dass der bärtige Pyramiden- Priester offenbar ein Sufist sei, so gilt es nun diese Aussagen zu bekräftigen, nach Belegen dafür zu suchen.

Doch zunächst ist es unumgänglich, einiges über den europäischen Sufismus zu umreißen, der nicht ohne Grund allzu leicht und allzu gerne in den Westen verdrängt wird.

Erst dann werden uns zugleich die Erkenntnisse auf die Spur eines der größten Rätsel der letzten Jahrhunderte führen: das napoleonische Wesen.

Der Sufismus scheint in Europa eine theologische Philosophie der intellektuellen Schichten gewesen zu sein.

Die Beschäftigung mit der islamischen Mystik war spätestens seit den Tagen Rückerts, Herders und Goethes zu einem regelrechten Brauch bei großen deutschen Dichtern und Denkern geworden.

Wer die deutsche Literatur mit einem aufgeweckten Blick studiert, wird mit Erstaunen feststellen, dass Dutzende deutscher Denker, Philosophen und

Dichter, und die Bedeutendsten dazu, als Sufi-Aspiranten fühlten und sich als solche erklärten.

Jene die nicht soweit gingen, fühlten sich zumindest verwandt mit den Sufis.

Zudem soll dies ein Phänomen, das ähnliche Erscheinungsbilder in Frankreich und England, Italien und Spanien besaß.

Dort erweist sich die Kultur ebenfalls als regelrecht „versuft".

Auch der Hohenstaufen-Kaiser Friedrich II. soll regelrecht islamophil gewesen sein, der mit Muslimen auf Arabisch über Logik und Philosophie, über Mathematik und Medizin disputierte. Als Sinnbild seiner islamischen Zugewandtheit ließ er in Lucera, Italien, eine sarazenische Kolonie mitsamt Moschee erbauen.

Auch der deutsche Philosoph Immanuel Kant (1727 –1804) hat seine Doktorarbeit mit dem koranischen Hauptsatz *„Bismillahu ir- Rachman ir-Rachim"* (Im Namen Allahs, des Gnädigen, des Allerbarmherzigsten) in arabischer Schrift überschrieben, und denselben, den Muslimen heiligen, Satz setzte auch Goethe an den Anfang vieler Briefe.

Und gerade der große Deutsche Goethe schien ein besonderes Verhältnis zum Sufismus zu haben.

Er, der Staatsmann und Denker, der Forscher und der Philosoph, war offenkundig ein großer Verehrer des Islam und der islamischen Mystik, unterhielt fast intime Freundschaft mit den arabischen Philosophen Hafis, Rumi und el-Attar.

Und es ist fast nicht zu glauben, beinahe wie ein Bekenntnis gestand er in Divan seinen Lesern die Verse *„Wenn Islam Gott ergeben heißt, im Islam leben und sterben wir alle"*; während er starb schrieb er mehrfach das arabische Schriftzeichen „Allah" auf seine Brust.

Seine islamische Überzeugung muss offenkundig gewesen sein, so dass sein Landesfürst Karl August ihn gewöhnlich Mekkanus nannte, was übertragen der Mekkaner oder auch der Mann aus Mekka bedeutet.

Auch Heinrich Heine hat wohl seinen Kollegen als Muslim verstanden.

In seinen „Reisetagebildern" unter der Überschrift „die Nordsee" befragt der Autor eine Dame, welche Meinung sie von Goethe hätte. Die äußerst bildhafte Antwort stellt wahrlich eine Überraschung dar. Goethe spricht bei ihr das islamische Bekenntnis aus, dass Mohammed ein Gesandter Gottes ist: »*Ich aber legte meine Arme kreuzweise auf die Brust, beugte gläubig das Haupt und sprach: La ilaha illa llah, wa Muhammed ar rasul Allah.*« – Keine Gottheit außer Gott, und Mohammed ist sein Gesandter.

Aus dieser Sicht wird es verständlich, warum Goethe Cassas Illustrationen in den höchsten Tönen pries: Er vermochte offensichtlich die dargestellten Motive mit einem ihm bekannten theologischen Zusammenhang in Verbindung zu bringen.

Auch wenn es aus heutiger Sicht unglaublich erscheinen mag, der Sufismus– wohl bemerkt nur der Sufismus – hat stets eine bedeutende Rolle in der europäischen Kultur gespielt, eine Tatsache, die nicht ohne Grund gerne verdrängt wird.

Jede neutrale Behauptung, die eine Einflussnahme islamischer Mystik auf die Kultur Europas zum Gegenstand hat, wird schlicht in Abrede gestellt. Werden Beweise vorgebracht, erklärt man sie für nichtig. Und werden, weil es nicht anders geht, die Beweise anerkannt, dann stellt man diesen Fall als einen Einzelfall hin. Ja selbst wenn der vorgebrachte Tatbestand der Wahrheit entspräche: Die Mystiker und Dichter Europas sind durch so vieles angeregt worden und haben in den unterschiedlichsten Kulturen nach Inspirationen geforscht. Aus einzelnen peripheren Vorkommnissen den Schluss ziehen zu wollen, dass die Kultur des Abendlandes wesentlich vom Sufismus geprägt worden sei, können, so meint man in Europa, solange nicht umfangreichere und eindeutigere Beweise vorgelegt werden, nur Eiferer glauben.

Können aber ideologische Erwägungen und egoistische Grundsätze historische Wahrheiten überwiegen und kann nationaler Fanatismus die Gestaltung unserer Geschichte bestimmen?

Der Sufismus scheint in der Tat seit ewigen Zeiten mit einem Schleier des Geheimnisvollen umgeben zu sein, der wegen seiner philosophischen und friedlichen Grundsätze die Menschen zu allen Zeiten in seinen Bann zog.

Heute vermag keiner mehr dieses vielfache Mysterium zu lüften, das seit Jahrtausenden die esoterisch-theologischen Kenntnisse umhüllt.

Und hätten sich die europäischen Geistesgrößen von Franziskus über Meister Eckhart und Ramon Lull bis zu Ignatius von Loyola, von Goethe über Hesse bis zu Doris Lessing zum Sufismus bekannt, wenn nicht aus dieser Lehre genügend geistige Substanz und Anziehungskraft auf sie gewirkt hat, die noch stärker waren, als ihr abendländlicher Glaube?

Dass die Ursprünge des Sufismus womöglich das gesamte Spektrum der Religion bzw. des Glaubens abdeckten, woraus nachfolgende weltliche religiöse Lehren unter ständiger Anpassung und philosophischer Entstellung an die jeweilige Zeit und das eigene Verständnis abgeleitet wurden, veranschaulicht der Umstand, dass die Menschheit zu allen Epochen hindurch immer wieder zu den Wurzeln der Tausendgötter zurückfand und die Zwänge des Monotheismus, was das auch immer in Wirklichkeit zu bedeuten hatte, nach wenigen Jahrhunderten als lästige Last abschüttelte.

Demnach dürfte diese Liebeslehre, die in der Ursprungsform dem Christentum zu seiner Entstehung stark ähnelte, alles andere als die bloße Ausdrucksart bis zur Ekstase tanzenden Derwische oder lärmender Fakire sein.

Was die Etymologie des Begriffes Sufi angeht, so gibt es darüber viele Erklärungen.

Das Wort Sufi soll von arabischen „Souf" (Wolle), aber auch von „Safa" (Reinheit) herstammen. Hudschwiri, ein klassischer Autor der Sufis, glaubt hingegen, dass es von „Saff-i auwal" (erste Reihe) hergeleitet wurde, bezogen auf die ersten Gläubigen der Botschaft des Propheten Mohammed.

Auch „Ashab-i Suffa" (Leute der Veranda) wurde oft zur Deutung herangezogen.

Die Leute der Veranda waren fromme Gefährten Mohammeds,

die die überlieferten Verse und seine Lebensart gemeinsam auf einer Veranda studierten.

Doch alle Thesen, die die Entstehung des Begriffs in Zusammenhang mit dem Aufkommen des Islam sehen wollen, irren sich: Lange vor der Berufung Mohammeds hat es in Mekka Sufismus gegeben.

Nicht-islamische Experten hingegen sehen die Herkunft des Worts in dem griechischen Begriff „Sophia" (Weisheit). Doch die hierzu vorgebrachten Hypothesen sind deshalb von der Hand zu weisen, da der Begriff Sufi weit älter als die betrachteten Zusammenhänge ist. Denn bereits im Alten Testament wird von den Sufis berichtet!

Die „Sufis" der Schriften der Bibel werden gemeinhin als „Wächter" übersetzt.

So findet man hierzu den wichtigen Vers »*Du Menschensohn, ich übergebe dich dem Hause Israel als Ssufi(t)*«, üblicherweise und fälschlich in der Bibel als »*Menschensohn, ich gebe dich dem Hause Israel als Wächter*« wiedergegeben. (Ezechiel 3,17)

»*Der Wächter, der in Israel auf dem Turm stand*«, war ebenfalls ein Ssufi(t) oder Ssufi(m), wie es im Ursprungstext heißt.

»*Horche, deine Ssufis erheben die Stimme/sie alle beginnen zu jubeln*«, heißt es zum Beispiel weiter bei Jesaja (52,8), was sich bei Ezechiel prompt wiederholt: »*Einst lebte ein Mann aus Rama, ein Ssufi(t) vom Gebirge Efraim*«. (Ezechiel 33,7)

In Bezug auf die „Wächter" meint David Benjamin, ein ehemaliger, zum Islam konvertierter unitarischer Bischof in seiner Schrift »*Muhammad in der Bibel*« (München 1987) dazu, dass die biblischen Wachtürme früher Minarette waren, die neben heiligen Steinen, die man Misfas nannte, aufgebaut waren.

Unter Misfa versteht die Bibel entweder einen Platz oder, alternativ, ein Gebäude, und ursprünglich einen kultischen Stein. In I. Samuel, Kapitel 10, versammelt sich das Volk an einer solchen Misfa, um Saul zum König über Israel zu wählen, und Samuel versammelte seine Anhänger an einer Misfa, um vor dem Herrn zu schwören.

»*Ursprünglich war die Misfa nur ein einfaches Heiligtum auf einem einsamen und hoch gelegenen Platz in Gal´ead gewesen, wo der Sufi mit seiner Familie oder seinen Gefährten zu leben pflegte*«, klärt Benjamin auf.

Die Misfas waren die wichtigsten Kult- und Anbetungsstätten, deren Anzahl nach der Unterwerfung und Besetzung des Landes Kanaan durch Israel stetig stieg. Sie entwickelten sich zu bedeutenden religiösen Zentren, denen Schulen zur Unterweisung des religiösen Gesetzes und brüderschaftlichen Institutionen angeschlossen waren, und der Sufi war ihr Oberhaupt, der den Kreis der Eingeweihten leitete.

Dann kommt Benjamin zu einer verblüffenden Feststellung:

»*Diejenigen, die wir heute als Sufis bezeichnen, wurden damals Nbiyin oder Propheten genannt.*«

Das, was die Bibel Weissagung nennt, war der sufische Sikr.

Den Gedanken, dass man Sufis als Propheten zu bezeichnen pflegte, bestätigen die Verse 5-9 in I. Samuel, Kapitel 9:

»Als sie in das Gebiet des Ssufs gekommen waren, sagte Saul zu seinem Knecht, der ihn begleitete: ›Komm, wir wollen umkehren, sonst macht sich mein Vater um uns mehr Sorgen als um die Eselinnen.‹ Der Knecht erwiderte ihm: ›In dieser Stadt wohnt doch ein Gottesmann. Er ist sehr angesehen. Alles, was er sagt, trifft mit Sicherheit zu. Früher sagte man in Israel, wenn man hinging, um Gott zu befragen: Wir wollen zum Seher gehen. Denn wer heute Prophet genannt wird, hieß früher ein Seher.‹«

Der Ssuf wird hier also Prophet genannt.

Er ist der Seher und Wächter des Volkes.

Im Rahmen seiner Abhandlung glaubt Benjamin den Beweis dafür erbringen zu können, dass der biblische Ausdruck „Misfa" von archaisch „Ssafa" oder „Stein" abgeleitet sein muss und „Ssafa" das gesuchte Urwort ist, von dem auch „Sufi" stammt.

Dass „Nabi" ein Prophet ist, dafür gibt es viele Belege.

Der später in Israel häufigste Typ des Propheten, der Nabi, ist schon im nordsyrischen Ebla im 23. Jahrhundert v. Chr. belegt. Erst um die Wende zum 1. Jahrhundert v. Chr., zur gleichen Zeit, als das Königtum auf den Plan tritt, werden auch in Israel die Nabis erwähnt.

Nabi als Begriff bedeutet, dass jemand von Gott *»mit einer Botschaft betraut«* worden ist, ein Bote Gottes also.

Gewöhnlich lebten die Nabis in Gruppen zusammen.

In der Bibel finden sich weitere Parallelen zwischen Propheten und Sufis. So heißt es im I. Samuel 5-6: *»Wenn du [Samuel] dort in die Stadt hineingehst, wirst du eine Schar von Propheten treffen, die von der Misfa herabkommen werden. Vor ihnen wird die Laute, die Pauke, die Flöte und Zither gespielt.«*

Und genau diesen Brauch üben die Sufis bis in die Gegenwart aus.

Bis heute pflegen sie den Tanz und spielen die Laute, die Pauke und Flöte. Von Sufi-Qalandaren wird ebenfalls die Zither gespielt.

Der Vergleich zwischen den Nabis, wie sie die Bibel sieht, und den Sufis, wie man sie noch heute trifft, drängt sich geradezu auf, so dass der Alttestamentler Klaus Koch in seiner extensiven Doppelschrift »Propheten I und II« zu der Schlussfolgerung kommt, dass »obwohl charismatisch berufene Außenseiter, organisieren sich die Nabis zu einem Orden, wie es später die islamischen Derwische tun.«

Und wie dieser Begriff in den Anfängen der ägyptischen Kultur verwurzelt ist, beweist der Umstand, dass die beiden vordynastischen Götter Horus und Seth unter dem Namen „Nubui" verehrt wurden: Sie waren also schlicht und einfach die Vorläufer und Prototypen des Prophetentums.

Somit spricht einiges dafür, dass „Nabi", welcher mit Propheten gleichzusetzen ist, auch in engem Zusammenhang mit einer theologischen Lehre steht, die den späteren Sufismus tangiert?

Mit dieser aufschlussreichen Spur kehren wir zu al-Gabarti zurück.

Die Ereignisse von der Landung der Franzosen in Alexandria bis zum Erreichen Gizehs wurden in dem bereits erschienen Buch „Napoleon- Im Schatten der Pyramiden" ausführlich behandelt.

Zur Vermeidung von Wiederholungen soll an dieser Stelle lediglich auf Passagen zurückgegriffen werden, die zur Klärung des Gewollten notwendig sind.

Nach geglückter Landung in Alexandria vermitteln al-Gabrtis Berichte einen einzigartigen Eindruck.

Obwohl Napoleon stets bemüht war, den friedlichen Charakter seiner Mission gegenüber der ägyptischen Bevölkerung in einem in Arabisch verfassten Sendschreiben zu beschwören, das seine vorauseilenden arabische Verbündeten verteilten, flohen dennoch die Menschen aus den Dörfern, die auf seinem Marschweg lagen.

»Der größte Teil der Bewohner jener Landstriche floh vor ihnen [...].«
Auch stellen wir fest, dass die Ägypter stets ein eigenartiges Verhalten gegenüber den Franzosen an den Tag legten.

Wiederholt deuten die Berichte bei al-Gabarti darauf hin, dass es dabei nicht darum geht, den möglichen Gräueltaten im Land einfallender fremder Eroberer zu entkommen. Vielmehr wird der Eindruck erweckt, als ob es um jeden Preis darum geht, einer Begegnung mit Napoleon zu entrinnen, als sei er der leibhaftige Teufel in Person.

Dieser Eindruck nimmt immer konkretere Formen an, je detaillierter al-Gabarti die Reaktion der Bevölkerung in Kairo schildert. Dabei erhärtet sich der Verdacht, dass die Furcht der Menschen in erster Linie tatsächlich religiös begründet war.

Napoleon muss also ein Ruf vorausgeeilt sein, der religiöse Schrecken in Ägypten auslöste.

Von dem Tag an, an dem die Nachricht von der Landung der Franzosen Kairo erreichte, finden wir nicht nur die Bevölkerung, sondern vornehmlich die Gelehrten der al-Azhar in ungewöhnlich rege Tätigkeit verwickelt.

Nicht die Sorge der Menschen, wie und mit welchen militärischen Mitteln man nun den auf Kairo zumarschierenden Invasoren begegnen soll, sondern die ganze Stadt einschließlich der geistlichen Führer befasste sich mit religiösen Themen, die eigenartigerweise den Jüngsten Tag berühren.

»Berichte über diese Ereignisse gelangen nach Kairo, und die Leute wurden immer unruhiger. Ibrahim Bek ritt zum Ufer von Bulaq; der Pascha, die Gelehrten und die Würdenträger der Stadt stellten sich ebenfalls ein und berieten über dieses bedeutungsvolle Ereignis. [...] Die Gelehrten hatten sich seit dem Auszug Murad Beks jeden Tag in der Azhar-Moschee versammelt und im Buhari gelesen sowie andere Gebete gesprochen; ebenso die Scheichs der Derwische [...] sowie andere Orden und Gottesmänner. Sie hielten Zusammenkünfte in der Azhar ab; sogar Kinder in den Schulen rezitierten den Namen des Allgütigen und Seine anderen Namen [...].«

Kairo also in höchstem religiösem Aufruhr!

Die Reaktion der Kairoer auf die französische Invasion wurde demnach aus einem triftigen Grund von religiösen Erwägungen überlagert, die die Furcht vor Militarismus zur Nebensache werden ließ. Dann erleben wir ein eigenartiges Verhalten der Führung der al-Azhar Moschee, die bis zu dieser

Zeit weder Napoleon zu Gesicht bekamen, noch überhaupt wusste, was er vorhatte.

Trotz gemäßigtem Sufismus schreitet dennoch das religiöse Oberhaupt in Ägypten, ein Scheich Namens Umar Efendi, zu einer recht radikalen Tat: Er ruft zum heiligen Krieg auf!

»Sajjid Umar Efendi, der Vorsteher der Scherifen, stieg zur Zitadelle empor und brachte eine große Standarte von dort herab, welche das Volk die Standarte des Propheten nannte [...] Er entfaltete sie und ließ sie von der Zitadelle bis nach Bulaq vor sich tragen. Vor ihr und um sie herum waren Tausende aus dem Volk mit Stöcken und Stäben, die riefen: »Es gibt keinen Gott außer Gott« und »Gott ist am größten!« und die überlaut schrien. Sie hatten Trommeln und Pfeifen und andere Instrumente bei sich [...].«

All das untermauert die Vermutung, dass das Erscheinen der Franzosen in Ägypten höchst religiöse Zwietracht im Lande ausgelöst haben muss, die es seit den Kreuzzügen vor mehr als einem halben Jahrtausend nicht mehr gegeben hat.

Auch das militärische Verhalten Napoleons gibt zunächst Rätsel auf.
Obwohl die Hauptstadt Kairo noch nicht eingenommen war, womit die faktische Unterwerfung Ägyptens deklariert worden wäre, geschehen doch höchst seltsame Vorgänge im Tal der Pyramiden, die obendrein mit dem militärischen Geschehen nicht das Geringste zu tun haben.

Nach der gewonnenen Schlacht bei Imbaba, steuerte Napoleon nämlich zielstrebig die französische Enklave in Gizeh an, wo er dort mit seiner ganzen Armee drei Tage lang auf dem Westufer verbleibt. Während dieser militärisch gesehen wertvollen Zeit ergriffen viele Bewohner auf der anderen Seite des Nils in Kairo die Flucht nach Osten, allen voran der einflussreiche Scheich Umar Efendi und die führenden Geistlichen der al-Azhar.
Somit wurde der Wille zum Ausdruck gebracht, dass die geistliche Führung in Ägypten, die das religiöse Leben im Lande zu bestimmen hatte, einem Zusammentreffen mit Napoleon unter allen Umständen vermeiden wollte. Übrig blieben bedeutungslose Scheichs in al-Azhar zurück, die über keine verbindliche Entscheidungsgewalt verfügten.

Aber auch das Verhalten der gewöhnlichen Menschen diesseits und jenseits des Flusses gibt weitere Rätsel auf.

Diejenigen, die die Schlacht auf dem Westufer überlebten, beteten Napoleon trotz ihres islamischen Glaubens wie einen leibhaftigen Gott an.

Die Menschen auf dem Ostufer in und um Kairo, die aus der Ferne das Geschehen miterleben mussten und noch keinen direkten Kontakt mit den Franzosen hatten, verhielten sich noch abnormer. Sie warfen sogleich ihre Waffen zu Boden, rissen schreiend und kläffend ihre Kleidung vom Leib und weigerten sich, sich dem Kampf zu stellen.

» [...] *das Volk und die Masse der Untertanen begannen Lärm zu schlagen; die Leute schrien durcheinander, erhoben ihre Stimme und riefen:* »Du Herr! Du Gütiger! Ihr Männer Gottes«! *Die vernünftigen Leute hatten versucht, sie zu schelten und ihnen zu bedeuten, sie sollen das lassen [...] Doch sie hörten nicht darauf und ließen sich nicht von ihrem Tun abbringen [...].«*

In diesen bedrohlichen Stunden haben die Menschen nichts Besseres zu tun, als den Anführer der Invasoren als den Gütigen Herrn, seine brutal metzelnden Soldaten als die Männer Allas zu bezeichnen.

Aus einem noch unerfindlichen Grund betrachten diese Menschen die Invasoren aus Europa also als die Gesandten Gottes, Napoleon als den Anführer der „himmlischen" Schar und Gottesboten!

Auch hier verbindet die Bevölkerung die Franzosen mit Religion und nicht mit Militarismus. Darüber hinaus bringen sie Napoleon mit Prophetentum in Verbindung und manche sehen in ihm sogar die Rückkehr des Propheten Mohammed.

Ein völlig eigenartiges und unverständliches Verhalten für eine islamische Gesellschaft, die sich obendrein auch noch   im Heiligen Krieg gegen die Franzosen befand.

Napoleon hielt sich mit seiner Armee nach der Schlacht drei Tage in Gizeh auf, Tage die eines der größten Geheimnisse um ihn bergen.

Es gilt als sicher, dass Napoleon zunächst in jenen Palast in Gizeh einzog, in dem der Emir Murad Bek sechs Jahre lang bis zum Eintreffen der Franzosen festgehalten worden war.

Als Napoleon kurz darauf eine Nachricht nach Kairo übermittelte, sprach er nämlich »*vom Lager in Giseh.*«

Ein höchst merkwürdiges Verhalten!

Der Franzose brach mit seiner Armee auf, um ein Land zu erobern, ohne zunächst die Hauptstadt des Landes überhaupt auf seiner Rechnung zu haben!

Denn es war tatsächlich nicht Kairo, sondern Gizeh zu Füßen der Pyramiden, das Napoleon von Beginn an seiner Mission als Hauptziel ansteuerte.

Dies erklärt zugleich, warum die Franzosen seit der Landung in Alexandria entgegen jeder militärischen Klugheit ausschließlich auf dem Westufer nach Süden marschierten.

Auf einen Nenner gebracht, die eigentliche treibende Kraft hinter der Ägypten-Expedition, so militärisch sie auch ausgerichtet war, ist im religiösen Umfeld zu suchen und hing offensichtlich von dem Vollzug eines einzigen politischen Aktes in Gizeh ab, der dem weiteren Verlauf der napoleonischen Mission Legitimität und Macht verleihen sollte.

Dort hatte er ein Rendezvous von größter historischer Reichweite.

Von Alexandria aus hatte Napoleon die geistliche Führungselite der al- Azhar schriftlich über Boten aufgefordert, vor ihm in Gizeh zu erscheinen.

All das, was dann nach Erreichen Gizehs geschah, stellt genau genommen den Kern der napoleonischen Mission am Nil dar, für die er die beste Armee und die einzige Flotte des Landes aufs Spiel setzte, eine Mission, deren charakteristische Merkmale der französische Maler Jean-Antoine Gros so meisterlich auf seinem Siegespose-Gemälde verewigte.

Und es ist in der Tat kaum vorstellbar, die erste Handlung in Gizeh fand am 22. Juli 1798 statt – ein Tag nach der Schlacht –und war rein religiöser Natur: Napoleon wurde hier zum Sufismus bekehrt!

Ort des Geschehens: Der ominöse Palast von Gizeh, den der Mameluken Emir Murad Bek im Auftrag der Franzosen bauen ließ, wo er ab 1792 für sechs Jahre in Sicherheit vor Attentaten im unsicheren Kairo und unter Aufsicht der Franzosen leben musste.

»*Seine Residenz richtete er* [Murad Bek] *in dem Schloss von Gize ein. Er baute es aus und schmückte es; unterhalb errichtete er einen festen Landequai, in seinem*

Inneren pflanzte er einen herrlichen Garten an, in dem er alle Arten von Palmen, Bäumen und Weinreben bringen ließ [...].«

Aufgrund des Entstehungsorts ist davon auszugehen, dass dieser Palast auch wichtige religiöse Funktionen zu erfüllen hatte.

Wie hat man sich eine solche sufistische Zeremonie vorzustellen?

Der Beitritt zum Sufi-Orden verläuft in der Regel nach einem bestimmten Ritual, bei dem auch die Bekleidung der Beteiligten eine wichtige Rolle spielte.

So wird zunächst der Beitrittswillige vor der Versammlung der Bruderschaft unter dem Vorsitz ihres Scheichs empfangen, welcher ihn bei der Hand nimmt und die Worte »La ilaha illa 'llah« (es gibt keinen Gott außer Allah) ins Ohr flüstert und ihn anweist, diese Worte 101mal, 151mal oder 301mal täglich zu wiederholen.

Bei dieser Beschwörungsformel fehlt einerseits die Erwähnung des Propheten Mohammed und andererseits fällt auf, dass die Sufis enge Beziehung zu dem Begriff »*Allah*« haben. Und hier scheint eine der wenigen fundamentalen Gemeinsamkeiten zu anderen Formen des Islam zu liegen.

Das Aussehen des Vorsitzenden Scheichs während der Zeremonie unterscheidet sich von dem der Schüler.

Die Unterschiede zeigen sich im Turban, im Schnitt des Mantels, in den Farben und der Art des Stoffes, woraus diese gefertigt sind.

Der Scheich der Sekte, allgemein mit Bart und Schnurrbart tragend, trägt für gewöhnlich Gewänder, die mit Pelz abgesetzt sind und dünne Schuhe aus Filz.

Für gewöhnlich haben die Schüler lange Haare, die einen lassen sie auf die Schultern fallen, andere binden sie hoch und verbergen sie unter einem Turban.

Bei solchen Ritualen spielt zugleich die Körperhaltung eine bedeutende Rolle.

Während der Bekennungszeremonie lässt der Schüler seinen Kopf zur linken Schulter geneigt, während der führende Scheich mit seiner rechten Hand dieselbe Schulter berührt.

Eine typische und unverwechselbare Haltung dabei besteht darin, den linken Fuß auf den rechten zu legen. Sicherlich eigenartige Riten, deren ursprünglichen Sinn wir heute nicht zu verstehen vermögen.

Nun, es existiert eine Illustration über Napoleon in einer eigenartigen Umgebung und Haltung, die man in der einschlägigen Literatur schlicht als eine Begegnung mit dem Pascha von Kairo kommentiert. (Abb. 33)
Doch nichts ist irriger als diese Annahme!

Wie unbedeutend bisher diese Zeichnung für die Nachwelt auch sein mag, sie stellt einen der historischsten Momente im Leben Napoleons dar!
Und es ist in erster Linie das Verdienst des französischen Künstlers, der dieser Szenerie beiwohnte und dabei bemerkenswerte Details festhielt, deren Sinn er damals hätte nie erahnen können.
All die typischen Merkmale einer Bekennungszeremonie zum Sufismus finden wir auf dieser Illustration dokumentiert.
Napoleon trägt Bekleidung und Kopfbedeckung, die sich von dem des Meisters deutlich unterscheiden. Beide Roben sind mit Pelz abgesetzt, wobei die des Scheichs in reichlicherer Ausführung ist. Beide Akteure tragen dünne Schuhe, die auf Filzmaterial hindeuten. Auch sein langes Haar lässt der Korse auf seine Schultern fallen.
Während der entscheidenden Szene des Ritus, in der wohl der Eid geleistet wird, drückt Napoleon sein Kinn auf die linke Schulter, während der führende Scheich die rechte Hand auf Napoleons Schulter legt und zugleich mit seiner linken Hand die des Franzosen hält, um den mystischen Kreis zwischen den beiden Akteuren zu schließen.
Dass diese Illustration tatsächlich den Moment festhält, in dem Napoleon den Eid ablegte, geht aus seiner Geste hervor, in der er seine geöffnete flache rechte Hand auf ein aufgeschlagenes Buch in arabischer Sprache legt, womit der Eid bekräftigt wird.
Unter dem heiligen Buch befindet sich eigenartigerweise eine aufgeschlagene Landkarte in lateinischer Schrift, die womöglich das zukünftige islamische Weltreich umreißt.
Doch der eindeutige Beweis, dass wir uns hier in der Welt des Sufismus befinden, verdanken wir einem winzigen Detail, das dem französischen Zeichner nicht entgangen war.

Während dieser Zeremonie legt der führende Scheich seinen linken Fuß auf den rechten!

Auch das Schachbrett-Muster des Bodens rundet die Sufi-Indizienkette ab. Durch diesen Akt ist Napoleon theologisch gesehen ein völlig anderer Mensch geworden; ein Berufener – einem Propheten gleich.

Abbildung 33
Eine Illustration von historischem Wert!
Nach der Schlacht bei den Pyramiden wird Napoleon am
folgenden Tag, dem 22. Juli 1798, im Gizeh-Palast zum Sufismus
bekehrt. Hier finden wir alle Elemente und Merkmale dargestellt, die
zum Beitritt zum Sufi-Orden gehören. Obwohl es in der Regel streng
untersagt war, dabei Waffen zu tragen, wird bei Napoleon eine
Ausnahme gemacht. Diese »kultische« Geste würde bedeuten, dass
er auch seine Waffe im Dienst des Sufismus und seinem Gott stellt.
(Foto Hachette)

Ab dem Moment des Bekenntnisses war er nun legitimiert, im Namen seines Glaubens weitere kultische Schritte zu vollziehen, die zum festen Bestandteil seiner weiteren Aufgaben gehörten. Erst dann konnte er sein weltliches Erbe antreten, seine globale Mission in die Tat umsetzen: Gottesreich auf Erden ausrufen.

Warum ausgerechnet Sufismus, warum bekennt sich Napoleon nicht einfach zum Islam?

Nur über den Sufismus führt der Weg, wo der Franzose seine Berufung vollendet sehen wollte: **Das Prophetentum**.

*»Diejenigen, die wir heute als Sufis bezeichnen, wurden damals **Nbiyin** oder **Propheten** genannt.«*

Das Bekenntnis zum Sufismus offenbart also das, wie sich Napoleon selber betrachtet hatte: als ein Prophet und Erneuerer des Islams.

Und das, was in dem darauffolgenden Tag am 23. Juli 1798 geschah, verschlägt einem schlicht den Atem!

Dem Maler Gros gelang meisterlich die Summe all dieser Handlungen in einer Momentaufnahme zu vereinen, nämlich auf der berühmten napoleonischen Siegespose. Diese aus bestimmten Handlungen resultierende Pose Napoleons, findet nach seiner Bekennung zum Sufismus statt, und steht damit in unmittelbarem Zusammenhang.

Napoleon wurde bekanntlich von vielen französischen Künstlern begleitet, die zu den besten im Lande gehörten.

Ihre scharfe Beobachtungsgabe trug nicht zuletzt dazu bei, inferiore Details für die Nachwelt zu erhalten, die sonst den Aspekten einer der schönen künstlerischen Darstellung geopfert worden wären.

Bei ihnen war einfach noch die Liebe zum sachlichen und nüchternen Detail vorhanden.

Doch das, was Jean-Antoine Gros bei dem Siegespose-Gemälde zustande brachte, erfordert viel mehr als nur Beobachtungsgabe.

Seine Leistung in diesem Zusammenhang knüpft an eine alte Fähigkeit antiker Künstler an, die offensichtlich im Laufe der geschichtlichen Epochen nicht ohne Grund vernachlässigt wurde. Diese Technik der Collage des

Hauptereignisses mit verschiedenen davor liegenden Ereignissen auf einem Kunstwerk ist bereits in Kapitel 3 ausführlich beschrieben worden.

Und exakt auf diese alte Technik griff der französische Maler Gros zurück, ein Tatbestand, der bisher bei der Betrachtungsweise des Bildes völlig außer Acht gelassen wurde.

Würden nämlich die Kunstwerke einer Prüfung unterzogen, die während der Ägypten-Expedition über die unterschiedlichsten Geschehnisse berichten, so lässt sich feststellen, dass eigenartigerweise nur dieses Gemälde der antiken Darstellungstradition nacheifert. Alle anderen Gemälde geben realistische und zusammenhängende Momentaufnahmen der betreffenden historischen Ereignisse oder Motive wieder.

Diese Tatsache verweist auf den Umstand hin, dass auf dem Gemälde ein Ereignis von außergewöhnlicher Tragweite für die Nachwelt festgehalten wurde und dass es dabei um weitaus mehr geht, als nur die bloße Siegespose nach einer Schlacht darzustellen.

Das Gemälde spiegelt in seinen Motiven diverse Botschaften wider, die in enger Verbindung mit dem napoleonischen Wesen stehen und seine Wirkung und Berufung in der Geschichte begründeten.

Die einzelnen Motive zusammengefügt ergeben summarisch den Höhepunkt eines historischen Augenblicks.

Jede Figur darauf, jede Pose und jedes Detail scheint einen bestimmten Sinn zu ergeben, die eigene Deutung des Geschehens auszustrahlen, und nichts scheint zufällig an seiner Stelle platziert zu sein.

Die am Boden liegenden Krieger symbolisieren die Verlierer der Schlacht, von denen die noch lebenden Napoleon die geöffnete Hand als Zeichen höchster religiöser Unterwürfigkeit entgegenstrecken, wobei der hintere moslemische Krieger sein Hemd mit der linken Hand zerreißt und sich dabei schwere Kratzer in die Brust einritzt. Somit bietet er nach orientalischem Brauch die linke Seite seiner Brust, sein schlagendes Herz also, dem großen Napoleon an.

Die zweite Gruppe besteht aus einem seltsamen Greis, der eine junge Frau und einen nackten jungen Mann umarmt.

Diese Gruppe bildet eine Einheit.

Abbildung 34
Siegespose bei den Pyramiden
Hier handelt es sich um einen Entwurf, der später als Vorlage
für das endgültige Ölgemälde von Gros diente. Im Rahmen
der späteren Übernahme wurden einige, kaum wahrnehmbare
aber entscheidende Änderungen vorgenommen.
(Jean-Antoine Gros)

Dabei fällt aber auf, dass der niederkniende junge Mann mit über der Brust gekreuzten Armen Napoleon geradezu anbetend vergöttert.
Diese Gruppe dürfte auf dem Westufer des Nils beheimatet gewesen sein. Denn unmittelbar nach der Niederlage hat es zunächst keine Möglichkeit gegeben, von dem einen zum anderen Ufer überzusetzen.
Das besondere bei dieser Gruppe dürfte der Tatbestand sein, dass sie auf dem Gemälde nicht als Feinde dargestellt sind.
Indem der unmittelbar dahinterstehende französische Soldat seine rechte Hand auf die Schulter des Greises legt und ihn somit umarmt, wird diese Gruppe in den napoleonischen Kreis eingebunden und dem Lager der Franzosen zugeordnet.

Und hier erscheint die Frage als unvermeidlich, wieso ausgerechnet diese 3-er Gruppe solch eine wichtige Position auf dem Gemälde einnimmt und was diese fremden Gestalten mit Napoleon zu tun haben?
Die Antwort darauf dürfte der Gegenstand liefern, den die junge Frau in der linken Hand hält. Dabei muss auf den Umstand hingewiesen werden, dass die feinen Details, auf die es ankommt, nur auf der ursprünglichen Schwarz-Weiß-Radierung verewigt sind, als das Geschehen noch aktuell vor den Augen des Künstlers ablief.

Auf der ursprünglichen Entwurfsvorlage hielt die Frau einen kostbaren Wasserkrug, der dann später auf dem farbigen Gemälde zu einem aus Schilf geflochtenen zylindrischen Körbchen wurde.
Was hat aber ein Wasserkrug in solch einem Motiv zu suchen?
Darauf kann es nur eine Antwort geben.
Dieser Krug muss im Rahmen dessen, was sich während der drei Tage in Giseh abgespielt hat, eine enge Verbindung zu dem haben, was Napoleon kurz zuvor erlebte: sein Bekenntnis zum Sufismus!
Und hier gibt es nur eine einzige Möglichkeit: Es war ein markanter Wasserkrug, der lediglich einem rituellen Zweck diente, nämlich der Waschung, worüber der Prophet Mohammed einst lehrte, es sei »*die Hälfte des Glaubens und Schlüssel zum Gebet.*«
Durch dieses Waschungsritual, das sich über diverse Etappen erstreckt, soll den Körper von allen Unreinheiten befreien, um durch das anschließende Gebet die Seele dem Thron des Allerhöchsten näherzubringen.
Die Waschung als reinigendes Ritual zum Gebet ist allerdings keine islamische Erfindung.
Ihre ursprünglichen Wurzeln liegen vielmehr im alten Ägypten, wo sie Jahrtausende vor Ausrufung des Islam praktiziert wurden. Auch damals stand die Reinigung mit dem Gebet in engem Zusammenhang.
Wie ein Rebus bedeutet die Hieroglyphe in dem Nebeneinander von Gebet und Wasser, das jegliche Unreinheit mit sich fortnimmt, den Idealzustand von Reinheit und Hygiene, der mehr als alles andere dem Priester eigen ist.
Rein oder gereinigt bezeichnete im Ägyptischen die gewöhnliche mit dem Götterkult betraute Kategorie; in der bunten Vielfalt der Priesterämter war die Reinheit der gemeinsame Nenner, der die höchsten Ränge der Priesterschaft mit den bescheidensten Gottesdienern verband.

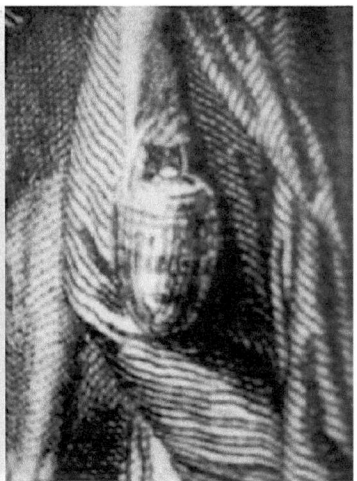

Abbildung 35
Der Ausschnitt aus dem Entwurf (rechts) und
das fertige Gemälde (links) weisen eine entscheidende Änderung
auf, die beim Erstellen des Gemäldes ca. 10 Jahre später
von dem Künstler keine Beachtung fand. Ursprünglich
trägt die junge Frau einen Wasserkrug, der jedoch später
auf dem farbigen Ölgemälde zu einem runden geflochtenen
Korb wurde. Dieses winzige Detail ist für die Deutung der
Vorkommnisse in den drei Tagen in Giseh von großer Bedeutung.

Die Waschungen und Gebete im alten Ägypten, in deren Nebeneinander
das Individuum von jeglicher Unreinheit befreit wurde und in dem es den
Idealzustand der Reinheit erlangte, waren allerdings kein Ritual für das gewöhnliche Volk, sondern, im krassen Gegensatz zum späteren Islam, ausschließlich der Priesterkaste vorbehalten.
Später machte der Islam keinen Unterschied zwischen den Gottdienenden
und dem gewöhnlichen Volk, band letztere in die religiösen Rituale ein.

Der Greis dürfte also eine bedeutende religiöse Persönlichkeit gewesen
sein, der in der napoleonischen Szenerie eine kultische Handlung von großer Tragweite zu erfüllen hatte, ja sogar darüber hinaus mit der eigentlichen
Mission Napoleons in Ägypten eng verflochten sein dürfte.
Das, was dann Napoleon und seine Soldaten auf dem Gemälde zelebrieren,
stellt eine historische Sensation dar!

Abbildung 36
Der Priester Niaii und seine Gemahlin empfangen das
Reinigungswasser aus dem rituellen Wasserkrug.
Kalksteinrelief aus Saqqara, 18. – 19. Dynastie.
(Hannover, Kestner-Museum)

Der Mittelpunkt des Bildes wird von einer fantasievollen Darstellung beherrscht, bei der Napoleon auf einem weißen Pferd mit einer auffälligen Geste aufwartet. Mit dem Zeigerfinger seines rechten Armes zeigt er auf die im Hintergrund wie eine Fata Morgana aus dem Sand herausragenden Pyramiden von Gizeh. Mit seinem gestreckten linken Arm und der geöffneten, den Pyramiden zugewandten flachen Hand huldigt er die Steinmonumente mit demselben Heil Gruß, den wir auf zahlreichen pharaonischen Darstellungen im Rahmen wichtiger kultischer Handlungen beobachten können.

General Desaix nimmt bei der Darstellung eine demütigende Haltung gegenüber dem Oberhaupt ein; ohne Kopfbedeckung und mit zum Boden gesenktem Schwert.

Doch das, was Napoleons Soldaten um ihn herum festlich begehen, ist die eigentliche Sensation und zugleich die eindeutige Verbindung zum pharaonischen Ägypten!

Zur Erinnerung: Nach der Schlacht bei den Pyramiden verblieben Napoleon und seiner Armee drei Tage in Gizeh.

Selbst wenn man vorausschickt, dass Napoleon triftige Gründe hatte, sich in Gizeh aufzuhalten, wäre es nicht rationaler gewesen, er hätte sich mit einer Schar Soldaten um sein Rendezvous in Gizeh gekümmert, während General Desaix mit seinen Armeen in Kairo einmarschiert und die erforderlichen Vorkeh-rungen für den Einzug des großen General in der Hauptstadt arrangiert hätte? Stattdessen finden wir aber diese Soldaten auf dem Westufer um Napoleon versammelt, wo es in Gizeh keine Schlachten mehr zu schlagen gab.

Hatten sie womöglich eine wichtige Aufgabe zu erfüllen, die es erforderlich machte, dort vorerst zu verweilen?

Die Antwort darauf liegt in dem Verhalten der Soldaten: kollektiv rasseln sie klirrend mit ihren Säbeln!

Doch dies geschieht exakt in dem Moment, in dem Napoleon mit seiner Geste die Pyramiden huldigt.

Demnach hängt das, was zunächst als belangloses militärisches Säbelrasseln erscheint, in Wahrheit eng mit dem zusammen, was das Oberhaupt der Armee gerade tut: Die Huldigung einer Gottheit und deren Glaube, die offensichtlich im Zeichen der großen Pyramide stehen.

Somit stellt die feierliche Parade, die die Franzosen auf dem Gemälde zelebrieren, nichts anderes als einen kultischen Gottesdienst dar, bei dem sie waffenklirrend einer unbekannten Gottheit huldigen und Treue schwören.

Somit stellt Napoleon das Werkzeug vergangener und zukünftiger Taten, das Heer, mit dem er die Welt erobern will, in den Dienst einer Gottheit, die in enger Beziehung zum Pyramidenkult steht.

Und genau die gleiche kultische Szenerie hat sich vor fast 2.000 Jahren etwa an derselben Stelle abgespielt, ehe ein Weltreich gegründet wurde: das Hellenische.

Denn das, was die Franzosen am 22. Juli 1798 auf demselben heiligen Boden zelebrierten, wurde am 14. November 332 v. Chr. nach dem gleichen Strickmuster von keinem geringeren als dem Makedonier Alexander der Große vollzogen.

Aus dieser Sicht wird verständlich, warum die gesamte französische Armee zunächst bei Napoleon in Gizeh verweilen musste.

Abbildung 37
Ausschnitt Stele des Ipuja
Osiris wird mit dem typischen »Heil Gruß« gehuldigt.
Kalksandstein aus Abydos, 19. Dynastie.
(Kairoer Museum)

Hier auf dem heiligen memphisischen Boden fanden mit der feierlichen Prozession die kollektive Bekehrung zu Gott und dem Eid statt, sich in seine Dienste zu stellen und in seinem Namen die vier Winde zu erobern.

Doch Napoleon befindet sich inzwischen in Memphis auf eine trostlose und historisch ausgebrannte Kulisse.

Es gab keine „Weiße Mauer" mehr, die der Franzose mit seinen Soldaten die memphisische Gottheit huldigend sieben Mal hätten umrunden können, um dabei mit ihren Säbeln klirrend seinen Namen zu rufen, was zugleich einen Schwur in seinem Sinne bedeutet.

Und es fehlten die gigantischen Tempelanlagen, innerhalb deren beeindruckenden Gemäuern einst den Pharaonen und zuletzt Alexander dem Großen die Weltherrschaft über die vier Winde in verschwenderischer Pracht und Präsentation verliehen wurde.

Wer hätte ihm wohl in ein inzwischen kulturell verblasstes und historisch ausgebranntes Ägypten des aufgehenden 19. Jahrhundert die weltliche Krone feierlich auf sein Haupt setzen können, und wer hätte wohl hier die Legitimation dazu gehabt?

Die Phönix-Legende weist in diesem Zusammenhang auf einen einzigen Ort hin, an dem der mystische Vogel einst erschien, um das kommende Heil und den Erretter der Menschheit zu zeugen: Heliopolis auf dem anderen Ufer des Nils, wo vor unendlichen Zeiten die Erbauer jener Pyramiden gezeugt wurden, die nun auch bei Napoleon im Mittelpunkt des Geschehens stehen.
Inzwischen hatte die al-Azhar, auf den Trümmern der einstigen Sonnenstadt entstanden, das Erbe von Heliopolis angetreten, ihre kultische Tradition unter islamischer Gelehrsamkeit bewahrt.

Und gerade in diesen kultisch bewegenden Momenten, hatte Napoleon mit deren geistlichen Führung ein Rendezvous in Gizeh- ein Rendezvous, das bereits seit langen vorgeplant war!

9. Kapitel
Umar Efendi
Sturz des Phönix

Napoleon im Dienst des Sufismus, seine siegreiche Italienarmee feierlich in Gizeh unter dem Banner des Islam gestellt. Welch eine historische Vorstellung?

Dass der Franzose bei seiner Ankunft in Gizeh zum Sufismus bekehrt wird, widerspiegelt den religiösen Glauben in Ägypten zur damaligen Zeit. Für die friedfertige Bevölkerung Ägyptens war Islam schlicht und einfach der Sufismus.

Ebenso dürfte dies eine eindrucksvolle Bestätigung dessen sein, was al- Gabarti darüber zu berichten wusste und ein Beleg dafür, dass die Führung des al-Azhar sufistisch orientiert war.

Zugleich scheint dies den sufistischen Trend zu erklären, der quer durch ganz Europa unter den Intellektuellen und in den obersten Schichten zur fraglichen Zeit anzutreffen war und fast unsichtbar Menschen verschiedener Rassen und Nationalitäten an sich zog.

Die Bekehrung Napoleons zu Beginn seines Aufenthalts in Gizeh dürfte zudem als Beleg dafür bewertet werden, dass eine grenzüberschreitende Gemeinsamkeit zwischen den Anhängern dieses Glaubens bestanden hat.

Und mag dies zunächst auch unglaublich erscheinen, die sufistische Lehre dürfte allem Anschein nach im Vermächtnis altägyptischer Religion fest verankert gewesen sein, und ihre Überlebenskraft daraus geschöpft haben.

Die verwirrende Vielfalt der ägyptischen Götterwelt, die Ausdrucksformen ihrer kultischen Verehrung im Verlauf der verschiedenen Epochen des pharaonischen Zeitalters und die unbeirrbare Suche nach den Göttern mit zahllosen Beschwörungsformeln, ja selbst die uns heute noch immer rätselhaft erscheinenden Pyramiden – allerdings nur die des Cheops –, all der Aufstieg und Untergang, der kulturelle Glanz und die darauf folgende Dunkelheit; all das scheint den Sufismus zutiefst zu berühren.

Noch eigenartiger erscheint auch, dass das Rituelle, das der sagenumwobene Narmer in Memphis einst zelebrierte, seine unverkennbaren Spuren in dem hinterließ, was Napoleon fast 5.000 Jahre später auf demselben heiligen Boden veranstaltete. Geschichte wurde damals vor einer Ewigkeit mit einer mystischen Kulturphilosophie entfesselt, um die stets dahin tickende Zeit zu überwinden und dem irdischen Vergehen entgegen zu wirken!

Dabei deutet einiges darauf hin, dass das, was Cassas in Ägypten im Jahr 1785 miterlebte, keine alljährliche Prozession, sondern ein zyklisches Ereignis war.
Ein neues Zeitalter schien angebrochen zu sein, das mit Gizeh und al-Azhar, den Erben von Heliopolis, in enger Verbindung stand.
Diese Annahme würde dann die ominöse al-Azhar Revolte im Jahre 1779 plausibel erscheinen lassen: In Hinblick auf das kommende weltliche Ereignis, sollte der Weg für den ärgsten Rivalen des Sufismus, den Hanafismus, geebnet werden.

Das, was Ende des Jahres 1785 gefeiert wurde, sollte unter dem Zeichen des Hanafismus und der unbarmherzigen Scharia erfolgen.
Es ist deshalb davon auszugehen, dass die Prozession, die vor al-Azhar ihren Höhepunkt erreichte, letztlich auch einem wichtigen Zweck dienen sollte, nämlich der Tradition folgend einen kultischen Zeugungsakt mit jenem weiblichen Wesen zu zelebrieren, das vor dem Eingang des Zelts im durchsichtigen Kleid von zwei in schwarz gekleideten Frauen geführt wurde.

Der Sprössling aus diesem Zeugungsakt wird später in die Geschichte eingehen: Er ist jener Rustam, der keinen Augenblick von der Seite Napoleons weichen wird und fälschlich als ein leibeigener Mameluk betrachtet wurde. Napoleon hatte sein Leben nie in die Hände eines Mameluken gelegt. Vielmehr war er ihr entschiedener Feind, der in öffentlichen Rundschreiben an den Ägypter stets deren Vernichtung als sein oberstes Ziel ansah.

»Im Namen Gottes, des barmherzigen Erbarmers! Es gibt keinen Gott außer Gott (Allah); *er hat keinen Sohn und keinen Gefährten in seiner Herrschaft! Von Seiten*

Frankreich, das aus der Freiheit und der Gleichheit beruht, tut der Oberbefehlsha-
ber, Kommandant der französischen Heere, Bonaparte allen Bewohnern Ägyptens
kund, dass die Sangaqs, die über das Land Ägypten herrschen, die Rechte der fran-
zösischen Nation missachtet und geschädigt und ihren Händlern durch alle Art
Schikanen und Feindseligkeit Unrecht getan haben. Nun ist die Stunde der Bestra-
fung gekommen. Es währt seit vielen langen Jahrhunderten, dass dieser Schwarm
der aus Georgien und dem Tscherkessenland importierten Mameluken dieses
schöne
Land verdirbt, das zu den besten gehört, die es auf dem ganzen Erdball gibt. Der
Herr der Menschen in aller Welt ist aller Dinge mächtig; Er hat das Ende ihrer
Macht zugeordnet. […] Doch Weh über Weheleid steht jenen bevor, die die Ma-
meluken im Krieg gegen uns unterstützen; sie werden keinen Ausweg zur Rettung
mehr finden, und keine Spur von ihnen wird übrig bleiben!«

Als Napoleon 1798 in Ägypten ankommt, dürfte dieser Sprössling etwa 12
Jahre alt gewesen sein.

Und wir begegnen ihm auf einem Ehrenplatz auf jenem Siegespose-Gemälde. Er ist jener niederkniende und sich an den Greis anlehnender junger
Mann mit über die Brust gekreuzten Armen, der Napoleon in voller Hingabe wie einen leibhaftigen Gott anbetet. Nur solch einem blind ergebenen
Menschen hätte der Korse sein Leben anvertraut.

Dem Greis begegnen wir dann erneut in der Nähe von Napoleon an einem
ganz anderen Ort; nämlich in der Königskammer der Cheops-Pyramide.

Auf dem Gemälde von Gros treffen wir aber auch einen alten Cassas-Be-
kannten, der inzwischen 13 Jahre älter geworden und zum Greis gereift
war; der Hohepriester aus dem Chephren Totentempel. Und dies erklärt die
ehrenvolle Position auf dem Gemälde, die dieser Gruppe zugewiesen wird.
Dort in der Grabkammer steht er ganz links und trägt sogar als einziger
Einheimischer ähnliche Utensilien um seinen Bauch, wie auf dem Gemälde
von Gros festgehalten wurde.
Auch verrät das Bild ein feines Detail: Nicht er, sondern ein anderer Orien-
tale verständigt sich mit Napoleon.
Demnach sprach der Greis kein Französisch.

Der Scheich, mit dem sich der Franzose im inneren der Pyramide unterhält, dürfte jener syrische Scherif sein, der stets unterstützend an seiner Seite stand.

Und dass wir es bei der Prozession von Gizeh mit der Erneuerung eines uralten kultischen Bündnisses zu tun haben, welche uns in die narmarischen Zeiten zurückversetzt, verrät nicht zuletzt ein unscheinbares Detail in Zusammenhang mit der Waschung.

Abbildung 38
Der Hohepriester aus dem Totentempel des Chephren
Ein altertümlicher Priester aus längst vergangenen Epochen!
Der junge Mann vor ihm, der Napoleon in voller Hingabe anbetet,
wird später in die Geschichte als sein Leibmameluk Rustam eingehen.
(Jean-Antoine Gros, Chateau de Versailles)

Narmer wurde durch die Waschung kultisch gereinigt, wie ebenso später Napoleon.

Bei Narmer hielt der kleine Knabe hinter ihm nicht nur die Sandalen des Königs, sondern auch einen kleinen kultischen Krug.

Bei Napoleon ist es die junge Frau, die ebenfalls einen kultischen Krug in der Hand hält. Demnach hat es wohl im Totentempel des Chephren einen kultischen Ort gegeben, wo die überlieferte Tradition aus den ersten Stunden um den Phönix immer noch gepflegt wurde.

Auf Abb. 23 ist hinter dem sitzenden Priester ein schmales Portal zu sehen, das zu einem dunklen Raum führt.

Dort stehen zwei solche Krüge auf einem mit Figuren reichlich verzierten altarähnlichen Sockel.

Abbildung 39
Napoleon in der Königskammer des Cheops
Links beobachtet der Hohepriester, wie Napoleon sich
mit einem Scheich über dem leeren Sarkophag unterhält.

Das memphisische Inkarnationsritual diente aber letztlich dazu, den Berufenen in den Stand der Pharaonen zu erheben, und ihm zugleich die Macht über die „vier Winde" zu verleihen, um die Welt im Namen der Gottheit zu erobern, seinen Glauben bis an das Ende der Welt hinauszutragen und das ewige Gottesreich zu gründen.

Bei Narmer ist es der Priester mit dem Leopardenfell, der wohl den König im Stand der Pharaonen erhob, ihn die göttliche Macht verlieh.

Wer sollte aber bei Napoleon den Krönungsakt zelebrieren, mit dem er, wie einst auch Alexander, den Anspruch hätte erlangen können, den ägyptischen Thron des Königtums zu besteigen und die unangefochtene Weltherrschaft anzustreben?

Abbildung 40
Kultischer Waschkrug
Bei Narmer (links) trägt der Junge den
Waschkrug, bei Napoleon ist es die junge Frau.

Der Greis von der Chephren-Pyramide ist es nicht, auch wenn ihn der französische Maler mit einem Ehrenplatz auf der historischen Szene bedacht hat.

Hierfür waren andere zuständig, mit denen Napoleon ein ominöses **Rendezvous** hatte!

Dieses Treffen in Gizeh stand in unmittelbarem Zusammenhang mit seiner kurz zuvor erfolgten kultischen Reinigung und das danach erfolgte Bekenntnis zum Sufismus: Es stellt sozusagen die nächste, aber wichtigste Etappe der kultischen Zeremonie dar.

Kurz nach der Landung in Alexandria hatte Napoleon die führenden Würdenträger in der Stadt vor sich treten lassen.

»*Sie* [die Franzosen] *fragten nach den führenden Würdenträgern von Alexandria, und diese stellten sich vor ihnen ein* [...].« (Abb. 31)

Noch steht Ägypten ganz am Anfang der Ereignisse und Napoleon ist noch das unbekannte Wesen, das man noch nicht so recht einzuordnen vermag, und noch leisten ihm die Einheimischen gebührende Unterwürfigkeit.
Danach entsendet der Franzose eine Delegation nach Kairo, bestehend aus einigen syrischen Geistlichen, angeführt von dem religiösen Oberhaupt Alexandrias, dem Napoleon kurz zuvor einen wertvollen Säbel schenkte.
Diese Gruppe soll der al-Azhar-Führung eine Botschaft überbringen, in der Napoleon sie aufforderte, später nach seiner Ankunft in Gizeh vor ihm zu erscheinen.
Der Inhalt der Botschaft muss eindeutige Aussagen in Bezug auf den Islam und seine Person enthalten haben.
Denn wir finden danach nicht nur das Volk, sondern in erster Linie die Gelehrten der al-Azhar in religiöse Rastlosigkeit verfallen.

»[...] *der Pascha, die Gelehrten und die Würdenträger der Stadt stellten sich ebenfalls ein und berieten über dieses bedeutungsvolle Ereignis* [...] *Die Gelehrten hatten* [...] *jeden Tag in der Azhar-Moschee versammelt und im Buhari gelesen sowie andere Gebete gesprochen; ebenso die Scheichs der Derwische der Ahmadija, der Rifa´ija, der Barahima, der Qadirija, der Sa´dija sowie anderer Orden und Gottesmänner. Sie hielten Zusammenkünfte in der Azhar ab; sogar die Kinder in den Schulen rezitierten den Namen des Allgütigen und seine anderen Namen.*«

Obwohl bis dahin kein Ägypter in Kairo Napoleon zu Gesicht bekommen hat, löst sein bloßes Erscheinen in Ägypten endloses religiöses Chaos und hitzige Beratungen aller Islamiten in Kairo aus. Nicht zuletzt deutet die Aussage, man habe im Buhari gelesen, darauf hin, dass die Sorge der ägyptischen Geistlichen in Kairo weniger dem islamischen Glauben als solchem gilt, sondern sich ausschließlich um eine Frage dreht, die den Islam zutiefst berührt aber auch spaltet: das Erscheinen des Mahdi, jener im Islam erwartete letzte Erneuerer des Glaubens und Wiederhersteller der göttlichen Ordnung.

Doch niemand innerhalb der Führung der al-Azhar konnte letztlich auch nur im Ansatz erkennen, dass das Erscheinen der Franzosen im Zeichen des Mahdis stehen könnte. Dafür waren die Aussagen des Propheten Mohammed über seinen möglichen Nachfolger zu eindeutig.

Nach al-Bukhari und anderen Traditionen soll der Prophet einst über den Mahdi eindeutige Aussagen gemacht haben:

»Die Welt wird nicht zu Ende gehen, ehe nicht ein Mann meines Stammes und meines Namens der Herrscher Arabiens gewesen ist«.

Der Mahdi wird also aus Arabien, dem Land des Phönix, und nicht aus Europa stammen.

Die Führung der al-Azhar wittert letztlich eine ketzerische Täuschung, worauf das Oberhaupt der Scherifen Umar Efendi am 18. Juli 1798 zum Heiligen Krieg gegen die Franzosen aufruft.

»Sajjid Umar Efendi, der Vorsteher der Scherifen, stieg zur Zitadelle empor und brachte eine große Standarte von dort herab, welche das Volk die Standarte des Propheten nannte [...] Er entfaltete sie und ließ sie von der Zitadelle bis nach Bulaq vor sich tragen. Vor ihr und um sie herum waren Tausende aus dem Volk mit Stöcken und Stäben, die riefen: ›Es gibt keinen Gott außer Gott‹ und ›Gott ist am größten!‹ und die überlaut schrien. Sie hatten Trommeln und Pfeifen und andere Instrumente bei sich.«

Nur Umar Efendi, das autoritäre religiöse Oberhaupt in Ägypten, besaß die Legitimität, die Standarte des Propheten nach eigenen Gutdünken zum Wohle des Islam einzusetzen und darüber hinaus den Heiligen Krieg auszurufen.

Zuletzt wehte eine solche Standarte vor gut 600 Jahren über den Köpfen der Heiligen Krieger des Sultan Salah ad-Din, als die Moslems gegen die Kreuzritter in den Kampf zogen.

Unmittelbar nach der Niederlage bei den Pyramiden ergreift Umar Efendi mit der Führung der al-Azhar die Flucht Richtung Osten. Damit soll nicht

zuletzt um jeden Preis jede direkte Kontaktnahme mit dem „ketzerischen"
Franzosen unterbunden werden.

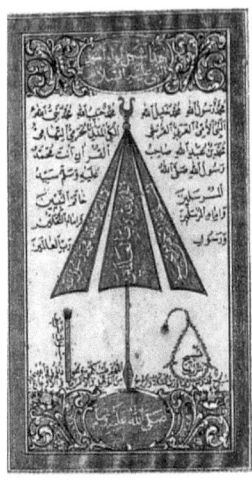

Abbildung 41
Die Standarte des Propheten
Das Zeichen seiner kriegerischen Macht.

Die in al-Azhar zurückgebliebenen Scheichs von niedrigerem Rang erkann-
ten rasch ihre verfahrene Situation und dass von nun an kein Weg an den
Franzosen vorbeiführen kann.
Sie beschlossen auf seine Aufforderung zu reagieren.

»*Einige Scheichs und Gottesgelehrte versammelten sich in der Azhar. Sie berieten
sich untereinander und kamen zum Schluss, dass sie eine Botschaft an die Frang
[Franzosen] senden wollen, um zu sehen, was deren Antwort sein werde. Sie taten
dies und sandten sie unter der Obhut eines Mannes aus dem Maghreb, der ihre
Sprache verstand, sowie eines zweiten, der sie begleiten sollte. Sie gingen, kehrten
zurück und berichteten, sie seien von dem Obersten jenes Volkes empfangen worden und hätten ihm ihr Schreiben übergeben; sein Dolmetscher habe es ihm vorgelesen. Sein Inhalt war, dass die Scheichs sich über ihre Absichten informieren wollten.*«
Hier begegnen wir dem syrischen Scherif Manture, der als Verständigungs-
brücke zwischen Napoleon und den Ägyptern fungierte.

Napoleon kann das Ausbleiben der Hohen Scheichs der al-Azhar nicht verstehen und lässt über den Syrer fragen:

»Wo sind eure Würdenträger und Scheichs? Warum zögern sie, zu uns zu kommen, damit wir ihnen Vorschriften erteilen, die für uns alle von Nutzen sind?«

Ob Napoleon wörtlich diese Aussage gemacht hat, oder sein islamischer Verbündeter Manture der Urheber war, kann nicht mit letzter Sicherheit geklärt werden.

Entscheidend dabei ist allerdings die vorgetragene Absicht der Invasoren, in Ägypten erschienen zu sein, um die Führung der al-Azhar religiöse Vorschriften erteilen zu wollen.

Hier wird eindeutig der Wille zum Ausdruck gebracht, den islamischen Gelehrten der al-Azhar andere religiöse Richtlinien aufzutragen als die der Etablierten mit dem Ziel, eine neue islamische Ordnung im Lande zu schaffen.

Schließlich versucht Napoleon die Kairoer Vertreter zu beruhigen, und hat *»ihnen lächelnd ins Gesicht geschaut.«*

Sie blieben allerdings stur und verlangten eine schriftliche Erklärung über seine Absichten, die der Franzose widerwillig von Manture schreiben ließ.

In Kairo zurückgekehrt bewirkt das Schreiben eine gewisse Erleichterung bei den Scheichs der al-Azhar, und einige von ihnen *»saßen auf und ritten nach Gizeh.«*

Noch ahnen die Kairoer Scheichs nicht, um was es bei diesem Rendezvous wirklich gehen soll.

Ihr Erscheinen löst zunächst eine Erleichterung bei Napoleon aus, der lächelnd auf sie zutrat.

»Er fragte: ›Seid ihr die großen Scheichs?‹ Sie informierten ihn darüber, dass die Hauptscheichs sich geflüchtet hatten und entflohen waren.«

Dann kommt bei al-Gabarti ein einziges Wort vor, wodurch sich der dichte Nebel um die Ereignisse in Gizeh zu lichten beginnt.

Endlich formuliert der Dolmetscher Napoleons präzise mit einem einzigen Wort das, was wirklich geschehen soll.

»*Er sagte:* ›*Warum fliehen sie? Schreibt ihnen, sie sollen zurückkommen. Wir wollen für euch einen Diwan einrichten, damit ihr und die Untertanen ruhig leben könnt und der Scharia zur Geltung verhelft.*‹«

Scharia, welch eine Überraschung und Widerspruch zugleich!

Das, was Napoleon soeben über seinen Dolmetscher den Kairoer Gesandten in einem einzigen Satz verkündete, ist eine historische Sensation.
Nach eigenem Bekunden soll Napoleon in Ägypten mit der festen Absicht erschienen sein, um die Scharia einzuführen und somit denselben Islam zu propagieren, den einst der Prophet Mohammed in Mekka einführte: die Rechtsreligion.

Mit anderen Worten, zu Napoleons Absichten in Ägypten gehörte an erster Stelle, die etablierte Glaubensrichtung, den Sufismus also, durch den orthodoxen Islam zu ersetzen, die Rechtgläubigkeit über dem Land zu verbreiten.
Diese Absicht geht noch deutlicher aus einem Dekret hervor, das Napoleon später an die Mitglieder des ägyptischen Diwans übermittelte:

»*Er* [Napoleon] *ordnet an, dass ihr unter den Gelehrten einen Scheich auswählt und ernennt, der ein Ägypter und in Kairo geboren ist; er soll das Qadi-Amt übernehmen und nach den Weisungen der Scharia Recht sprechen* […].«

Die Scharia in Anlehnung an den Koran soll also die alleinige gesetzliche Richtschnur in Ägypten bilden.
Demnach sah sich Napoleon, was die theologische Plattform angeht, in eine Reihe mit jenen Hanifen gestellt, die die großen religiösen und Welt verändernden Perioden eingeläutet haben, zu denen u.a. Abraham, Moses und zuletzt der Prophet Mohammed gehören.
Napoleon also in den Fußstapfen des Propheten Mohammed und in Fortsetzung der orientalischen Religio-Tradition, die einst mit der Berufung des Hanifen Abrahams begann?

Der Franzose trat also in Gizeh gegenüber den ägyptischen Scheichs des al-Azhar als der Begründer einer neuen theologischen Epoche und Erneuerer des Islam auf: also in der Eigenschaft eines Propheten.
Und genau das hat er in seinen Memoiren auf St. Helena bekundet:

»Ich sah mich, wie ich eine Religion gründete, wie ich nach Asien marschierte, wie ich einen Elefanten ritt, einen Turban auf dem Kopf und in der Hand einen neuen Koran, den ich nach Maßgabe meiner Bedürfnisse zusammengestellt hatte.«

Auf diese Aussage kommen wir zurück.
Dass Napoleon sich selber dazu berufen sah, eine solche weltliche neue Ordnung zu bewirken, dies geht aus einer Rede hervor, die in seinem Namen dem neu organisierten Diwan vorgelesen wurde:

»Lehrt eure Nation, dass Gott seit jeher beschlossen hat, die Feinde des Islams zu verderben und die Kreuze durch meine Hand zu zerbrechen. Er beschloss von Ewigkeit an, dass ich aus dem Westen nach dem Lande Ägypten kommen solle, um jene zu verderben, die dort als Tyrannen herrschten, und um das Werk durchzuführen, das mir aufgetragen ist. [...] Lehrt eure Nation, dass der herrliche Koran in vielen Versen erklärt hat, dass geschehen werde, was nun eingetreten ist, und dass er in anderen Versen auf Dinge hinweist, die in der Zukunft noch geschehen werden. [...] Doch die Zeit wird kommen und der Tag, an dem euch deutlich werden wird, dass alles, was ich getan und angeordnet habe, einen göttlichen Ratschluss darstellt, dem nicht zuwidergehandelt werden kann. Wenn sich die Menschen noch so sehr anstrengen, wird sie das nicht vor dem Ratschluss Gottes bewahren, der sie in meine Hand gelegt hat. Wohl denen, die vereint zu mir eilen, in reiner Absicht und lauteren Gedanken! Salam!«

In dieser Rede widerspiegeln sich die Antriebskräfte, die das napoleonische Wirken und seine Berufung in der Geschichte begründen.

Auch damit befinden wir uns mitten auf dem Boden der orientalischen Prophetie mit all ihren unverwechselbaren Merkmalen, und hier fühlen wir uns in die Zeiten Moses zurückversetzt, der auch gegen die Tyrannen in Ägypten gekämpft haben soll.

Hier wird das, was Napoleons Handeln und Tun bestimmte, zu etwas, das unmittelbar vom göttlichen Geist inspiriert wurde und er erklärte sich zum Sprachrohr, zum Werkzeug Gottes, dessen Wirken und Berufung seit Urzeiten bestimmt und vorausgesagt war. Somit wird das napoleonische Phänomen in die alte Tradition orientalischer Propheten eingebunden, die sein Handeln und seine Legitimation garantieren soll.

Doch die orientalische Prophetie ist auch und gerade mit der messianischen Erwartung eng verknüpft.

Sie verkündet weitschauend die Ankunft eines neuen Herrschers, eines Heilands, der die weltliche Ordnung wiederherstellen und Gottesreich vorbereiten wird.

Und dies wiederum findet sich wieder – wie bereits erläutert – auch in dem Auferstehungsgedanken, der durch den Phönix-Mythos verkörpert wird.

Napoleon also auf den Schwingen des Phönix, in seinen Kreislauf fest eingebunden?

Abbildung 42
Napoleon, der auferstandene Phönix
Unter dem Franzosen verbrennt sich der alte Phönix.
Der aus der Asche auferstandene Phönix verschmilzt
mit Napoleon. Die beiden ihn anbetenden Orientalen
symbolisieren die wichtigsten Verbündeten der
Franzosen während der Ägypten-Expedition.

Und in der Tat hat es viele Strömungen gegeben, die Napoleon auch mit dem Phönix in Verbindung gebracht haben und ihn als den neu auferstandenen und erneuernden Phönix sahen.

Auf ein zeitgenössisches Gemälde hat der Maler all die napoleonischen Komponenten zusammengebracht und dabei erstaunliche Details festgehalten, die uns mitten in den Phönix-Mythos entführen.

Unter dem in der Bildmitte dargestellten Napoleon verbrennt sich gerade der alte Phönix zu glühender Asche, während aus der Selbstzerstörungskraft der neue Phönix aufersteht. Da der verjüngt aus der Asche entstandene Vogel mit Napoleon verschmilzt, haben wir es mit einer Symbolik der Auferstehung und der Erneuerung in der Personifizierung Napoleons zu tun.

Diese Darstellung deutet also an, dass der Korse in den Kreislauf der ägyptisch/arabischen Legende eingebunden wird, die einst vor fast fünf Jahrtausenden mit dem sagenumwobenen Narmer seinen Anfang nahm und mit Cheops ihre Fortsetzung fand!

Demnach wird Napoleon in die zyklische Welterneuerungsvorstellung eingeordnet, wovon einst der Historiker Herodot Kunde aus Ägypten brachte.

Auf dem Bild stoßen wir auf ein weiteres interessantes Detail.

Unter den Anwesenden finden wir zwei Orientalen, die gegenüber Napoleon eine demütige gebeugte Haltung einnehmen, denen aufgrund ihrer unmittelbaren Nähe zu ihm wohl eine herausragende Rolle im Rahmen des Motivs und die Mission des Franzosen eingeräumt wird. Alle anderen europäisch wirkenden Personen sind dagegen mehr oder weniger passive Dekoration.

Die Kopfbedeckung der Orientalen ist zudem grundverschieden.

Der vordere mit dem Säbel dürfte wohl der Anführer der moslemischen Gotteskrieger sein; ein Stellvertreter der ungestümen Maghrebiner.

Der vollbärtige im Hintergrund ist ein typischer islamischer Gelehrter, und wohl aufgrund seiner markanten Kopfbedeckung ein orthodoxer Ulema und Verfechter der Scharia; offenkundig der syrische Scherif aus Aleppo.

Dass beide Orientalen dem im Raum schwebenden Napoleon geradezu göttliche Verehrung erweisen, beweist, dass er für sie als heilige Person galt. Keiner der Europäer zeigt ein derartiges Verhalten.

Doch mit Napoleon wird der Phönix nach Jahrtausenden Irrflugs endgültig abstürzen!

Denn der letzte und noch ausstehende napoleonische Akt in Gizeh nach der Bekennung zum Sufismus, nämlich die Besteigung des theologischen Throns der islamischen Welt, findet nicht statt.

Die einzige Person, die dazu legitimiert war, dem Franzosen diese Krone auf sein Haupt zu setzen, ist aus religiöser Überzeugung mit der Fahne des Propheten flüchtig: Umar Efendi der Vorsteher der Scherifen.

Nur er besaß die Legitimation und Autorität um u.a. darüber zu befinden, die Beziehung Napoleons, in welcher Form auch immer, zum Propheten Mohammed und zum Islam herzustellen und ihn somit zum Oberhaupt der islamischen Welt zu erheben; ihn zu dem seit langen erwarteten Mahdi zu erklären.

Erst wenn dieser theologische Akt vollzogen, anschließend dieses Ereignis in dem damals wichtigsten Zentrum islamischer Gelehrsamkeit – in al-Az-har – feierlich verkündet und die Fahne des Propheten dem Franzosen übergeben worden wäre, hätte Napoleon in der islamischen Welt die erforderliche Anerkennung und Gefolgschaft erfahren, um überall im Namen Allahs heilige Kriege zu führen und den Islam in jedem Winkel der Erde Geltung und Stärke zu verschaffen.

Doch es geschieht genau das Gegenteil.

Das wichtigste islamische Relikt in Kairo, die Fahne des Propheten, wird gegen ihn als Zeichen des Heiligen Krieges gerichtet und somit wird er zum ärgsten Feind des Islam erklärt.

Mit diesem Misserfolg endet eine geschichtliche Ära, die seit den Tagen Narmers im Namen des Glaubens unserem historischen Gesicht die hässlichsten Narben zugefügt und uns stets in die dunkelsten Epochen menschlichen Daseins zurückversetzt hat. Stets wurde die Menschheit dabei mit archaischer Gewalt in die Zeit Adam und Eva zurückversetzt, um sie, wie in der Wüstenzeit, in Zelten wohnen zu lassen.

Und stets wurden großartige Kulturen geköpft, konnten nie zu ihrer Vollendung heranreifen.

Doch mit einem Teil der bisherigen Ausführungen hätten wir ein offensichtliches Problem.

Liegt nicht ein eklatanter Widerspruch darin, wenn sich Napoleon zunächst zum Sufismus bekehren lässt, um einen Tag darauf den Vertretern der al-Azhar zu verkünden, die Scharia einführen zu wollen, also genau das, was ein Sufist vehement ablehnt und bekämpft?

Ist Napoleon, der immerhin im Namen der Französischen Revolution agiert, zuzutrauen, ausgerechnet die Scharia einführen zu wollen und somit gegen jene fortschrittlichen Grundsätze der Revolution handelt, die ihn hervorgebracht hat? Ist eine Person wie er, der gut sechs Jahre später ein bedeutendes Gesetzwerk der Neuzeit schuf, den Code Napoléon, zuzutrauen, einem fundamentalistischen religiösen Gesetz unterordnen zu wollen?

Und in der Tat, ohne es zu ahnen, begeht der junge Napoleon mehrere verhängnisvolle Fehler.

Er begibt sich in Ägypten zunächst auf ein Terrain, von dem er in Wirklichkeit nichts verstand; weder vom Islam noch von der arabischen Sprache.

Auch al-Gabarti hat ihn bei verschiedenen Gelegenheiten als den vom Islam Unwissenden verspottet.

Zum anderen hatte er zu keiner Zeit, nach eigenem Wissen und Ausdrucksweise die Möglichkeit gehabt, das zu kontrollieren oder ein Urteil darüber zu fällen, was sein orthodoxer islamische Gefährte aus Syrien in seinem Namen den Ägyptern in Arabisch vortrug, oder was er wirklich im Schilde führte.

Inwieweit die radikalen Islamiten Napoleon getäuscht und seine Person für die eigenen religiösen Ziele missbraucht haben, lässt sich heute nicht mit letzter Sicherheit nachweisen.

Doch viele Indizien sprechen dafür.

Seine Bekennung zum Sufismus und die Tatsache, dass der geistliche Greis des Totentempels in der historischen Darstellung auf der Siegespose einen der vordersten Plätze einnimmt, weist allerdings auf die islamische Richtung hin, die seit der Existenz der französischen Gizeh-Enklave gepflegt wurde, nämlich auf den Sufismus.

Auch hat Napoleon später selber in seinen Memoiren bekundet:

»Ich sah mich, wie ich eine Religion gründete.... einen Turban auf dem Kopf und in der Hand einen neuen Koran, den ich nach Maßgabe meiner Bedürfnisse zusammengestellt hatte.«

Eindeutig meint er damit, dass er einen neuen Koran nach seinen Bedürfnissen verfassen wollte, sich somit zur Aufgabe machte, die Heilige Schrift zu reformieren, der Zeitgeist aus der Sicht der Französischen Revolution anzupassen.

Das Wort „*Scharia*" ist Napoleon weder in Gizeh gegenüber den Geistlichen der al Azhar Moschee noch sonst wo während seiner Ägypten-Expedition über die Lippen gekommen.

Demnach ist die Annahme nicht von der Hand zu weisen, dass die radikalen syrischen Islamiten Napoleon als Aushängeschild zur Durchsetzung ihrer religiösen Ziele missbraucht haben, die sie bis dahin mit keinen Mitteln im gemäßigten Ägypten durchzusetzen vermochten.

Solange die Mameluken in Ägypten geherrscht haben, haben sie den ständigen Gefahrenherd Syrien militärisch in Schach gehalten.

Denn die Revolte des al-Azhar im Jahre 1779 stellte nur die Spitze eines Eisberges von seit langen andauernden politischen und religiösen Machtkämpfen zwischen Ägypten und Syrien dar.

Schon während der Regierungszeit des Mameluken Emirs Ali Bek al-Kabir (der Große) in den Jahren von 1755 bis 1772 war es ihm gelungen, den Einfluss der Türken in Ägypten weitgehend zu brechen und die Offiziere der türkischen Regimenter aus der Macht zu verdrängen.

Ägypten war faktisch trotz Übermacht der Osmanen politisch unabhängig geworden.

Auf Ali Bek folgt Abu Dahab (Vater des Goldes). Zu seiner Zeit müssen die Machtkämpfe mit Syrien einen Höhepunkt erreicht haben, die dann im Jahre 1775 in eine offene militärische Eskalation münden. In diesem Jahr führt der Ägypter in Syrien einen Krieg gegen religiöse Fanatiker unter der Führung eines gewissen „Az-Zaher Umar". Az-Zaher bedeutet auf Arabisch „*der Erschienene*".

Der Name Umar geht auf den Kalifen Umar I. (634 – 644) zurück, unter dessen Regierung das islamische Reich über Ägypten, Syrien und Persien ausgedehnt wurde. Unter ihm wurde die eigentliche islamische Ära eingeführt, während der der Islam nach dem unerwarteten Tod des Propheten Mohammed außerhalb Arabiens ausgedehnt wurde.

Dieser religiöse Fanatiker deutete also mit seinem Namen an, dass er die Wiederkehr des berühmten Kalifen, also der Erneuerer seiner Ära sei.

»In diesem Jahr (1775) entschloss sich Muhammed Bek Abu Dahab, fortzuziehen und sich nach Syrien zu wenden, und zwar in der Absicht, Krieg gegen az-Zahir Umar zu führen und die Landteile, die sich in dessen Hand befanden, zu befreien. [...] Er hatte für den Kriegszug gewaltige Vorbereitungen zur See und auf dem Lande getroffen: er hatte die Schiffe mit Vorräten, Geschützmunition, Kanonen und Geschossen beladen, auch mit der großen Kanone, die man »Vater der Meile« nannte [eine in Ägypten entwickkelte Wunderkanone, die sehr weit trug] und die er im vorausgehenden Jahre hatte gießen lassen. [...] Die Bewohner von Jaffa verschanzten sich in der Stadt, und az-Zahir Umar schloss sich in Akka ein. [...] Sie pflegten auf ihre Mauerkränze zu steigen, um den Emir und die Ägypter aufs unflätigste zu beschimpfen, doch diese ließen vom Krieg gegen sie nicht ab, bis die sie ihre Mauern durchbrochen hatten; dann stürmten sie die Stadt von allen Seiten. [...] Sie nahmen ihre Bewohner gefangen und banden sie mit Ketten und Stricken. Die Frauen und Knaben schändeten sie; eine gewaltige Anzahl von ihnen brachten sie um. Nachher führten sie Gefangene aus der Stadt, ließen das Schwert unter ihnen umgehen und töteten sie bis auf den letzten Mann. Sie machten kein Unterschied zwischen den Scherifen, den Christen und den Juden, den Gelehrten und Ungebildeten, dem einfachen Mann und dem Basarhändler; auch nicht zwischen den Tyrannen und den von ihnen Beherrschten. [...] Dann zog er von dort fort auf Akka zu; doch als az-Zahir Umar erfuhr, was in Jaffa geschehen war, bekam er es mit großer Angst zu tun, verließ Akka fluchtartig und ließ es mit seinen Befestigungen leer zurück.«

Der Syrer Umar kehrt zurück, entweder nach Aleppo oder Damaskus, von wo aus er seinen Kampf gegen Ägypten von innen heraus neu organisierte und fünf Jahre später die Revolte in al-Azhar anzettelte, nachdem sich seine Anhänger wie ein Geschwür in dem islamischen Zentrum nach und nach etabliert hatten.

Für diesen Sieg, den Napoleon später nicht wiederholen kann, werden in Kairo gewaltige Freudenfeste innerhalb und außerhalb Kairos veranstaltet, die drei Tage andauern, was belegt, dass es sich hier um einen bedeutenden politischen Erfolg gehandelt hat.

Auf dem Höhepunkt seines Triumphes in Syrien stirbt Abu Dahab unerwartet, vermutlich durch Gift. Auf ihn folgen die beiden Emire Ibrahim und Murad Bek, auf die Napoleon in Ägypten treffen wird.

Allein die Grausamkeit, die hier Moslems gegenüber Glaubensbrüdern in Syrien praktizierten, kann nur mit unversöhnlichem religiös motiviertem Hass begründet werden.

Und nun finden wir 23 Jahre später diese syrischen Fanatiker angeführt von einem orthodoxen Scherifen aus Aleppo um Napoleon und seine schlagkräftige Armee in dem Land ihrer ärgsten politischen und religiösen Widersacher versammelt.

Es liegt also auf der Hand, dass vieles, was im Namen Napoleons geschieht, ausschließlich den Interessen der orthodoxen Syrer entsprach und der französischen Expedition alles andere als dienlich war.

Denn, was nun unter der Schirmherrschaft der Franzosen und in deren Namen geschieht, zielt einzig darauf hin, Ägypten von Grund auf aus den seit Jahrhunderten etablierten politischen und religiösen Verhältnissen zu entwurzeln, dem Land ein völlig anderes Gesicht aufzuzwingen.

Mit beispielloser Barbarei werden vor allem die Grundstrukturen des religiös gemäßigten Ägyptens zerstört und somit der im Lande sich in seiner Blüte befindende Sufismus unwiederbringlich zerschlagen.

Die Schmach des Putsches von 1779 in al-Azhar wird nun gründlich von den Syrern gerächt.

Al-Gabarti berichtet in diesem Zusammenhang über eine endlose Hinrichtungswelle unter Gelehrten und geistlichen Ägyptern, deren Tod er mit Märtyrertum in Verbindung bringt.

»*Es starb der Imam und Meister, der Rechtsgelehrte, der Weise, der Forscher, der Verständige, der Fromme, der Kunstreiche, der Hochgelehrte, einer der vorzüglichen Würdenträger der Azhar-Moschee, Ahmad ibn Musa ibn Ahmad ibn Muhammed al-Bili al Adawi al-Maliki. [...] Es starb auch der Gelehrte und vortreffliche Rechtswissenschaftler Scheich Ahmad ibn Ibrahim as-Sarqawi as-Safi al-Azhari [...] unter jenen starb, die von den Franzosen in der Zidalle hingerichtet wurden. Man weiß nicht, wo er begraben liegt. [...] Es starb auch der Scheich, Imam und Aufseher, der treffliche und fähige Rechtsgelehrte Scheich Abdalwahhab as-Subrawi as-Safi'i al- Azhari. [...] Als Märtyrer von der Hand der Franzosen in der Zitadelle getötet wurde, [...] Man kennt sein Grab nicht. [...] Es starb auch der junge Mann von guten Sitten, der beredete Rufer und treffliche Religionsgelehrte Scheich Jusuf al-Musailihi al-Azhari. [...] in der Zitadelle mit anderen als Märtyrer starben . [...] Es starb der berühmte Meister, Scheich Sulaiman al-Gausaqi, [...] Er wurde mit den anderen getötet, die man in der Zitadelle hinrichtete, und man weiß nicht, wo er begraben ist. [...] Es starb auch der hervorragende, beredete Meister, Scheich Ismail al-Barawi ibn Ahmad al- Barawi as-Safiʿi al-Azhari. [...] Er wurde hingerichtet mit den anderen, die als Märtyrer getötet wurden. Man kennt sein Grab nicht.*«

Ob diese Hinrichtungswelle von Napoleon legitimiert war, darf allerdings stark bezweifelt, ja eindeutig verneint werden.

Seit seiner Landung in Alexandria hat er sich stets redlich bemüht, ein gutes Verhältnis zu ihnen zu pflegen, selbst dann, wenn sie starrsinnig gegen seinen Willen und Anordnungen aus religiöser Überzeugung handelten.

Solange Napoleon sich in und um Kairo aufhielt, gibt es bei al-Gabarti keine derartigen Berichte über solche Hinrichtungen.

Diese endlosen Exekutionen, vor allem unter al-Azhar Gelehrten, finden just während der Zeit statt, als Napoleon mit dem überwiegenden Teil seiner Armee im Osten gegen Jaffa und Akkon kämpfte.

Alles deutet also daraufhin, dass die blutrünstigen Fanatiker aus Syrien die monatelange Abwesenheit Napoleons zu dieser Säuberungsaktion ausgenutzt haben.

Systematisch werden dabei die gemäßigten Moslems von der Führung der orthodoxen Syrer unter scheinheiligen Vorwänden vom islamischen Scharfrichter zum Tode verurteilt und an die Franzosen in der Kairoer Zitadelle zur Vollstreckung ausgeliefert, die ihrerseits wiederum ihren Spaß daran hatten, solche feierlichen Hinrichtungen durchzuführen.

Auf diesem Weg werden nach und nach die Intellektuellen und die geistliche Elite Ägyptens eliminiert.

Der Hanafismus triumphiert endgültig über den Sufismus.

Das bis dahin gemäßigte und liberale Ägypten wird in den Schoß der Scharia und der orthodoxen Religionisten gelegt, und fortan wird der religiöse Fanatismus über den Osten regieren, das Schwert der verblendeten Despoten über die Köpfe der Menschen züchtigend schwingen.

All das, was heute im Nahen Osten missbräuchlich im Namen der Religion aus den Fugen geraten ist, und als ausweglose politische Lage empfunden wird, wo Demokratie fast als Schimpfwort klingt, wo Frauenrechte außer Kraft gesetzt und einem harmlosen Dieb die Hand abgehackt wird, Frauen öffentlich gesteinigt werden, wo die Regierenden im Widerspruch zu ihrer eigenen Scharia in verschwenderischen Luxus ertrinken; die Summe all dieser steinzeitlichen Missstände sind letztlich die Spätfolgen der missglückten Ägypten-Expedition; sozusagen Napoleons Erblast.

Der als Heiland in Ägypten erschienene Franzose, hinterlässt dennoch nichts als einen politischen und religiösen Scherbenhaufen, raubt dem Land am Nil seine zivilisatorischen Grundpfeiler und macht es sturmreif für mordende und raubende türkische und albanische Banden, die nach ihm in das völlig wehrlose Land einfallen.
Und spätestens jetzt werden die Gründe erkennbar, die einen Admiral Nelson zu einem unbarmherzigen Vollstrecker angestachelt und bei ihm die Vernichtung Napoleons und seiner Armee zu einem göttlichen, heiligen Ziel werden ließ.
Der englische Admiral war im Namen der englischen Krone in einen heiligen Krieg eingebunden, bei dem die Devise hieß, Christentum oder Islam! Dazwischen lag nichts!
Auch aus dieser Sicht rückt der französische Außenminister und einst Bischof von Autun Talleyrand in ein anderes Licht des Patriotismus.
Sein geheimes Kollaborieren vornehmlich mit dem Engländer zum Schaden Frankreichs und der anschließende Verrat an Napoleon und seiner siegreichen Italienarmee bewahrte Europa davor, unter die islamische Mondsichel zu geraten und zu einem kollektiven Gottesstaat zu werden.
Napoleon war zurzeit der Ägypten-Expedition demnach ein europäisches Problem, hinter dem das drohende Gespenst einer islamischen Weltherrschaft lauerte.
Dort, wo er den Thron des Islam besteigen wollte, lauerte auf ihn und seine Soldaten eine tückische Falle, die er zum Leidwesen der ägyptischen Nation überlebte, später dann nach seinem militärischen Desaster Europa mit nie endenden und sinnlosen blutigen Kriegen zu überziehen, um doch am Ende unverrichteter Dinge auf der kargen Insel St. Helena zu landen, wo er am 5. Mai 1821 in der Einsamkeit stirbt.

Der Phönix aus dem Westen war nunmehr endgültig abgestürzt.

Und der Hohn der Geschichte: Es sind gerade die Moslems selber, von England und der französische Außenminister Talleyrand im Hintergrund manipuliert, die ohne es zu ahnen das **„islamische napoleonische Weltreich"** verhinderten und zum Scheitern brachten.

Bevor wir zum letzten Kapitel übergehen, gilt es eine Frage zu klären.
War Napoleons einzigartiger Aufstieg, der wohl kaum durch seine Herkunft zu klären ist, eine einmalige Laune der Geschichte oder haben wir da etwas bei ihm übersehen?

Mehr als 100.000 Bücher wurden über Napoleons Geschichte geschrieben, und nach 200 Jahren fasziniert sie uns immer noch. Um sein Wirken in der Geschichte rankte sich ein dichtes Geflecht des Unergründlichen, bei dem sich nicht selten Wahrheit und Dichtung überlagerten.
Wie kaum ein anderer Herrscher der Weltgeschichte hat er dementsprechend die Phantasie der Menschen so nachhaltig beschäftigt und geradezu göttliche Verehrung und ebenso strikte Ablehnung erfahren.

Der französische Romancier Stendhal, einer der Soldaten, die Napoleon im eisigen russischen Winter 1812 im Stich ließ, schrieb dennoch über ihn:

»Es erfüllt mich mit einer Art religiösen Gefühls, auch nur zu wagen, den ersten Satz der Geschichte Napoleons zu schreiben. Er ist ganz einfach der größte Mann, der seit Julius Cäsar auf die Welt gekommen ist.«

Heinrich Heine hingegen schreibt 1826, also fünf Jahre nach Napoleons Tod:

»Und Sankt Helena ist das heilige Grab, wohin die Völker des Orients und Okzidents wallfahrten in buntbewimpelten Schiffen und ihr Herz stärken durch große Erinnerung an die Taten des weltlichen Heilands, der gelitten unter Hudson Lowe, wie es geschrieben steht in den Evangelien Las Cases, O´Meara und Antommarchi.«

Und provozierend sprach er davon, dass bei Napoleon *»jeder Zoll ein Gott«* sei.

Das Bild vom Heiland, welches Heine hier bewusst benutzt, haben Napoleons Zeitgenossen gewiss nicht als gotteslästerlich empfunden.

Als 1840 der Leichnam des »großen Kaisers«, wie ihn Heine stets nennt, nach Paris überführt wird, erscheint in Deutschland ein Stahlstich: Er zeigt Napoleon als auferstehenden Christus, den Kopf geschmückt mit einem Lorbeerkranz und von einem Heiligenschein umgeben.

Christliche Texte-Credos, Vaterunser, Englischer Gruß – hat man schon früh napoleonisch umformuliert, ihn selber als den Drachentöter St. Georg dargestellt.

Auch biblische Prophezeiungen (Offenbarung des Johannes) wurden auf ihn bezogen.

Napoleon war sozusagen bereits zu Lebzeiten zu einer Legende geworden, um nach seinem Tod zum Mythos aufzusteigen.

Diese einzigartige Stellung in der Geschichte, wozu es eigentlich keine Parallele gibt, kann unmöglich aus dem Nichts erdichtet sein.

Napoleon dürfte also bereits bei seiner Geburt etwas in die Wiege bekommen haben, das ihn später als den kommenden Heiland auszeichnen sollte und als solcher wurde er von einer breiten Masse betrachtet.

Die Logik zwingt uns also anzunehmen, dass seine Geburt alles andere als eine gewöhnliche Entbindung war. Vor allem muss es damals in seinem Geburtsort eindeutige Indizien gegeben haben, die den Säugling aus der gewöhnlichen Masse herausheben ließen und seinen zukünftigen weltlichen Anspruch hervorhoben.

Da ist zunächst sein Geburtstag am 15. August 1769, der ausgerechnet auch der Tag der Mariä Himmelfahrt war.

Womit wir schon die erste Besonderheit haben.

Gewiss jeden kann das Glück ereilen, ausgerechnet an diesem Tag die Welt zu erblicken.

Doch bei Napoleon dürfte dies unwahrscheinlich, eher ausgeschlossen sein!

Mit den Umständen um seine Geburt summieren sich nämlich dann auch die Ungereimtheiten.

Darüber wird überliefert, dass an diesem Tag der Mariä Himmelfahrt die unmittelbar vor Entbindung stehenden Letizia Buonaparte darauf bestand, zum Hochamt in den Dom zu gehen, wo dann, kaum hatte die Messe begonnen, sie die ersten Wehen spürte. Rasch und gestützt von ihrer Schwägerin Geltruda erreichte sie nach wenigen Minuten ihr Haus.

Dort reichte die Zeit nicht mehr aus, um in ihr Schlafzimmer hinaufzugehen. Während die Schwägerin den Arzt holt, legte sich Letizia auf ein Sofa im Erdgeschoss und gebar dann beinahe ohne Schmerzen gegen Mittag einen Knaben, dessen Kopf bei der Geburt mit einem Teil der Fruchtblase bedeckt war.

Abbildung 43
Auferstehender Christus
Auch in Europa wird Napoleon oft mit Religion
in Verbindung gebracht und als Heiland dargestellt.
(Deutscher Stahlstich 1840)

An dieser Stelle durfte eine weitere Legende nicht unerwähnt bleiben, wonach behauptet wird, dass Napoleon im Flur des Hauses auf einen antiken Teppich geboren wurde.

Am späten Nachmittag kam ein Priester aus dem Dom, um den Knaben zu taufen. Zweifellos erwartete er, einer der Namen werde Maria sein, denn Letizia hatte das Kind der Jungfrau geweiht, an deren großen Festtag es auch zur Welt gekommen war, und es war durchaus üblich, dem eigentlichen Vornamen den Namen ›Maria‹ hinzuzufügen. Auch der Vater Carlo hieß mit vollem Namen Carlo Maria.

Doch die Eltern lehnten dieses Begehren ab und ließen nur einen einzigen Namen zu: Napoleone – nach einem Onkel Letizias, der gegen die Franzosen gekämpft hatte und unlängst gestorben war.
Letizia sprach ihn mit einem kurzen ›o‹ aus.
Doch im Munde der meisten Korsen klang er wie Nabullione.

Wenn diese Geschichte im Kern der Wahrheit entsprechen sollte, dann kann es nur eins besagen: Napoleon war ein untergeschobenes Kind!
Und so könnte sich das Ganze an diesem denkwürdigen 15. August 1769 auf Korsika zugetragen haben:
»Kaum begann sich der Himmel an diesem erdrückend heißen Tag über Ajaccio zu erhellen, und schon wurde das Geschrei eines Säuglings im Hause Buonaparte vernommen, das aus dem Flur im Erdgeschoss kam.
Dort lag in einem feudalen purpurroten Schurz mit freimaurischen Motiven ein wenige Tage alter Säugling gewickelt.
Doch nicht der Himmel hatte ihn geschickt.
Wenige Tage zuvor war in dem kleinen, windgeschützten Hafen von Ajaccio ein Schiff angekommen mit einer wertvollen Fracht an Bord, die später die Welt in Atem halten soll.
In einer der Kabinen säugte ein Säugling an der Brust einer verhüllten Amme.
Von wem das Kind stammte und woher das Schiff kam, ist unklar, wohl aber, dass das Kind dem nordafrikanischen Raum zuzuordnen war. Dabei spricht einiges dafür, dass er der Sprössling einer uralten adligen phönizischen Familie war, die einem geheimen religiösen Zirkel in Tunesien angehörte. Der Neugeborene bleibt zunächst auf dem Schiff, während mehrere der Schiffsbesatzung die Familie Buonaparte aufsuchen und für das bevorstehende Ereignis die letzten Details mit den Herren des Hauses abstimmen und kultische Handlungen vornehmen, die sich bis zur Ekstase steigern.

Nur Carlo und Letizia wurden in das Geheimnis eingeweiht.

In den frühesten Stunden des besagten Tages hält dann eine Kutsche diskret vor dem Haus der Buonaparte, die Amme mit dem im Schurz gewickelten Kind an die Brust gedrückt steigt mit Begleitung aus, wo sie durch die bereits angelehnte Haustür im Flur gelangen und das Kind auf ein Seidenkissen legen.

Abbildung 44
Napoleon stellt den Kult der Israeliten wieder ein
(Zeitgenössischer Kupferstich, Berlin Staatsbibliothek)

Sein Gesicht ist mit einem durchsichtigen grünen Seidentuch bedeckt, darunter trägt er ein schmales Stirnband mit freimaurischen Zeichen: Ein Dreieck mit einem Auge in der Mitte, welche von Aurorastrahlen umgeben ist.

Während die Kutsche wieder verschwindet, betreten die beiden Fremden einen für sie vorbereiteten Raum im Erdgeschoss und bleiben in Wartestellung.

Wenige Zeit später beginnt das Baby zu schreien.

Die Buonaparte stürmen nach unten. Von dem Anblick überwältigt greift Letizia nach dem göttlichen Findling und schreit laut dabei: »Gott hat uns einen Sohn geschenkt!«

Die Inszenierung ist gelungen!

Die beiden Fremden und die anderen Mitglieder der Familie treten aus ihren Zimmern hervor.

Während die Amme, die eher einer Priesterin glich, behutsam mit beiden Händen das Kind hochhebt und in Hocharabisch ständig den Namen „Nabyon´lohn" wiederholt, verneigt sich ihr offensichtlich orientalischer Geistlicher davor und beginnt ihn im Namen Allahs zu loben und zu preisen als den zukünftigen Heiland und Beherrscher der Welt.

Jetzt erst wird erkennbar, dass der Neugeborene einen ominösen Ring trägt, während auf seiner Brust ein winziger Akazienzweig liegt, der ihm offensichtlich aus der Hand gefallen war. Kurz darauf treffen weitere Fremde im Haus ein, von denen ein maghrebinischer Geistlicher in klangvoller französischer Sprache verkündet, dass Gott seinen Untertanen einen Propheten geschenkt hat, der seinen Willen verkünden und dem Islam neue Stärke und Glanz verleihen wird. Inzwischen hatte die Amme, die nach der Weise der Isis auftrat, Weihrauch in ein kultisches Behältnis zum Rauchen gebracht und siebenmal das Behältnis um den Säugling kreisen lassen und immer wieder dabei »Nabyon´lohn« rufend.

Der Tag der Mariä-Himmelfahrt war absichtlich gewählt.

Einerseits um der Geburt den würdigen religiösen Rahmen zu verleihen, und andererseits, weil die ganze Insel an jenem Tag auf den Beinen und die Menschen von religiöser Stimmung erfasst und für Wunder empfänglich waren.

Die perfekte Bühne also für die bevorstehende Inszenierung.

Letizia begibt sich dann kurz vor der Messe zum Dom, sie trägt ein weites schwarzes Kleid und ihr edles Gesicht schimmert durch einen durchsichtigen Schleier. Zitternd am ganzen Körper nähert sie sich der im Dom für die bevorstehende Prozession auf Tragbahren aufgestellten und geschmückten Heiligenstatue der Maria.

Letizia berührt das heilige Relikt und versinkt als dann davor in ein hysterisches Getue, als habe sie der Blitz in ihren Bauch getroffen.

Inzwischen verstummten die Menschen, ihre neugierigen Blicke werden auf das abnorme Geschehen gerichtet. Noch ahnen die Anwesenden nicht, was hinter dem Schauspiel steckt und viele denken, sie sei von einem bösen Geist befallen worden. Denn es gehört fast zum alljährlichen schauspielerischen Ritual, dass manche Menschen im Angesicht der Marienstatue in Verzückung geraten bis sie vor lauter Erschöpfung ohnmächtig werden.

Auf dem Boden kniend packt sie ihren Bauch mit beiden Händen und schreit: »Ich bin schwanger, Gott hat mir ein Kind geschenkt!«

Kurz darauf richtet sie sich mit Mühe auf und verkündet den verdutzten Anwesenden, dass sie bereits die ersten Wehen verspüre.

Die Marien-Prozession geriet ins Hintertreffen und alle widmen sich Letizia, die weiterhin ihre schauspielerischen Talente ausspielt und die Aufmerksamkeit der ganzen Stadt auf sich lenkt.

Erleben die Menschen soeben ein göttliches Wunder, das Letizia traf wie einst der Blitz des Zeus den Io?

Die Menschen sind zunächst ratlos.

Doch rasch verlässt Letizia gestützt auf ihre Schwägerin Geltruda den Ort des Geschehens.

Auf dem Weg nach Hause bittet Letizia ihre Begleiterin, einen Arzt zu holen.

Zu Hause angekommen, nimmt sie Platz auf dem Hauptsofa im Erdgeschoss und hält das eingewickelte Kind fest an ihrer Brust.

Sein Gesicht schimmert immer noch hinter dem grünen Tuch.

Als der Arzt ankommt braucht er nicht mehr einzugreifen, das Kind war wohl inzwischen zur Welt gekommen. Er darf sich der Mutter nur für einen kurzen Augenblick nähern, ihr auf die Schulter gratulierend klopfen.

Auch er als einer der vertrauensvollsten Personen auf der Insel wird später beschwören, Letizia gebar an jenem Tag ein Kind.

In Windeseile verbreiten sich die tollsten Gerüchte in der ganzen Stadt.

Kein Zweifel: Ajaccio war von einem Marienwunder heimgesucht worden.

Nun ist die Kirche an der Reihe, die ihren Anteil an dem Wunder sichern will. Am späten Nachmittag macht sich ein kleiner Konvoi zu Fuß, bestehend aus einem Priester und mehreren Jünglingen in feierlicher Kleidung auf.

Das Wunderkind muss vom ersten Tag an die Kirche gebunden und getauft werden. Der Priester muss jedoch zu seiner Verwunderung erfahren, dass weder eine Taufe noch ein christlicher Maria-Zuname erwünscht sind, und kehrt unverrichteter Dinge zurück.

Und so endet einer der denkwürdigsten Tage in der Geschichte Ajaccios mit einer unerwarteten und doch nicht gewollten Wendung.

Ein solches Ereignis hätte nämlich vor unendlichen Zeiten durchaus irgendwie drei Weisen auf den Plan gerufen und irgendwo

über den korsischen Himmel hätte man zur Not auch einen hellen Stern der Ankündigung ausfindig gemacht: den Stern von Ajaccio.

Doch Ajaccio ist nicht Memphis oder Bethlehem und Europa nicht der Orient, die Brutstätte der Propheten.

Die einzige Chance, dieses Ereignis weit über die Grenzen der Provinz Ajaccio in die ganze Welt hinauszutragen, wäre in der bestehenden Konstellation die Kirche gewesen.

Da jedoch die Kirche außen vorgelassen und ebenso die ehrenvolle Auszeichnung mit dem Namen Maria abgelehnt wurde, war es wohl kein Wunder.

Jedenfalls kein christliches Wunder, das mit Maria in Verbindung gebracht werden konnte und die Christen in aller Welt hätte aufhorchen lassen.«

Bald darauf wuchs das satte Gras der Insel schneller als man es je erwartet hatte über das Geschehen. Das Wunder, das von Ajaccio aus die Welt elektrisieren und die sensationelle Geburt des großen Propheten einleiten sollte, verpuffte im Grunde nach wenigen Stunden.

Und somit, kaum begonnen, stand die geheime Mission „Nabyon´Iohn" unter einem ungünstigen Stern.

Mühsam muss nun der Knabe im Hintergrund von einflussreichen Förderern aufgebaut werden, um die Macht zu erlangen, die ihm einst in die Wiege so hoffnungsvoll mitgegeben wurde, deren Wurzeln bis zum alten Ägypten und Arabien zurückreicht.

Und am Ende erscheint die Frage berechtigt zu sein, ob es der namenlose Korse je wirklich begriffen hat, woher er kam und wofür er aus dem Kreis seiner unbekannten leiblichen Eltern entrissen und mitten in einem Kulturkreis ausgesetzt wurde, der nicht der seinige war, ihm stets im tiefsten Inneren fremd blieb.

In seinem Herzen pulsierten dumpf seine nordafrikanischen Wurzeln.

10. Kapitel
Napoleon oder Nabiy´loun?
Ein Mysterium wird gelüftet

Die arabische Sprache hat bereits im ersten Kapitel zu einer Überraschung geführt, im letzten Kapitel wird sie uns noch eine weitere bescheren, mit der die Frage des Prophetentums, das stets mit Napoleon in Verbindung gebracht wurde, wohl geklärt sein dürfte.

Wie konnte eigentlich ein Neugeborener Napoleon heißen?

Nicht einmal die eigenen Eltern konnten den Namen übereinstimmend aussprechen, geschweige denn die Korsen, bei denen es ähnlich wie „Nabullione" klang.
Kaum jemand wusste also im Grunde, wie der Knabe richtig gerufen wurde.
Dies dürfte ja auch nicht verwunderlich sein, denn die eigentliche Spur zum Namen, den ein Onkel Letizias getragen haben soll, führt nach Ägypten, genau gesagt nach Alexandria des dritten Jahrhunderts nach Christus.
So soll ein Ägypter gleichen Namens zur Zeit des römischen Kaisers Diokletian (284 – 305) in Alexandria das Martyrium erlitten haben. Demnach handelte es sich um einen unbekannten geistlichen Ägypter, dessen religiöse Machtstellung und Aktivität in der damaligen Weltstadt Alexandria offensichtlich zu einer Gefahr für Rom wurde.
Und tatsächlich zählt diese Zeit zu den unruhigsten Epochen in der alexandrinischen Geschichte, die letztlich auch den endgültigen Untergang der einstigen Hauptstadt der zivilisierten Welt einleitete.
So soll Kaiser Aurelian im Jahr 272 einen Aufstand in Alexandria brutal unterdrückt haben, wobei die berühmte Bibliothek weiteren Schaden erlitt. 13 Jahre später wird durch jenen Diokletian ein neuer Aufstand in der Hafenstadt ebenso auf grausame Weise niedergeschlagen. Demnach dürfte der mysteriöse ägyptische „Napoleon" im Jahre 295 von den römischen Tyrannen wie einst Jesus auf bestialischste Weise ermordet worden sein.

Während dieser Ära findet auch die Christenverfolgung statt.

Die ersten Jahrhunderte nach Christus gehörten ohnehin in Bezug auf Prophetie und messianische Erwartungen zu den regsamsten überhaupt, in denen darüber hinaus von manchen exzentrischen Bewegungen die Wiederkehr von Henoch und Elias erwartet wurde. Und diese Erwartungen spiegeln sich nicht zuletzt im Ausbruch der jüdischen Aufstände von 70 und 132 wider, die blutig von den Römern zerschlagen wurden.

Der Glaube daran reichte soweit, dass die Juden einen gewissen Simeon bar Kochba als den Messias bejubelten, als er im Jahre 131 seinen großen Aufstand gegen Rom begann.

Förmlich scheinen die vom römischen Reich unterdrückten Menschen im festen Glauben verfangen gewesen zu sein, dass die zyklische Wiederkehr eines Heilands bereits angebrochen sei, der der römischen Tyrannei ein Ende setzen und Gerechtigkeit walten lassen sollte.

Der kleinste Funke hatte damals ausgereicht, um die Massen in religiöse Hysterie verfallen zu lassen.

Demnach dürfte das Auftauchen eines ägyptischen Propheten namens Napoleon zu jener Zeit in Alexandria glaubwürdig sein.

Wer dieser alexandrinische Napoleon auch immer war, er scheint in der Tat eine bedeutende gläubige Persönlichkeit gewesen zu sein, die durch seine Ermordung sogleich in die historische Anonymität versank, wie einst der mekkanische abu Sufjan.

Dass der korsische Sprössling fast fünfzehn Jahrhunderte später diesen Namen tragen dürfte, unterstreicht diese Annahme, aber auch seine Rolle in den Kreisen, mit denen die Familie Bonaparte Kontakte unterhielt. Im Jahre 1804 vollzieht der inzwischen französische Kaiser Napoleon I. einen eigenartigen kultischen Akt, der allerdings unter christlichen Grundsätzen ausgerichtet wird: Er organisiert die Heiligsprechung eben jenes unbekannten alexandrinischen Märtyrers Napoleon.

Dieses Ereignis wurde Frankreichs erster Nationalfeiertag und fiel auf den 15. August, den Tag der Mariä Himmelfahrt also, der zugleich Napoleons Geburtstag ist.

Napoleon muss also zumindest die theologische Bedeutung gekannt haben, die dieser Geistliche verkörperte. Wenn er allerdings dem Alexandriner christlichen Glauben unterstellt, dann gilt es als sicher, dass er hier einen schweren Irrtum begeht.

Der alexandrinische Napoleon war kein Christ, sondern er entsprang jenem Glauben, zu dem der Franzose selber später in Gizeh bekehrt wurde: dem Sufismus!

Und somit kommen wir zur Lösung eines der größten Mysterien um Napoleon Bonaparte.

Napoleon, der große „Franzose", war eigentlich seit seiner Geburt namenlos!

Napoleon ist kein durchgehender Begriff, sondern besteht aus zwei Komponenten, die sprachlich bedingt im Laufe der Zeit zu einer Einheit schmolzen und somit in der Aussprache verfremdet wurde.

Aus Napoleone wurde Napoleon.

Napo´ leon   نابوليون

Der noch aktuelle Klang war den Korsen offensichtlich noch frisch in Erinnerung:

Nabu´ llione

Und richtig gesprochen dürfte der Name lauten:

Nabiy´ loun   نبى لون

»Nabiy/ نبى « bedeutet Prophet »loun/ لون « bedeutet
für uns, unserer.

Demnach bedeutet diese Wortkombination in Deutsch wörtlich übersetzt, aber grammatikalisch verdreht „Prophet für uns", auf Arabisch hingegen **„unser Prophet"**.

Es hat die gleiche theologische Ausdrucksweise wie „Vaterunser", das eigentlich „unser Vater" hätte lauten müssen und ebenso aus einer wörtlichen Übersetzung aus dem Arabischen resultierte. Und mit dieser Deutung finden wir uns in die Anfänge der ägyptischen Kultur zurückversetzt, als Götter wie Horus oder Seth ursprünglich „Nubui" genannt wurden, wo die Wurzel des Begriffes seit Urzeiten überlebt hat!

Und spätestens jetzt wird einem klar, warum jener alexandrinische Napoleon von Kaiser Diokletian ermordet wurde: Sein Name besagte damals jedem provozierend „unser Prophet", er sei also der Gottesbote und erwartete Heiland, der das römische Reich zum Einsturz bringen wird.

Auch die Endung »loun« oder »lon« weist eindeutig auf Arabien aber auch die maghrebinischen Staaten hin, wo in hocharabischem Akzent gesprochen wird und sogar manche Begriffe selbst für Ägypter fremdartig klingen.
Nach ägyptischer Mundart würde der Name »Napiy´yona« ausgesprochen.

Die Form, in der das Wort überlebt hat, weist auf eine weit zurückliegende Epoche hin, deren Spuren bis zur Zeit der babylonischen Sprachverwirrung zurückreicht.
Denn diese „loun-Endung" kommt in einem der geläufigsten Begriffe der Menschheit vor: Babylon, wobei die korrekte Schreibweise „Babilon" lauten dürfte.
Auch dieser Begriff besteht aus zwei Komponenten:

Babi´ lon

»Babi/ بابى « bedeutet Tor oder Pforte »lon/ لون ««;
für uns, unserer.

Der Name bedeutet in der heutigen Umgangssprache „Pforte für uns", also genau so grammatikalisch verdreht wie bei Napoleon. Nur im Arabischen ist die korrekte Wiedergabe bereits gegeben: »unser Zugang« oder »unsere Pforte«.
Hier wird also im Namen des »HERRN« verkündet, dass die Stadt das Tor zu seinem himmlischen Reich verkörpert.
Und die gleiche Formulierung bei »Nabi« ist eine Bekräftigungsform Seiten des HERRN, dass die betreffende Person sein Prophet und Gesandter sei, der seinen Willen unter den Menschen verkünden soll.
Wenn also dieser Begriff als Vorname an dem Franzosen seit seiner Geburt hängen geblieben ist, dann dürfte dies auf die sprachliche Unwissenheit der

Menschen zurückzuführen sein, in deren Mitte der Korse aufwuchs: Sie betrachteten den ihm verliehenen religiösen Titel als einen Vornamen.

Zugleich wäre dies aber auch ein Zeugnis dafür, dass der Säugling in einem fremden Kulturkreis das Licht der Welt erblickte, wo die entsprechende Sprache artikuliert wird.

Doch welchem?

Auf diese Frage scheint der Familienname des Franzosen eine erstaunliche Antwort in sich konserviert zu haben, die zu einer konkreten historischen Spur und in ein bestimmtes geographisches Gebiet führt.

Bonaparte wurde von Buonaparte abgeleitet, welcher im Laufe der Zeit durch dialektische Schwankungen eine entstellte Aussprache erfuhr.

Buona´ Parte

»Buona/ بنی « bedeutet, »Söhne des« oder »Nachfahren

»Parte/ برت «, von »barra/ بر «; Gott gehorchen,
Eid: wahrheitsgemäß sein.

Mit Buona haben wir es ebenfalls mit einem Begriff zu tun, dessen sprachlich arabischer Klang verblüffend nahe an den uralten Begriff „Benu" des Phönix-Mythos kommt, welcher auch und gerade zu analoger Bedeutung führt.

Auch der Koran greift darauf zurück, wenn es um die Nachkommen Adam geht; „Bani Adam" werden sie dort genannt.

In dem heutigen Sprachgebrauch wird dafür der Begriff „Ibn" im arabischen Raum und nicht zuletzt auch in Ägypten verwendet, „Bani" hingegen vornehmlich im maghrebischen Raum.

Das heißt, der Sprössling, den man der Familie Bonaparte untergeschoben hat, entstammt aller Wahrscheinlichkeit nach aus dem gleichen Sprachraum.

Und hier auf nordafrikanischem Boden käme nur ein Land in Frage: Tunesien!

Dort also, wo die letzte phönizische Bastion Karthago von den Römern im Jahr 146 v. Chr. dem Erdboden gleich gemacht wurde, müssen die genetischen Wurzeln der späteren Beherrscher Europas liegen.

Napoleon dürfte demnach ein Nachfahre der Phönizier sein, die einst die heimlichen Beherrscher der Welt und eines der mächtigsten und zugleich geheimnisvollsten Völker des Altertums waren.

Und das, was hier auf den ersten Blick wie ein „historischer Scherz" erscheinen mag, gewinnt dennoch durch die arabische Sprache eine tiefere Bedeutung.

Zu den historischen Eigenartigkeiten gehörte der Umstand, dass die Römer den Karthager „Poeni" nannten, heute sagen wir Punier.

In Anlehnung an diesen Begriff wurden die Krieger zwischen Römern und Karthagern „Punische Kriege" (1. Krieg 264 – 241 v. Chr., 2. Krieg 218 – 201 v. Chr., 3. Krieg 149 – 146 v. Chr.) genannt, die den Charakter von Weltkriegen hatten, und einen der größten Feldherrn der Geschichte auf der Seite der Karthager hervorbrachten: Hannibal.

Wird nun berücksichtigt, dass Bonaparte von dem ursprünglichen Namen „Buona´parte" abgeleitet wurde, so wird auf jeder „arabischen Zunge" bei der Aussprache beider Begriffe „Poeni/Buona" letztlich eine verblüffende Ähnlichkeit des Klangs ergeben, den die römische Zunge später verfremdete.

Und dass wir bei dem Phönizier auch und gerade die arabische Sprache berühren, beweist der Name ihrer Hauptstadt.

Karthago wurde 814 v. Chr. von Phöniziern aus Tyros gegründet und lag etwa 12 km nordöstlich von der heutigen tunesischen Hauptstadt Tunis entfernt.

Zwei Jahrhunderte nach ihrer Gründung blieb die Stadt zunächst von ihrer Mutterstadt Tyros abhängig. Als im 6. Jahrhundert v. Chr. Phönizien unter persische Herrschaft geriet, begann der eigentliche Aufstieg der Stadt, so dass im 5. Jahrhundert v. Chr. ihre Herrschaft die größte Ausdehnung erfuhr: von den phönizischen Kolonien an der nordafrikanischen Küste von der Großen Syrte bis zur Straße von Gibraltar, über die südspanische Mittelmeerküste, die Balearen, Korsika, Sardinien, Sizilien bis nach Malta.

Wird dieser klagvolle Name den gleichen „Spaltungsprinzip" unterzogen, dann erstrahlt der Gedanke ihrer Gründung von neuem Glanz!

Kar´thago ‏(قر تاجه)‎

»Kar/ قر « bedeutet sich niederlassen, an einem Ort bleiben.

»thago/ تاجه «; seiner Krone.

Demnach dürfte die Definition des Begriffs „Der Ort seiner Krone" lauten; also der Ort, wo „Gott" anwesend ist.

Dabei dürfte im Mittelpunkt der Stadtgründung die Errichtung eines prachtvollen Heiligtums gestanden haben. Welchen Glanz dieses Heiligtum womöglich einst ausstrahlte, verraten auf indirekte Weise die biblischen Aussagen über die Errichtung des salomonischen Tempels zu Jerusalem, dessen Entstehung in erster Linie den phönizischen Baumeistern und Künstlern zu verdanken ist. (1. Könige 5-7, 2.Chron. 2-5)

Nun zurück zu Napoleon.
Man stelle sich folgende Situation aus der Sicht der Menschen des aufgehenden 19. Jahrhunderts vor: Eine gewaltige Armee landet in Alexandria, vernichtet mit beängstigender militärischer Überlegenheit in verschiedenen Schlachten Feinde, die auf sie in der Region lauerten.
Moslemische Verbündete der Invasoren schwärmen voraus und verkünden mit dem Koran in der Hand auf ihrem Weg, Napoleon und seine streitbaren Krieger seien im Land erschienen.
Auf dem europäischen Kontinent, egal wo der Franzose bis dahin mit seiner Armee gekämpft hatte, hätte diese exzentrische Propaganda wohl nichts außer Kopfschütteln bewirkt.
Für die Europäer bedeutete „Napoleon" eben nichts anderes als schlicht und einfach ein Name, der genau so gut hätte auch Karl oder Alexander lauten können.
Für die italienischen oder österreichischen Soldaten war ihr Gegner auf dem Schlachtfeld eben ein General namens Napoleon.
Nicht mehr und nicht weniger!
Auch wenn er sich als ein ungewöhnlicher Feind erweist, er bleibt dennoch ein Mann des Militärs.

Doch unter einer Bevölkerung, deren Muttersprache das Arabische ist, treffen wir auf eine völlig veränderte Situation.

Der mächtige Eroberer aus Frankreich, der zuvor die europäischen Mächte militärisch demütigte, dem Papsttum in Rom ein Ende bereitete, und nun auszog, die Welt zu erobern, wird mit Napoleon angeredet.

Plötzlich wird alles, was er bisher getan hat, völlig in den Hintergrund verdrängt, und er wird nur noch isoliert als der Mensch betrachtet, dem man „unser Prophet", „unser Naby" zuruft- ein Titel, der erst für den Propheten Mohammed seit der medinischer Zeit verwendet wird (**naby** / نبى).

In Ägypten ist „Napoleon" also kein bloßer Vorname mehr, sondern ein arabischer Begriff, der die Menschen elektrisiert und sie in die mekkanische Zeiten zurzeit des Propheten Mohammed entführt.

Aus dieser Sicht wird vieles erklärlich, was dem Franzosen nun in Ägypten widerfährt.

Verständlich wird das Verhalten des damaligen Oberbefehlshabers von Alexandria Kurajjim, der kurz vor Ankunft der Franzosen eine beispiellose Hetzkampagne entfachte und die Machthaber in Kairo und Istanbul aufforderte, den Heiligen Krieg gegen die Franzosen auszurufen, und deswegen später von ihnen ermordet wird.

Al-Gabarti schreibt:

»*Es verstarb auch der ehrenwürdige, hervorragende, vorbildliche Sajjid Muhammad Kurajjim, getötet von den Franzosen. [...] Als die Franzosen kamen und in Alexandria landeten, nahmen sie den erwähnten Sajjid Muhammad fest [...] hielten ihn in einem Schiff gefangen. Als sie dann nach Kairo kamen und das Schloss des Murad Bek besetzten, fanden sie dort Informationen von ihm mit Meldungen über sie und Aufrufen, gegen sie den Heiligen Krieg zu erklären [...].*«

Obwohl Kurajjim die Person überhaupt nicht kannte, die sich hinter dem Namen Napoleon verbarg, noch dieser alexandrinischen Boden betreten hatte, reichte schon sein vorauseilender Name aus, um bei Kurajjim religiöse Ängste hervorzurufen und ihn zu nötigen, mit dem allerletzten Mittel zu fuchteln, das bei den Moslems bei ernsthaften Gefahren für ihre Religion angewendet wird: dem Heiligen Krieg. Auch während ihres Aufenthalts in Ägypten, berichtet al-Gabarti an verschiedenen Stellen von dem gegen den Franzosen gerichteten Heiligen Krieg:

»In der Nacht auf den Samstag, den 24., kam ein Kamelreiter aus Syrien an und überbrachte Schreiben in der Form eines Fermans mit der Tughra darauf sowie einen Brief von Ahmad Pascha al-Gazzar und einen anderen von Bakr Pascha an seinen Kathoda, Mustafa Bek, sowie einen Brief des Ibrahim Bek an die Scheichs; all dies in arabischer Sprache. Sie enthielten – nach Lob Gottes, der Einführung und Koranversen – Überlieferungen und Berichte über den Heiligen Krieg, eine Verdammung der Nation der Franken und geringschätzige Äußerungen über sie sowie Bemerkungen über ihren korrupten und ihre durchsichtigen Lügen. [...].«

Auch in Mekka wurden Spenden gesammelt und zum Heiligen Krieg ausgerufen:

»Es geschah auch, dass seit dem Beginn des Monats Ragab Berichte über einen Mann aus dem Maghreb umgingen, der sich Scheich al-Kiliani nannte und in Mekka, Medina und Ta´if gewohnt hatte. Als die Nachricht in den Higaz gelangte, dass die Franzosen Ägypten in Besitz genommen hätten, empörten sich die Bewohner des Higaz, und er rief sie zum Glaubenskrieg auf.«

Sogar ein „Mahdi" wird auf den Plan gerufen:

»Ein Mann aus Marokko war zu ihnen gekommen, der sich für den Mahdi ausgab und die Leute zum Glaubenskrieg anstachelte. Er hatte etwa 80 Gefährten bei sich.«

Der religiöse Aufruhr, der auf die Ankunft der Franzosen in Ägypten folgte, und endlose theologische Diskussionen und Nachforschungen unter den Geistlichen der al-Azhar aber auch überall in Kairo auslöste, ist aus dieser Sicht erklärlich, ebenso das spätere Verhalten des Vorstehers der Scherifen Umar Efendi, der die Fahne des Propheten Mohammed von der Kairoer Zitadelle einholte und sie über die Köpfe der Menschen schwingend zum Heiligen Krieg aufrief. Seine Flucht unmittelbar nach der Niederlage bei den Pyramiden mit der gesamten Führung der al-Azhar sollte jede Möglichkeit ausschließen, je mit dem „falschen Propheten" in Berührung zu kommen. Für sie wäre es bereits aus islamischer Sicht eine unverzeihliche Sünde gewesen, die Hand einem falschen Propheten zu reichen! Ebenfalls ist das hysterische Verhalten der Menschen kurz nach dem plötzlichen Ende der

Kämpfe bei den Pyramiden begreiflich, als das Volk in und um Kairo in der Stunde der bitteren Niederlage keine anderen Sorgen hatten, als die Franzosen auf der anderen Nil Seite förmlich anzubeten, in ihnen die Männer Gottes zusehen und deren Anführer „Du Herr, Du Gütiger" zuzurufen und ihn somit in den Rang eines Propheten zu erheben.

»[…] als eine Staubvolke aufwirbelte und Soldaten auf dem östlichen Ufer den Kampfeslärm vernahmen, begannen das Volk und die Masse der Untertanen Lärm zu schlagen; die Leute schrien durcheinander, erhoben ihre Stimme und riefen: ›Du Herr! Du Gütiger! Ihr Männer Gottes!‹ und ähnliches, als könnten sie mit ihrem Geschrei und Gelärme kämpfen und Krieg führen. […] Die vernünftigen Leute hatten versucht, sie zu schelten und ihnen zu bedeuten, sie sollen das lassen. Sie sagten zu ihnen: »Der Prophet und seine Gefährten, die im Heiligen Krieg standen, pflegten vielmehr mit dem Schwert und mit Lanzen zu kämpfen und auf die Nackenwirbel zu schlagen, nicht aber ihre Stimmen in Geschrei und Gekläff zu erheben!« – Doch sie hörten nicht darauf und ließen sich nicht von ihrem Tun abbringen.«

Und nicht zuletzt dürfte al-Gabartis Verhalten verständlich sein, der das Wort „Napoleon" niemals in seiner Chronik erwähnt.
Der Name, mit dessen Ausstrahlung der Korse seine theologisch-weltliche Legitimität ableiten wollte, wurde ihm ausgerechnet in jenem Land zum Verhängnis, wo die Sprache des Phönix verstanden wird.

Auf dem heiligen Boden von Gizeh wurde am 24. Juli 1798 nach 44 Jahrhunderten der Kreis des Phönix endgültig durchbrochen!

Und mit der Krönung Napoleon am 2. Dezember 1804 zum Kaiser von Frankreich wurde der Phönix endgültig entthront.

Abbildung 45
Napoleon krönt sich selber zum Kaiser
Damit unterbricht er den kultischen Kreis des „Phönix",
welcher seit den Tagen des Pharao Cheops in Heliopolis
seinen Anfang nahm.
Zugleich bedeutet dies Verrat an jenen geheimen Circle,
den er seinen politischen Aufstieg verdankte.

Nachbetrachtung

Der stets in das Reich der Fantasie verbannte Phönix-Mythos gab aus der Sicht der arabischen Sprache den Blick auf einen Teil seines historischen Kerns frei, der bis zurzeit des legendären Pharaos Narmer/Menes zurückreicht, und insbesondere Cheops und die große Pyramide tangierte, mit dem die Ereignisse ihren Anfang nahmen, woraus später der Mythos entschlüpft war.

Mitunter wurde ein theologischer Kreislauf sichtbar, in den fast alle Völkerschaften des Altertums eingebunden waren. Der zyklische Ruf des „Fabelvogels" bescherte dem Heiligen Land am Nil stets Neubeginn, welcher jedoch erst auf eine blinde und barbarische Zerstörung der bestehenden Kulturlandschaft folgte.

Zugleich finden wir eigenartiger Weise Arabien und die arabische Sprache mit dem Geschehen in das pharaonische Ägypten eng verflochten.

Was hat den Phönix stets nach Ägypten zurückgerufen, und hat Alexander ein Geheimnis in Siwa erfahren, das seine Ruhelosigkeit begründete und ihn bis ans Ende der damals bekannten Welt führte?

Zugleich drängt sich bei dem Makedonier die Frage auf, wieso er der Gottheit von Memphis mit seiner Armee unterwürfig huldigte, um ihr kurz darauf den Rücken zu kehren, und ausgerechnet an der nördlichen mediterranen Küste Alexandria zu gründen, über der der fremde Gott Serapis nun erstrahlen sollte?

War die neue Gründung womöglich in den Kreislauf des Phönix nicht eingebunden, anderen kultischen Welten entsprungen?

Die „Ahnen" Reihe des Phönix ist so lang, wie unsere Geschichte selbst.

Zu ihnen gehören nicht zuletzt Cheops, Abraham, Moses, Echnaton, Alexander der Große und Mohammed.

Sie alle sind in diesen kultischen Kreis eingebunden, der mit dem phönizischen Sprössling Napoleon dramatisch, aber auch unrühmlich endete. Die Berufung des Franzosen scheint mit der Verjährung eines Ereignisses zu-

sammenzufallen, das aufgrund seines berühmten Spruchs, „*vierzig Jahrhun-derte blicken auf uns herab*", etwa um das Jahr 2202 v. Chr. zu vermuten ist und die große Pyramide des Cheops betrifft.
Was geschah wohl um diese dunkle Zeit?

Die Spur des Phönix führt eindeutig nach Arabien.
Doch anhand der in diesem Buch gesammelten Indizien kommt Arabien als Heimat des Vogels nicht in Betracht.
Wäre es die Heimat gewesen, hätte es keinen Phönix gegeben: Bis nach Ägypten bedurfte es kein Schwingen des Fabeltiers, sondern die gesunden Füße, die ein Pharao Narmer besaß.

Arabien dürfte allem Anschein nach nichts anderes als eine Zwischensta-tion einer unerklärlichen himmlischen Reise gewesen sein, wo zunächst an-gehalten werden musste, um sich anschließend auf die Reise zur eigentli-chen Aufgabe in Ägypten zu begeben.

Im glücklichen Arabien verliert sich also die Spur des sagenumwobenen Phönix!

Quellennachweis

–**Herodot Historien**, Alfred Kröner Verlag Stuttgart.

–**Weisheit und Mysterium**, Jan Assmann, Verlag C.H. Beck,   München.

–**Fabeltiere**, Hans Schöpf - VMA Verlag, Wiesbaden.

–**Leopold von Ranke und die moderne Geschichtswissenschaft**, herausgegeben von Wolfgang J. Mommsen, Klett-Cotta, 1988.

–**Liebes-Göttinnen**, Jutta Ströter-Bender, Dumont Buchverlag Köln.

–**Fischer Weltgeschichte**, Die Verwandelung der Mittelmeer-Welt, Fischer Taschenbuch Verlag, Frankfurt/Main.

–**Ägypten, Geschichte und Kultur der Frühzeit**, Walter B. Emery, Fourier Verlag, Wiesbaden.

–**Ägyptische Mythologie**, Veronica Ions, Emil Vollmer Verlag, Wiesbaden.

–**Moses in Schrift und Überlieferung**, Patmos-Verlag, Düsseldorf.

–**Schwarze Athene**, Martin Bernal, List Verlag, München. Leipzig.

–**Die ägyptische Götterwelt**, Artemis-Verlag Zürich und Stuttgart.

–**Mythen und Legenden um Ägyptische Gottheiten und Pharaonen**, Artemis-Verlag Zürich und Stuttgart.

–**Geschichte der Kunst**, Band I, Richard Hamann, Droemer Knaur.

–**Ägypten-Kunst und Kultur**, Kazimierz Mechalowski, Herder Verlag, Freiburg, Basel, Wien.

–**Alexander der Große**, Jakob Seibert, Wissenschaftliche Buchgesellschaft, Darmstadt.

–**Die hellenische Gestirnreligion**, Hugo Greßmann, J. C. Hinrich´sche Buchhandlung, Leipzig 1925.

–**Alexander und Ägypten**, Victor Ehrenberg, J. C. Hinrich´ sche Buchhandlung, Leipzig 1926.

–**Die Griechen in Ägypten**, Wilhelm Schubart, J. C. Hinrich´s sche Buchhandlung, Leipzig 1927.

–**Die Apokryphen**, E. Weidinger, Pattloch Verlag.

–**Das Bild der Griechen von Ägypten**, Jahn Assmann, C.H. Beck Verlag.

-**Die Pharaonen**, Peter A. Clayton, Bechtermünz Verlag.

-**Die Tempel Ägyptens**, Dieter Arnold, Bechtermünz Verlag.

–**Ägyptisches Totenbuch**, übersetzt und kommentiert von Gregoire Kolpaktchy, Otto Wilhelm Barth Verlag GmbH, Weilheim/OBB.

–**Ägypten, Entdeckungsreisen ins Land der Pharonen**, Alberto Sili   otti, Karl Müller Verlag.

–**Langenscheidts Handwörterbuch, Arabisch-Deutsch**, von Dr. Lorenz Kropfitsch.

–**Goethe Zitat: J.W. Goethe, italienische Reise**, 1786-1788, von W. H. Auden, New York, 1966, S. 389 f.

–**Napoleon- Lebensbilder**, Eckart Klessmann / Karl-Heinz Jürgens, Gustav Lübbe Verlag.

–**Bonaparte in Ägypten**, übersetzt von Arnold Hottiger, Piper Verlag, München Zürich.

–**Der Koran**, nach der Übertragung von Ludwig Ullmann, neu bearbeitet von L. W.-Winter, Wilhelm Goldmann Verlag, München.

–**Microsoft Encarta 2006**, 1993-2005 Microsoft Corporation.

–**Heilige Zeichen**, Maria Carmela Betrò, Gustav Lübbe Verlag.

–**Cheops,** Peter Tompkins, Scherz Verlag, Bern München Wien.

–**Lexikon des Islam**, Thomas Patrick Hughes, Fourier Verlag, Wiesbaden.

–**Geschichte des Alten Ägyptens**, Alan Gardiner, Weltbildverlag.

–**Geschichte der Grossen Philosophen**, Eberhard Orthbrandt , Südwest Verlag.

–**Die Suche nach der vollkommenen Sprache**, Umberto Eco, C.H. Beck - Europa Bauen.

Zeitfracht Medien GmbH
Ferdinand-Jühlke-Straße 7
99095 Erfurt, Deutschland
produktsicherheit@kolibri360.de